A todos aqueles que me ensinaram
– os vivos, os ancestrais e os Outros.

A MAGIA DO OUTROMUNDO

FEITIÇARIA MODERNA DIRETAMENTE DA FONTE DAS TRADIÇÕES CELTAS

Morpheus Ravenna

NOVA SENDA

A MAGIA DO OUTROMUNDO
The Magic of the Otherworld: Modern Sorcery from the Wellspring of Celtic Traditions

Tradução: Renan Papale
Revisão: Papale's Editorial
Ilustrações: Morpheus Ravenna
Diagramação: Décio Lopes

DADOS INTERNACIONAIS DE CATALOGAÇÃO NA PUBLICAÇÃO (CIP)

Ravenna, Morpheus

A Magia do Outromundo: feitiçaria moderna diretamente da fonte das tradições celtas / Morpheus Ravenna. São Paulo: Editora Nova Senda, 2024. 1ª edição. 288 páginas.

ISBN 978-65-87720-30-2

Título original: *The Magic of the Otherworld: Modern Sorcery from the Wellspring of Celtic Traditions*

1. Feitiçaria 2. Magia 3. Tradição Celta I. Título

Índices para catálogo sistemático:

1. Feitiçaria e Magia Celta

EDITORA NOVA SENDA
Rua Jaboticabal, 698 – Vila Bertioga – São Paulo/SP
CEP 03188-001 | Tel. 11 2609-5787
contato@novasenda.com.br | www.novasenda.com.br

Termo de Responsabilidade

A Editora Nova Senda e o autor desta obra não se responsabilizam por eventuais danos ou lesões que possam ocorrer com o uso das informações contidas neste livro. Isso inclui, mas não se limita, a quaisquer danos físicos, emocionais, financeiros ou outros que possam surgir como resultado direto ou indireto do uso das informações aqui apresentadas.

Os leitores são incentivados a usar o bom senso e consultar profissionais especializados, quando apropriado, antes de realizar qualquer prática descrita neste livro. Qualquer decisão de seguir ou não as informações contidas nesta obra é de responsabilidade exclusiva do leitor.

Ao prosseguir com a leitura deste livro, os leitores encontraram práticas realizadas pelo autor que podem ou não ter consequência direta em suas vidas, dependendo do nível de conhecimento que se tem.

Aprenda e pratique com responsabilidade, pois quando bem utilizada, a magia pode trazer grandes benefícios.

SUMÁRIO

Rituais e Trabalhos

Kit de Ferramentas do Bruxo

Figuras e Tabelas

Agradecimentos

Em primeiro lugar e sempre, agradeço ao meu amado esposo, Brennos, por seu apoio gracioso e incentivo inabalável.

A honra também pertence aos muitos co-conspiradores que se juntaram a mim na exploração, experimentação, estudo, conhecimento e riscos no estudo da magia, os quais me ajudaram a desenvolver essas técnicas: John Medellín, Vyviane Armstrong, Barbara Cormack, Izzy Swanson, Caróg Liath, Marjorie Coffey, Vali Jenkins, Victoria Hendrix, Joe Perri, River Devora, Areïon, Devin Antheus, Segomâros Widugeni, Viducus Brigantici Filius, entre muitos outros amigos e professores ao longo dos anos. Gratidão a todos os membros do Sacerdócio de Coru Cathubodua, do passado e do presente, por criarem uma irmandade de aprendizado e reverência na qual meus estudos floresceram. E, finalmente, aos muitos espíritos, ancestrais e Deuses que caminharam comigo, pela orientação, proteção, ensinamento e inspiração humilde; com vocês vão todo meu amor, minha honra e minha gratidão sem fim.

Sempre fui um estudante apaixonado, foi uma honra aprender com os melhores companheiros ao meu lado. Espero continuar aprendendo sempre.

Prefácio

Nunca houve uma época sem magia. Os seres humanos têm adotado práticas que poderíamos chamar de "mágicas" desde o início da nossa espécie. Vivemos em um mundo relacional e mutável – impactamos e somos impactados por nosso ambiente, aprendemos com aqueles que vieram antes de nós e transmitimos nosso conhecimento para aqueles que continuarão após nosso tempo aqui. Mas o que é Magia? Minha definição simples e direta é que Magia é a arte de influenciar probabilidades, desequilibrando a balança da sorte e do acaso o suficiente para aumentar as chances de alcançarmos os resultados que desejamos. A magia não é uma garantia, nem substitui o trabalho prático e mundano. Mas em um mundo incerto e imprevisível, a magia nos oferece uma maneira de acessar a ajuda de forças invisíveis, dando-nos uma chance de tentar inclinar as probabilidades a nosso favor.

No mundo ocidental moderno, muitas pessoas não têm mais linhagens ininterruptas de reciprocidade e protocolos ancestrais, tradicionais e testados pela comunidade para interagir com as forças invisíveis em seus ambientes atuais e locais. E muitas pessoas estão sentindo intensamente essa ausência. Alguns tentam remediar isso buscando Tradições mágicas ou religiosas que ainda mantêm essa sabedoria. Outros buscam recriar essas formas estudando Tradições do passado ou por meio de experimentação de tentativa e erro. Outros, ainda, adotam práticas e costumes de outras pessoas. Na ausência de uma estrutura mágica fundamental e de uma compreensão do mundo invisível ao nosso redor (ou na ausência da orientação de Elders (Anciões) de Tradições vivas com base nesses fundamentos e conhecimento dos protocolos necessários para navegar e manter relacionamentos respeitosos e recíprocos com o mundo invisível), muitas pessoas acham que seus experimentos são, na melhor das hipóteses, fragmentados, ou não tão eficazes quanto acreditam que poderiam ser. E pode haver perigos reais, e às vezes persistentes, por fazer magia "errada".

Por muitos anos tenho sido Olorixá, Sacerdote e Trabalhador Espiritual, com iniciações tradicionais em várias linhagens mágicas e religiosas. Quando dei início à comunidade de aprendizado pan-politeísta Strong Roots and Wide Branches, meu foco principal era ajudar os politeístas a se estabelecerem de maneira mais confortável em práticas religiosas sólidas e relacionamentos bem fundamentados. Mas a magia e a religião, embora estejam intimamente relacionadas e às vezes se sobreponham a ponto de serem indistinguíveis, ainda são duas disciplinas diferentes, com objetivos e intenções distintos. Enquanto a religião geralmente se concentra em manter relacionamentos corretos com o mundo visível e invisível ao nosso redor, a magia busca moldar e mudar o próprio mundo.

As técnicas e as estruturas apresentadas aqui são poderosas, colocando o poder e a responsabilidade nas mãos do praticante, ao mesmo tempo em que se mantêm firmes aos princípios de reciprocidade e respeito com os Outros Mundos e os habitantes que lá residem. A magia requer tanto intenção (conhecendo e assumindo a responsabilidade pelas mudanças que você deseja ver no mundo) quanto poder, que pode ser ampliado, direcionado e apoiado por meio de parcerias consensuais e respeitosas com Deuses, espíritos e o mundo vivo ao nosso redor. Esse trabalho está profundamente enraizado nos princípios do relacionamento correto, permitindo que os praticantes mantenham seu próprio poder enquanto compartilham, pedem emprestado, negociam e ganham poder de maneira respeitosa dentro da teia na qual nossas vidas estão entrelaçadas.

A Magia do Outromundo oferece um roteiro prático e moderno para trabalhar com eficácia a magia real. Ela é moldada e inspirada pelos modos tradicionais celtas de compreender e navegar por forças invisíveis e é direcionada aos praticantes modernos inseridos no complexo e mutável mundo vivo e em constante mudança ao nosso redor. Este livro é um tesouro de ferramentas mágicas práticas e úteis, além de uma base abrangente para a compreensão e a construção de práticas mágicas equilibradas e eficazes. Morpheus traz uma profunda reverência e respeito ao estudo e à prática da Bruxaria Moderna, incorporada e inspirada nos celtas. Desde os fundamentos das práticas de purificação (e o porquê tais práticas são importantes) até os detalhes básicos das estratégias mágicas para arregaçar as mangas e começar a trabalhar, este livro oferece uma abordagem abrangente e respeitosa para colaborar com as potentes forças invisíveis que conhecem e moldam nosso mundo e para participar dessa moldagem.

Conheço Morpheus há muitos anos. Ele é alguém que me sinto abençoado por ter como colega e amigo. Colaboramos em projetos, organizamos comunidades compartilhadas, conduzimos rituais comunitários e nos apoiamos mutuamente em nossos trabalhos de várias maneiras. Morpheus é um habilidoso trabalhador mágico e Sacerdote com uma ampla e variada base de conhecimento e décadas de experiência mágica. Tenho observado sua evolução e o desenvolvimento das bases deste trabalho ao longo de muitos anos. Mas este trabalho não se resume apenas a teorias sobre o desenvolvimento de uma técnica; são métodos práticos, práticas melhores e protocolos vivos que Morpheus usa regularmente em sua própria magia. E como alguém que já realizou trabalhos mágicos ao lado de Morpheus e de sua comunidade, posso atestar a eficácia dessas técnicas. Estou muito feliz em ver este conjunto de trabalhos sendo disponibilizado para nossas comunidades.

Bênçãos para o trabalho,
River Devora.

Introdução

O mundo celta é infinitamente cativante. Desde as formas de arte sinuosas, espiraladas e entrelaçadas que parecem se mover como se inspiradas, até as sagas ricamente contadas, pontilhadas com curiosas lendas de rituais druídicos e encantamentos poéticos, chegando aos misteriosos artefatos depositados em águas escuras liminares que guardam registros de feitiços secretos e maldições vingativas – essa é uma fonte inesgotável de magia que nunca seca. Para o praticante de Bruxaria, sempre há algo mais a aprender, uma camada mais profunda de conhecimento para explorar.

Este livro busca oferecer um ponto de entrada para uma abordagem celta da prática mágica. Ele apresenta um conjunto interconectado de técnicas mágicas e espirituais enraizadas e inspiradas nas tradições culturais celtas. É um sistema animista, que vê e busca relacionamentos com os espíritos que habitam e vivificam todas as coisas. E é politeísta, tecendo relacionamentos com os Deuses em sua abordagem ritualística. Construído sobre uma cosmologia que centraliza o Outromundo, o reino espiritual oculto, mas sempre presente, de onde fluem as forças que animam o mundo. É uma magia de conexão e relacionamento com o Outromundo.

As práticas sobre as quais escrevo aqui não são especificamente extraídas de nenhuma das culturas celtas. Minha prática se baseia em várias raízes culturais diferentes. Ela bebe das fontes das antigas práticas gaulesas e galo-romanas, da Grã-Bretanha e Irlanda celtas, da tradição literária irlandesa medieval e da prática folclórica irlandesa e escocesa do início da Era Moderna, entre outras.

Esta não é uma abordagem reconstrucionista da prática mágica e espiritual – não afirmo que as práticas que ensino nestas páginas representam qualquer parte específica do passado. Trata-se de uma abordagem contemporânea da Bruxaria, que surgiu em meu próprio trabalho, inspirada nas tradições celtas, mas também informada pela Bruxaria Moderna, pela magia popular, bem como pela época e lugar em que vivo.

Meus escritos sobre esse assunto surgem de um fascínio de toda uma vida pela magia e religião celtas e seu desdobramento em minha própria prática mágica politeísta. Os fundamentos de minha prática se baseiam em dois conceitos: a Bruxaria e o Politeísmo celta. O treinamento inicial em uma Tradição iniciática de Bruxaria me levou à Morrígan; minha devoção a ela se transformou em dedicação e me levou ao Politeísmo celta. Essa devoção também me ensinou a beber profundamente das fontes do conhecimento, um hábito que se intensificou com a pesquisa que realizei para meu primeiro livro, *The Book of the Great Queen*.

Em meus estudos de história, literatura, mito e folclore, constantemente me vejo atraído pelos vislumbres de práticas rituais e mágicas que aparecem nessas fontes. Agarro-me a esses fragmentos como um corvo que coleta objetos brilhantes. Para mim, eles são como peças de um quebra-cabeça; minha mente os vira para um lado e para o outro até que uma imagem oculta surja. Costumo adotar uma abordagem experimental em minha prática mágica: e se eu tentasse dessa forma? E se eu combinasse essa parte da Tradição com aquela parte do costume popular? Será que esses fragmentos de ritual se encaixam? Ao longo dos anos, essa experimentação e brincadeira, muitas vezes praticada em conjunto com amigos e companheiros, alimentaram uma prática aventureira e robusta da Bruxaria. Este livro é o fruto dessa prática.

Antes de mergulharmos na Bruxaria Celta propriamente dita, precisamos falar sobre o que o termo "celta" significa – e o que não significa.

Os celtas – uma breve introdução

A palavra "celta" tem sido amplamente e muito casualmente usada em excesso na cultura popular para se referir a tudo, desde etnia e nacionalidade até a identidade estética, pessoal, religiosa e espiritual. De forma mais adequada, o termo "celta" se refere a uma família de culturas especificamente ligadas por meio de raízes linguísticas compartilhadas e culturas materiais semelhantes. Ou seja, o termo tem um significado concreto quando se refere aos idiomas celtas, tanto históricos quanto vivos, bem como a certos grupos de artefatos históricos que exibem um estilo artístico reconhecível. Os grupos de pessoas que supostamente produziram esses artefatos e falaram uma dessas línguas celtas são geralmente chamados de "povos celtas" ou "os celtas".

A cultura material, agora conhecida por "celta", floresceu no final da Idade do Bronze até a Idade do Ferro, aparentemente originada nas regiões da bacia do Danúbio ao redor da França, Áustria, Suíça e partes da Alemanha[1]. A partir daí, as influências culturais celtas se espalharam por uma grande área da Europa. As áreas de influência celta – medidas pela existência de cultura material de estilo celta – estenderam-se por toda a França, Grã-Bretanha, Irlanda e partes da Península Ibérica, Alemanha, Norte da Itália, Bálcãs e Anatólia[2]. Sua influência continuou no período medieval, como se vê no estilo ornamental celta que adorna muitos manuscritos e outros tesouros medievais. No entanto, pode ser um erro identificar uma etnia apenas pelos artefatos materiais, já que eles podem ser amplamente negociados e transportados. Além disso, processos sociais muitas vezes fazem com que certos elementos culturais ou estilos artísticos se tornem populares como sinais de status e riqueza exótica, além de serem adotados por pessoas de fora dos grupos étnicos de origem.

O idioma é um marcador muito mais preciso da cultura, e a análise linguística fornece alguns detalhes e complexidade adicionais ao quadro da história celta. As línguas celtas são classificadas em várias ramificações: o ramo goidélico (às vezes também chamado de ramo Q-Celta) inclui o gaélico irlandês, o gaélico escocês e o manx. O ramo britônico (também chamado de ramo P-Celta) inclui o galês, o bretão e o córnico, bem como algumas línguas britônicas antigas agora extintas, como o picto. Esses dois ramos são geralmente agrupados como as línguas celtas insulares, ou seja, os idiomas celtas das ilhas ocidentais da Europa continental – Irlanda e Grã-Bretanha e as ilhas menores ao redor delas. Historicamente, outro grupo também existia; as línguas celtas continentais, faladas na Gália e em outras áreas continentais e atualmente extintas como línguas vivas[3]. As teorias sobre as relações históricas entre esses idiomas e o que hoje é identificado como cultura material celta ainda são contestadas e estão em desenvolvimento, mas descobertas

1. Ó hÓgáin, *The Celts: A History*, 2–3.
2. Ó hÓgáin, *The Celts: A History*, 16.
3. Stifter, *Sendgoídelc: Old Irish for Beginners*, 2.

atuais tendem para a ideia de que os primeiros povos de línguas celtas trouxeram seu idioma do Continente para as ilhas ocidentais na Idade do Bronze ou no início da Idade do Ferro, idioma que se desenvolveu para o irlandês e outras línguas goidélicas. Mais tarde, uma segunda onda de influência do Continente trouxe para a Grã-Bretanha o que se tornou as "línguas britônicas". Como alternativa, alguns estudiosos propuseram que a língua e a cultura celtas surgiram na região insular não por meio de movimentos populacionais, mas por processos como difusão e intercâmbio cultural.[4]

O que todos esses detalhes significam, é que as influências culturais celtas foram transmitidas por vários canais – pelo compartilhamento da cultura material, bem como pela movimentação e mistura de povos que falavam diferentes idiomas celtas. Para simplificar um pouco, isso significa que as primeiras culturas celtas reconhecíveis vieram do Continente, criaram raízes em um estágio muito inicial na Irlanda e continuaram a se espalhar pela Grã-Bretanha, bem como por outras áreas da Europa Continental. Em cada uma dessas regiões, a presença e a influência dos povos de língua celta e sua cultura estavam entrelaçadas com populações preexistentes com seus próprios idiomas e culturas.

Uma lição importante a ser tirada disso é que as culturas celtas não são intercambiáveis ao longo do tempo e da geografia. Não faz muito sentido falar sobre a cultura celta como se ela fosse uma única corrente de cultura e tradição. Nunca houve uma identidade ou cultura celta singular e certamente não houve um panteão celta singular ou uma mitologia celta unificada. Eram sociedades organizadas de forma tribal, com tradições e costumes localizados, idiomas distintos e diferentes influências regionais. A maioria dos povos agora rotulados como "grupos celtas" provavelmente não se identificaria como tal – eles teriam se identificado como membros de sua tribo ou reino: os Ulaid, os Laigin, os Iceni, os Brigantes, os Aedui, etc. Embora o comércio, as viagens e o intercâmbio cultural fossem significativos entre as várias tribos e culturas celtas e aquelas ao seu redor, esses movimentos representam frações das populações – texturas entrelaçadas nas tradições e experiências de um povo – não significando, no entanto, que todas essas culturas celtas eram unitárias ou que podem ser tratadas como uma só.

4. Waddell, "*Celts, Celticisation, and the Irish Bronze Age*," 164–166.

As Fontes

As fontes disponíveis para o estudo das tradições pagãs celtas apresentam seus próprios desafios. Os povos celtas pagãos do período antigo não eram literários – suas tradições eram orais. A escrita era usada de forma limitada para inscrições em alguns lugares, mas poemas, contos, mitos, crenças religiosas e outros aspectos centrais da tradição não eram registrados por escrito. De acordo com algumas fontes históricas, isso foi intencional: diz-se que os celtas continentais desprezavam o uso da escrita para o conhecimento sagrado, acreditando que era profano e preferindo manter uma tradição oral.[5] Devido a isso, não há literatura escrita celta pré-cristã nativa existente em sua forma primária.

A Gália e a maior parte da Grã-Bretanha foram conquistadas pelo Império Romano e suas culturas foram profundamente transformadas a partir do último século AEC, antes de qualquer adoção generalizada do costume da literatura escrita. Algumas observações sobre as culturas celtas foram escritas por autores gregos e romanos da época, mas essa evidência é muito fragmentada e problemática. Todas essas fontes são de natureza secundária, uma vez que não são produto dos próprios povos celtas, mas escritas pelos olhos de pessoas de outras culturas com suas próprias agendas para o que registraram. Grande parte desse material também se encontra na forma de obras terciárias posteriores, copiadas ou reinterpretadas a partir das obras perdidas de Posidônio, um geógrafo e historiador grego que viajou extensivamente e escreveu relatos etnográficos dos gauleses com base em observações diretas.[6] Como seus escritos originais estão perdidos, permanece impossível dizer o quanto esse material etnográfico foi alterado por meio desse jogo telefônico histórico.

Algumas tradições pré-cristãs dos povos celtas podem ser encontradas em literaturas posteriores. A Irlanda nos fornece a fonte mais rica dessa literatura, pois como ela não foi conquistada por Roma, não houve influência romana significativa na cultura do país. A Irlanda permaneceu com uma cultura pagã e fortemente celta até a chegada do cristianismo, por volta do século 5 EC.[7] A conversão ao cristianismo trouxe o costume de registrar o conhecimento cultural e religioso em livros. Como não houve conquista forçada, genocídio ou destruição cultural significativa (como ocorreu na Gália e na Grã-Bretanha) entre o período pagão e o advento da alfabetização cristã, os primeiros manuscritos irlandeses representam

5. Caesar, *The Gallic War*, 339.
6. Zeidler, "*Cults of the 'Celts': A New Approach to the Interpretation of the Religion of Iron Age Cultures*," 175.
7. Ó hÓgáin, *The Sacred Isle: Belief and Religion in Pre-Christian Ireland*, 184–186.

a abordagem mais próxima à documentação de uma literatura celta. No entanto, ainda são fontes secundárias muito distantes em relação ao Paganismo celta.

Os indivíduos que escreveram esses manuscritos eram irlandeses. Nesse sentido, eram ainda participantes de uma herança celta, mas não eram pagãos; eram cristãos e, na maior parte, esse trabalho foi realizado por estudiosos e monges que atuavam dentro de ordens religiosas cristãs e frequentemente a serviço de patronos reais. Muitos detalhes da tradição oral pré-cristã parecem ter sido mantidos, mas o material também foi intencionalmente recontextualizado para uma sociedade cristã e para a cultura, política e interesses contemporâneos da época. Mesmo os manuscritos irlandeses mais antigos existentes foram escritos vários séculos após a conversão ao cristianismo. A conversão começou no século 5 EC e, embora tenha levado algum tempo para se espalhar por toda a ilha, quando os primeiros manuscritos literários sobreviventes foram produzidos no século 9, a ilha como um todo já estava convertida, pelo menos em suas classes dominantes, mesmo que elementos dos costumes pagãos pudessem ter sido mantidos entre o povo comum.[8] Desses manuscritos, alguns dos conteúdos podem ser anteriores à data do próprio manuscrito, com o material mais antigo datado do século 7 com base em análises linguísticas – ainda dois séculos após o início da conversão. A tradição dos manuscritos medievais galeses também preserva algum material semelhante da Grã-Bretanha celta, embora suas fontes sejam mais tardias e ainda mais fragmentárias devido à influência intermediária dos romanos.

Como mencionei, há também a sobrevivência de elementos pagãos da cultura popular durante o período cristão. Coleções de folclore pré-moderno e moderno, assim como etnografias das culturas vivas que herdaram as raízes celtas, geralmente revelam vertentes significativas de tradição, costumes e crenças que, às vezes, parecem ser sobreviventes do Paganismo. Pode parecer improvável que qualquer vestígio de elementos culturais celtas possa sobreviver após um milênio e meio de domínio da Igreja, ondas de movimento populacional e absorção de novas camadas culturais. Nem sempre é fácil ou mesmo possível estabelecer uma linha de conexão entre as fontes do período Moderno inicial e as fontes contemporâneas ao passado pré-cristão, mas os paralelos costumam ser bastante fortes. As tradições populares são resilientes e muitas vezes bastante conservadoras, mesmo com a experiência da colonização.

8. Williams, *Ireland's Immortals: A History of the Gods of Irish Myth*, 4–6.

A arqueologia pode preencher o quadro com detalhes físicos adicionais, fornecendo um registro da cultura material e, às vezes, evidências de práticas mágicas. A interpretação da percepção cultural a partir de vestígios físicos é sempre tênue, mas também pode servir para confirmar ou detalhar referências mencionadas em fontes textuais. É na junção dessas diferentes formas de evidência que um estudo das crenças, práticas e magias celtas se torna completamente elaborado.

Uma observação final sobre as fontes: como este trabalho se baseia em material antigo de uma variedade de épocas e de períodos históricos anteriores à padronização da ortografia, você verá variações na grafia de palavras e conceitos de idiomas anteriores. Por exemplo, o corpus de manuscritos irlandeses abrange obras desde o período do irlandês antigo até o irlandês médio e moderno. Quando escrevo com minhas próprias palavras sobre um conceito, normalmente uso uma única grafia, geralmente escolhida com base na forma como ela é mais frequentemente representada nas fontes. Entretanto, as citações diretas de fontes manterão suas variações de grafia originais.

cosmologias e visões de mundo celtas

Minha abordagem à Bruxaria Celta combina elementos extraídos de todas essas fontes e da amplitude das culturas celtas. Sinto-me confortável com essa combinação, porque tento praticá-la com cuidado e respeito pelas culturas de origem das quais estou me inspirando. Não acredito que a pureza cultural seja um bom valor a ser buscado. Em primeiro lugar, a pureza cultural é uma ficção; os antigos adotavam práticas mágicas, rituais e espirituais junto a todo tipo de outras coisas das culturas com as quais entravam em contato e as tornavam suas. Quanto mais examinamos as culturas de origem, mais descobrimos que elas nunca foram uma corrente cultural pura e sem misturas. A tradição irlandesa, tal como existe hoje, é marcada por aspectos pré-célticos, celtas, vikings e anglo-normandos. O Ogham se espalhou pela Irlanda, Grã-Bretanha, Ilhas Hébridas e Islândia. As inscrições mágicas celtas da Gália foram escritas em lepôntico, grego e latim, todos eles com raízes mediterrâneas. A pureza cultural nunca existiu, e não há razão para que os praticantes de Magia Celta se esforcem para buscar por isso agora.

O que importa em uma prática combinada é respeitar, honrar e buscar uma relação correta com a fonte. Cada Tradição e prática em que este trabalho se baseia surgiu de um tempo e lugar específicos e da experiência de um florescimento particular de pessoas, cultura e geografia. Os poderes sagrados com os quais nos envolvemos também estão enraizados nessas realidades históricas, culturais e geográficas. O objetivo aqui é manter uma forma de trabalhar com essas Tradições entrelaçando-as da mesma maneira que as culturas populares sempre fizeram, ao mesmo tempo em que reconhecemos suas raízes individuais e identidades culturais, honrando sua origem e o que as torna únicas e distintas.

Com esse entendimento, vamos dar uma olhada em alguns temas centrais que ressurgem repetidamente nas fontes celtas e que servirão de base para este trabalho. Esses temas podem ser considerados como emergindo de pontos e experiência comuns dentro das culturas celtas – variando em detalhes e texturas, mas fundamentados por algumas continuidades na visão de mundo e no arcabouço cultural.

O Outromundo Inspirado

Os paradigmas mágicos celtas estão enraizados em uma compreensão cosmológica do mundo físico em constante relação com um Outromundo inspirado. O Outromundo é a fonte de forças animadoras que se movem no mundo; é o lar de poderes invisíveis, como Deuses, espíritos, seres feéricos e os mortos. A magia é acessada principalmente por meio do relacionamento com poderes do Outromundo que podem ser personificados de maneira diferente em contextos diferentes. Esse Outromundo é frequentemente descrito como sobreposto ao nosso, acessível em qualquer lugar, mas especialmente em lugares liminares, onde diferentes espaços se encontram, como as entradas de cavernas, montes terrestres, túmulos, ou lugares aquáticos como rios, lagos, pântanos e o mar. Observando atentamente o Outromundo, especialmente conforme descrito nas tradições literárias da Irlanda e do País de Gales, fica claro que se trata mais de um caso de "Outros Mundos" – existem muitos espaços, paisagens e mundos acessados dentro dos reinos do Outromundo, e eles são habitados por muitos grupos diferentes de seres de Outros Mundos.

Os Três Reinos

A arquitetura do cosmos, conforme entendida pelas culturas celtas, tende a um padrão trino – assim como muitas outras coisas. Isso é frequentemente descrito como os "Três Mundos" ou "Três Reinos". Entre os celtas continentais, parece que a cosmologia tinha uma arquitetura vertical, com os Três Mundos compreendendo o mundo vivo ou físico, o Outromundo celestial acima e o

Outromundo Ctônico abaixo. Os irlandeses parecem apresentar isso de forma um pouco diferente, com os Três Mundos (terra, mar e céu) sendo vistos menos em uma arquitetura vertical e mais como partes de um todo aninhado que se interpenetram mutuamente. Aqui ainda existem alguns paralelos entre a terra como o reino do mundo vivo, o céu como o reino celestial e o mar como o reino profundo – não um submundo no sentido continental, mas um Outromundo acessado por meio dos lugares profundos.

Essa arquitetura – o mundo vivo e o Outromundo composto por reinos celestiais luminosos e reinos ctônicos profundos – informa minha abordagem ao trabalho mágico. Existem métodos distintos, embora às vezes sobrepostos, que se aplicam ao trabalho com cada um dos reinos. Por exemplo, a partir do mundo vivo, podemos trabalhar diretamente com substâncias físicas e vivas: as plantas, os animais e os produtos derivados dos animais, a própria terra e tudo o que ela nos oferece. Em direção ao céu e ao reino celestial, podemos enviar orações e petições aos Deuses mais elevados, trabalhando com respiração, voz, fogo e fumaça para mover o clima, o céu e os seres que nele habitam. Em relação aos reinos das profundezas, podemos invocar os espíritos dos mortos, as Divindades ctônicas e outros poderes subterrâneos, enviando oferendas votivas para a água ou para escuridão da caverna e do túmulo.

Animismo

Outro princípio importante que permeia todos os aspectos dessa prática é o animismo, que é o reconhecimento da vida e da inteligência em todas as coisas ao nosso redor e a crença de que é possível entrar em contato com os espíritos que a tudo habitam. É uma compreensão de que o próprio mundo está vivo e animado. O animismo está implícito em muitos aspectos das culturas politeístas celtas, desde a nomeação de formas de relevo e corpos d'água em referência a seres da história, até a presença abrangente de Deuses, ancestrais, fadas e espíritos do Outromundo de todos os tipos. A Magia Celta está profundamente enraizada nessa visão de mundo animista e no cultivo de relacionamentos espirituais. Essa prática busca deixar para trás o conceito moderno do Mago solitário que pratica a magia como um tipo de realização técnica da vontade e, em vez disso, entrar em um modo de vida no qual a magia é uma função dos poderes que cultivamos por meio do relacionamento com as forças, seres e espíritos que animam todos os mundos ao nosso redor.

Ilustração dos Três Reinos

considerações éticas

Quando as pessoas começaram a me pedir para publicar material sobre Bruxaria Celta em um livro, fiquei hesitante no início. Em parte, isso se deve ao fato de que o tópico mais frequentemente solicitado era "como lançar maldições". Senti, e ainda sinto, considerável conflito sobre colocar técnicas de magia agressiva em um livro para consumo público. Experimentei diretamente o quão impactantes essas magias podem ser; de certa forma, ao compartilhá-las, estou oferecendo um conjunto de armas. Isso traz uma obrigação moral de estar sempre alerta sobre como essas magias são usadas. Não posso controlar como você, leitor, vai usar este material, mas espero poder encorajá-lo a adotar um quadro ético profundamente ponderado na sua prática e sempre tentar ser alguém que busca por justiça.

Cóir e Justiça

Para começar, é importante entender que esse material surge de estruturas culturais que têm o conceito de justiça em seu centro. A concepção celta de justiça surge de uma visão cosmológica do mundo que reconhece a existência de uma ordem justa. A tradição irlandesa expressa esse senso de ordem justa no conceito de *cóir*, um termo irlandês que se traduz como "retidão, ordem ou justiça".[9] É a correção das coisas, o senso de justiça natural que deveria prevalecer, o conjunto de condições como elas devem ser, nas quais todos os seres têm o que é necessário e a prosperidade é compartilhada por todos. Uma injustiça representa um rompimento do *cóir*, e isso cria um desequilíbrio espiritual no mundo que busca se corrigir. Isso não quer dizer que a justiça não exija ação; não se supõe que o *cóir* se corrija automaticamente. Significa que, quando você age no interesse da justiça e da restauração da correção das coisas, o *cóir* o apoia. Representa um poder que está acessível ao praticante e funciona como a força motriz da magia.

Uma abordagem ética da magia baseada em *cóir* requer discernimento e senso moral afiados. É necessário desenvolver um olhar atento para a diferença entre justiça e vingança e entre restituição e punição. Essas diferenças importam, porque determinam até que ponto um trabalho mágico está alinhado com o *cóir*

9. Royal Irish Academy, "Um Dicionário Eletrônico da língua irlandesa, baseado nas contribuições para um Dicionário da língua irlandesa, s.v. *cóir*." Veja: Carmody and Thompson, "*Some questions answered by the Story Archaeologists.*"

e em que medida esse trabalho será fortalecido e mantido por ele. Essas técnicas são melhores e mais fortes quando usadas a serviço da justiça. Por outro lado, podemos esperar que elas se voltem contra nós se as utilizarmos indevidamente para fins injustos.

Como você determina sua posição em relação ao princípio de justiça e avalia se é apoiado pelo *cóir* em sua posição? Existem duas medidas que eu encorajaria a todos a considerar ao pensar sobre isso: livre-arbítrio e poder.

Arbítrio e Consentimento

O princípio do arbítrio ensina que todo ser tem uma autonomia que deve ser respeitada. Isso inclui a nós mesmos e também seres não humanos e incorpóreos. O arbítrio é a capacidade de fazer as próprias escolhas e o direito de não ter essa capacidade suprimida. É isso que está em jogo no conceito de consentimento. A maioria de nós entende isso intuitivamente quando se trata de ação material: as pessoas devem ter o direito de consentir com qualquer coisa que seja feita a elas, a menos que tenham perdido esse direito por causar danos ou violar o consentimento de outra pessoa. Essa mesma lógica se aplica à magia. Ela nos direciona a buscar o consentimento para qualquer trabalho que façamos e que impacte diretamente o outro, a menos que seja em autodefesa ou a pedido de outra pessoa em sua defesa.

Pensar sobre o arbítrio também traz à tona a questão da legitimidade. Você pode questionar se tem legitimidade para agir em determinada situação. Acredito que as considerações éticas aqui não são especialmente diferentes daquelas que se aplicam a situações não mágicas. Como espectador na rua, se você testemunhasse um dano ocorrendo, consideraria como um dever intervir na medida do possível? Ofereceria primeiros socorros e cuidados a uma pessoa ferida? Tentaria bloquear, conter ou incapacitar um agressor? Princípios éticos e de consentimento semelhantes regem a intervenção mágica.

Isso tudo não se trata de um convite para nos nomearmos como cavaleiros de armadura reluzente com complexo de salvadores. Ao considerar a intervenção mágica, é importante centrar o arbítrio dos mais diretamente afetados pela situação, assim como você não trataria uma pessoa ferida sem o consentimento dela, a menos que seja para salvar uma vida que esteja além da capacidade de consentir. Quando um dano é causado, é a parte prejudicada que deve ter sua voz ouvida. Às vezes, ela pode optar por recusar ajuda.

Poder e Solidariedade

O princípio do poder fornece uma lente para nos ajudar a identificar quem precisa de justiça e, portanto, para onde direcionar a ação. Quem tem mais poder em uma determinada situação ou contexto? Como o poder está fluindo; ele é compartilhado ou está concentrado em determinadas mãos? Quem está sendo destituído de poder e mais precisa de solidariedade? Na visão de mundo centrada no *cóir*, a justiça é servida quando se está ao lado dos mais necessitados ou daqueles contra os quais houve uma injustiça. Quando você adota a prática da magia, ela deve se concentrar onde o poder é mais necessário para avançar em direção à igualdade e à libertação da opressão. Isso está alinhado com o fato geral de que a Bruxaria e a Magia têm sido, historicamente, ferramentas dos oprimidos e marginalizados para se contrapor aos poderosos. Os poderosos não precisam de nossa ajuda.

A ética mágica torna-se inerentemente política, porque a política é o fluxo de poder entre as pessoas. Não podemos nos isolar dos sistemas em que vivemos. Parte da reflexão sobre o poder também envolve considerar nossa própria posição social e os tipos de poder e privilégio aos quais temos ou não acesso com base nisso. Como estamos usando nossa posição social? Com quais forças sociais e espirituais ela nos alinha e o que queremos fazer a respeito disso? Ao falar sobre ação mágica, as pessoas frequentemente se preocupam com as consequências de agir. Mas também precisamos considerar as consequências de não agir. Tentar adotar uma posição "apolítica" ainda é política – simplesmente significa escolher permanecer alinhado com os sistemas dominantes que sustentam o *status quo*. Quando usamos as ferramentas do poder mágico, assumimos a responsabilidade de direcionar nosso impacto para onde ele trará mais justiça ao mundo.

Ação e Risco

Na maioria das vezes em que a magia agressiva é mencionada, alguém vai levantar crenças de que praticar magia prejudicial é pior para o praticante do que para o alvo, que inevitavelmente leva a uma "reação adversa" ou que as maldições "retornarão" para o lançador. Então, vamos falar sobre risco. É verdade que a ação mágica envolve riscos, mas acredito que as crenças populares muitas vezes não entendem como os riscos realmente se aplicam.

Voltando à nossa estrutura de *cóir* para pensar sobre magia, instruindo que a injustiça é uma transgressão da ordem correta. Isso cria uma tensão na estrutura das coisas; e essa tensão quer ser corrigida. É como uma mola enrolada que busca um ponto de liberação da tensão criada pela injustiça. Se você estiver trabalhando a serviço da justiça – para corrigir um erro, restaurar o arbítrio, curar um dano ou equalizar o fluxo de poder – essa tensão energiza seu trabalho mágico. Se, por outro lado, estiver trabalhando contra a justiça e às custas dos outros, vai acabar exacerbando essa tensão, e isso pode se manifestar em uma dolorosa retaliação, pois o *cóir* busca se corrigir e precisa fazer isso em oposição aos seus propósitos.

Outro tipo de retaliação pode surgir como resultado de um confronto. Ação mágica que confronta ou desafia outros indivíduos, grupos ou instituições vai de encontro às suas proteções mágicas ou sistemas espirituais. Mesmo instituições que não são explicitamente mágicas podem ter forças espirituais que as protegem apenas em virtude do poder coletivo que exercem. Isso pode ser verdadeiro também para indivíduos poderosos, quer praticam ou não ativamente a magia. Essas forças protetoras podem reagir quando acionadas. Se isso acontecer, não constitui que a magia agressiva seja inevitavelmente perigosa. Apenas significa que a pessoa ou o grupo que você enfrentou tinha magias mais fortes que a sua naquele momento; é hora de melhorar seu jogo! Gerenciar o risco na magia envolve considerar a autoridade moral e espiritual que você pode invocar para obter apoio, manter o relacionamento correto com o *cóir*, ser inteligente e intencional em relação às proteções e escolher suas batalhas com cuidado.

Também se trata de trabalhar em coletivos e alavancar a solidariedade. Quanto mais arriscado for o trabalho que assumir, mais importante se torna aprofundar seu apoio, tanto humano quanto não humano, para que esteja pronto para os desafios que admitir. Isso me leva a outra observação sobre o risco: uma exposição cuidadosa ao risco pode aprimorar a magia.

Assumir riscos para atuar em uma questão importante demonstra comprometimento. Isso pode resultar em maior empenho por parte dos espíritos e dos poderes divinos em apoio ao seu trabalho. Pense nisso como uma forma de mostrar a eles que você está envolvido no jogo. Para cada questão que estiver fazendo um trabalho mágico, vai existir um grupo de espíritos cujas histórias e experiências estarão relacionadas a essa mesma questão ou injustiça – os ancestrais e os espíritos tutelares dessa luta específica. Sua disposição em enfrentar riscos para essa questão convida o apoio e a proteção desse coletivo de espíritos. Seu trabalho pode se tornar um ato votivo no qual eles têm um interesse investido em seu sucesso.

Kit de Ferramentas do Bruxo

Ética e Avaliação de Riscos

Para ajudá-lo a se preparar para o trabalho mágico, organizei esses conceitos em um conjunto de perguntas. Você pode usar esta lista ao considerar a possibilidade de realizar uma ação mágica, no intuito de ajudá-lo a avaliar sua posição ética e moral e os tipos de riscos e consequências para os quais precisa estar preparado.

Analise sua situação com relação ao *cóir* e ao conceito de justiça natural. Qual é a causa para a ação mágica? A qual necessidade você está atendendo? Qual impacto procura alcançar? Esse impacto é proporcional à necessidade? Qual é a ruptura do *cóir*? O seu trabalho vai restaurar ou exacerbar essa ruptura?

Pondere sobre o arbítrio de cada pessoa na situação. Qual necessidade será atendida pela sua ação, você tem o consentimento dela para se envolver? Se elas não puderem consentir, porque estão inconscientes, inacessíveis ou não estão vivas, o que lhe dá legitimidade para se envolver nisso? Quem será afetado ou impactado pelo seu trabalho? Se alguém será afetado sem consentimento, o que justifica sua intervenção no arbítrio dessa pessoa? Ou seja, ela mereceu isso por meio de suas próprias ações?

Avalie a dinâmica de poder da situação. Quem ou o que detém o poder nessa situação? Pense nos diferentes tipos de poder: social, político, institucional, material, espiritual. Como sua ação irá interagir com as diferenças de poder existentes? Quem pode ser capacitado ou desfavorecido por sua intervenção? A ação é libertadora? Reflita sobre sua própria posição. Como você pode aplicar seu próprio poder aqui? Isso está alinhado com seus valores?

Estude quaisquer riscos que possam surgir de sua ação. Seu trabalho o colocará em conflito com indivíduos ou grupos? Existem forças espirituais, sociais ou institucionais que os protegem? Quais poderes ou habilidades precisará estar pronto para enfrentar? Existem espíritos e poderes relacionados à luta em que está envolvido que possam apoiá-lo? Em caso afirmativo, você já começou a se relacionar com eles?

Considere esse conjunto de perguntas como um ponto de partida. Este é um exercício importante a ser realizado ao contemplar situações em que se possa querer tomar uma ação mágica. Fazer essa avaliação pode ajudá-lo a identificar ângulos de risco ou impactos não intencionais que talvez não tenha considerado, o que lhe dará a oportunidade de planejar essas questões. Às vezes, esse tipo de exercício pode ajudá-lo a perceber quando você está fora de seu alcance e precisa dar um passo atrás e se preparar mais, ou se unir em apoio a outras pessoas que tenham uma conexão mais direta com uma causa. É possível que surjam outras perguntas que não incluí aqui, a partir das quais poderá desenvolver seu próprio protocolo para pensar sobre ética mágica. Depois de algum tempo de prática, talvez descubra que não precisa usar uma lista definida de perguntas, pois acostuma-se a pensar organicamente em todos esses aspectos ao considerar qualquer trabalho mágico.

Como usar este livro

Cada um dos capítulos deste livro adentra em um domínio importante da Magia e Bruxaria Celtas: higiene espiritual, proteção, alianças espirituais, poéticas encantatória, sigilos e adivinhação, necromancia, amarração, magia de justiça e maldição e magia de guerra. Você pode se sentir particularmente atraído por certos assuntos mais do que por outros e sentir-se inclinado a pular para esses capítulos. No entanto, recomendo enfaticamente que o leitor leia o material em sequência ou, pelo menos, leia tudo antes de usá-lo em sua prática, especialmente se for novato na prática mágica. Isso ocorre porque as práticas são apresentadas na ordem em que são necessárias, como blocos de construção, para ajudar a construir uma base segura para práticas de magia mais intensivas. Antes de se aventurar nas práticas mais exigentes e arriscadas nas últimas partes do livro, é aconselhável ter uma base sólida em higiene espiritual, proteção e alianças espirituais para apoiá-lo.

No percurso, você encontrará algumas das Divindades e coletivos espirituais que caminharam ao meu lado e me guiaram no desenvolvimento dessa prática de Bruxaria Celta combinada. Cada um apresentado com um breve histórico e uma ilustração retratando os espíritos e os sigilos que uso para me conectar com eles. Esses sigilos também podem ajudar a ilustrar minha técnica de criação de sigilos abordada no capítulo 5. Essas introduções acabaram sendo incluídas para oferecer oportunidades de conexão com alguns dos espíritos que foram importantes em minhas experiências com essas práticas. Entretanto, cabe a você decidir se deseja se relacionar com essas Divindades específicas. É aceitável que você tenha seus próprios Deuses e espíritos com os quais se relaciona e que apoiam melhor sua prática, e outros podem se apresentar a você à medida que avança em seu caminho.

Quando se trata de interpretar material de tradições em práticas vivas, há uma variedade infinita de maneiras de trabalhar com essas ferramentas. Para ajudá-lo a começar, ao longo do livro incluí seções marcadas como "Kit de Ferramentas do Bruxo". Essas seções apresentam abordagens práticas para começar a trabalhar com essas ferramentas em sua própria prática. Como todas as práticas são adaptáveis, a maioria dessas seções do Kit de Ferramentas não são simples roteiros de rituais ou instruções no estilo de livros de receitas, elas apresentam ferramentas e exercícios para construir sua própria prática ritual.

Também quis mostrar exemplos das maneiras fluidas e variadas com que essas práticas podem ser interpretadas. Por esse motivo, também incluí alguns exemplos de minha própria prática, marcados como "História". Essas narrativas são baseadas em experiências reais que tive sozinho ou com outras pessoas. Em alguns casos, combinei experiências de mais de um evento relacionado, mas todas elas têm raízes em práticas reais. Espero que essa estrutura encoraje o leitor a experimentar novas abordagens para combinar essas práticas. Suas experiências podem não se parecer em nada com as minhas; e é assim que deve ser.

capítulo I

Purificação e higiene espiritual

Esta prática começa com a purificação e a higiene espiritual, porque a primeira coisa que você precisa para entrar na prática mágica com segurança é a capacidade de limpar a si mesmo, suas ferramentas e seus espaços de trabalho. A base da higiene espiritual é a compreensão de que pessoas, lugares e objetos podem acumular resíduos espirituais e precisam ser limpos, assim como fazemos fisicamente.

pureza e segurança

É importante afirmar desde o início que, quando falo de impureza espiritual, não estou me referindo a uma condição moral. A ideia de impureza moral está profundamente enraizada na cultura ocidental como um vestígio do cristianismo e da relação da impureza com o pecado. Essa prática parte de uma visão de mundo animista, no qual o pecado e a impureza moral simplesmente não são relevantes. Não há sentido inerente de erro moral, queda ou pecado no conceito de impureza espiritual aqui. É por isso que gosto de usar a linguagem de "higiene", porque na vida cotidiana a maioria das pessoas já tem uma experiência vivida de limpeza e impureza que não sentem necessidade de sobrecarregar com peso moral – podemos simplesmente tomar um banho quando precisamos nos limpar.

A higiene espiritual é semelhante. Ao longo de nossos dias, entramos em contato com todos os tipos de seres, vivos e incorpóreos. Em um quadro animista, tudo é inspirado, portanto, tudo o que vemos ou experimentamos também nos vê e nos experimenta. Somos mutuamente afetados pelas interações com o mundo vivo ao nosso redor. Em particular, há uma aderência às energias vitais e às emoções dos seres vivos, bem como dos seres espirituais e das presenças em um lugar. As coisas com as quais entramos em contato roçam em nossos corpos sutis sensíveis e deixam efeitos: resíduos, reverberações, tentáculos de sensações e força espiritual. Assim como as coisas com as quais temos contato físico podem deixar resíduos em nossa pele e poeira em nossos cabelos, que eventualmente queremos lavar.

Continuando a analogia com a saúde física e a limpeza, também criamos nossa própria sujeira espiritual. Além de nossas experiências com os outros poderem permanecer ou deixar marcas em nós de diversas maneiras, nossos próprios sentimentos e respostas também podem formar resíduos espirituais. Qualquer sentimento que tenhamos dificuldade de afastar pode funcionar desse jeito: estresse, medo, raiva, angústia, trauma, pesar, até mesmo o que podemos considerar emoções positivas se estivermos dominados por elas ou retornarmos obsessivamente a elas. Não é que as emoções em si sejam um problema ou algo que deva ser eliminado. É que as emoções se apoderam de partes de nossa força vital e, quando somos dominados por elas, especialmente se não formos capazes de processá-las e liberá-las, a força vital contida nelas pode ficar aprisionada, endurecida, emaranhada ou alterada de tal forma, que esteja indisponível para fluir como deveria. As práticas de higiene espiritual podem ajudar a liberar esses resíduos e restaurar a força vital a uma condição de fluxo e saúde.

Muitas vezes, a purificação também consiste simplesmente em separar uma coisa da outra. Isso pode significar separar o sagrado do mundano, mas também pode ser meramente traçar limites entre uma coisa e outra e garantir que você não misture ou contamine um tipo de espaço ou experiência com as energias e presenças de outro. Muitos exemplos de práticas de purificação religiosa em tradições politeístas e animistas em todo o mundo são orientados por essa função. Você pode pensar nisso como análogo à prática em muitas culturas de tirar os sapatos ao entrar em uma casa para evitar que a sujeira do mundo exterior entre com os pés das pessoas. A purificação espiritual ao cruzar uma fronteira sagrada é o equivalente espiritual disso. Ela funciona tanto em um nível espiritual – mantendo as energias e presenças dentro de um espaço separadas das que estão fora – quanto em um nível emocional – ajudando as pessoas a deixarem de lado os pensamentos e sentimentos com os quais chegaram para se concentrarem no propósito do espaço em que estão entrando.

Muitas tradições populares de purificação e limpeza também se concentram em sua função protetora. Essas tradições operam a partir da percepção de que estar em um estado impuro também pode nos tornar vulneráveis a forças nocivas, predatórias e malévolas. Novamente, isso se baseia em princípios com os quais a maioria das pessoas já está familiarizada: como deixar que a sujeira, especialmente os resíduos biológicos, acumulem-se em nós ou em nosso ambiente, tornando-nos vulneráveis a doenças e infecções e ao ataque de bactérias prejudiciais. Ou seja, o mundo está cheio de seres vivos, visíveis e invisíveis, e alguns deles podem nos causar danos, alimentar-se de nós ou nos deixar doentes se não estivermos prestando atenção. A ecologia espiritual funciona de forma semelhante; esses acúmulos de emoção, energia e força vital não purificados podem atrair seres espirituais que costumam se alimentar ou se instalar de forma prejudicial em nós.

As práticas para limpar a contaminação espiritual, purificar o corpo espiritual e nos livrar de resíduos e forças prejudiciais podem ser divididas em três tipos: limpeza, para remover a contaminação; bênção, agindo para realinhar ou restaurar um estado de saúde espiritual, e banimento, usado para afastar espíritos indesejados.

Essas distinções podem parecer teóricas, mas da perspectiva de considerar a origem do desprotegido ou do dano, elas importam. O que você deve fazer com um resíduo ou acréscimo espiritual que surge do seu próprio ser, quando essencialmente é sua própria força vital que foi enredada ou endurecida em algo que pode lhe prejudicar? As tradições animistas ensinam que é possível arrancar partes de nossas almas ou separar-se de parte de nossa força vital, e que isso, por si só, é uma fonte de grandes doenças e danos. Quando partes de nosso próprio ser ou força vital se tornam enredadas, endurecidas ou começam a se separar e a assumir vida própria, é exatamente nesse momento que corremos um risco maior de perda ou separação da alma, e o que queremos evitar nesse momento é limpar qualquer parte de nós mesmos.

Portanto, essa distinção é mais importante quando se trata de práticas aplicadas ao nosso próprio corpo. Para a higiene espiritual pessoal, às vezes, pode ser necessário usar práticas de purificação para lavar os resíduos do mundo de si mesmo, equivalente ao ritual de tomar banho e jogar a sujeira pelo ralo. Em outros casos, talvez vá precisar de uma prática de bênção projetada para refrescar, restaurar ou liberar energias espirituais aprisionadas em seu próprio ser, sem lavar nada. Distinções semelhantes podem se aplicar à higiene espiritual de um lugar ou espaço. Em muitos casos de limpeza de espaço, será apropriado usar práticas que lavem ou varram quaisquer forças ou resíduos indesejados naquele lugar. No entanto, às vezes o que se deseja é uma prática de bênção para restaurar a harmonia entre as presenças no espaço, em vez de lavar qualquer coisa.

O terceiro tipo é o banimento, que se refere especificamente a práticas projetadas para expulsar seres espirituais indesejados. O banimento é voltado para os seres e não para os resíduos, embora haja um espectro aqui, já que os resíduos espirituais podem e de fato se acumulam, fortalecem-se e ganham vida própria, tornando-se espíritos ou demônios. As práticas de banimento tendem a abordar os espíritos indesejados como seres com poder de ação, tentando comandá-los, assustá-los ou aprisioná-los, para depois expulsá-los. Quando esse tipo de prática é aplicada a uma pessoa, também é chamado de "exorcismo".

As distinções geralmente são menos claras do que o exposto nos costumes populares. Frequentemente chamadas de *saining* na tradição escocesa, essas práticas podem ser enquadradas como bênçãos, limpezas e proteções ao mesmo tempo, ou alguma combinação delas, especialmente no caso de remédios praticados por pessoas comuns.[10] As distinções de mecanismo e função tendem a ser de domínio do especialista.

Ritos da Água e Águas Sagradas

Os rituais de água para limpeza e purificação se baseiam e intensificam as propriedades naturais de limpeza e renovação da própria água. As águas da paisagem são inerentemente consideradas sagradas nas culturas celtas, assim como tendem a ser em muitas sociedades animistas. Isso é visto na prática generalizada de identificar corpos d'água com Divindades, mais comumente com as Deusas. A origem muito antiga dessa prática sobrevive em tradições como nomes de rios e é articulada em sua forma posterior por meio de mitos como os de Sinann, Boann e outros que se transformam em rios.[11] Há também uma crença implícita por meio de histórias e práticas populares de que a água entra no mundo dos vivos vinda do Outromundo, energizando sua força e capacidade de magia e inspiração.

Em sua forma contemporânea, muitos ritos da água na prática popular são encontrados inseridos na crença e simbolismo cristãos. É evidente, entretanto, que alguma forma desses ritos da água teria sido nativa nas culturas celtas antes da conversão. Por exemplo, uma prática de batismo da Idade do Ferro foi documentada

10. Campbell, *Witchcraft & Second Sight in the Highlands & Islands of Scotland*, 73–76.
11. Beck, "*Goddesses in Celtic Religion – Cult and Mythology: A Comparative Study of Ancient Ireland, Britain and Gaul*," 403.

entre as tribos continentais da região do Reno por volta de 200 AEC.[12] Em um rito para abençoar recém-nascidos, o bebê era carregado no escudo do pai até um rio e banhado em suas águas. Acreditava-se que isso concedia vitalidade à criança. O poeta grego que registrou esse ritual o compreendeu como um teste da força e da constituição da criança, embora não haja testemunho direto das pessoas que praticavam esse rito. As primeiras hagiografias do período de conversão irlandês registram que os pagãos já tinham a prática de venerar os poços sagrados.[13]

Práticas folclóricas irlandesas e escocesas registradas desde o período moderno inicial até o moderno contemporâneo contêm uma rica variedade de rituais com água. Embora na maioria dos casos seja difícil documentar se a prática é uma sobrevivência de algo pré-cristão, muitos praticantes as entendem dessa maneira. Rituais de limpeza estão ligados a costumes sazonais na literatura irlandesa antiga, como este poema medieval sobre o quarto dia de Imbolc, sugerindo que práticas especiais de lavagem seriam costumeiras nesse dia sagrado:

Saborear cada alimento em sua ordem,
Isso é o que se deve fazer no Imbolc,
Lavar as mãos, os pés e a cabeça,
Assim eu digo.[14]

Seja qual for a forma ritual que possa ter existido para essa tradição nos tempos pré-cristãos, é bem provável que girassem em torno de características semelhantes ainda vistas nos ritos da água pós-conversão, como a sacralidade da fonte de água, os rituais de coleta e o modo de preservar ou aprimorar sua sacralidade em seu uso para purificação. Seja qual for sua origem, é certo que essas práticas populares se alinham bem com uma cosmovisão animista e se encaixam perfeitamente na trama de uma prática mágica pagã.

Reunindo as Águas

Um tema predominante no envolvimento com a fonte de água benta é a realização do circuito ao redor do poço. Rituais de circuito são mencionados em muitas referências, desde as mitológicas até os rituais católicos contemporâneos.

---

12. Koch, *The Celtic Heroic Age: Literary Sources for Ancient Celtic Europe and Early Ireland & Wales*, 8.
13. Royal Irish Academy, "*Tírechán's Text in English* (Traduzido por. L. Bieler)."
14. Meyer, *Hibernica Minora*. 48–49.

Essa prática de circunavegação, no contexto de locais sagrados, é sempre feita no sentido do Sol (*deiseal* em irlandês; "sentido horário" na modernidade).[15] Dessa forma, o movimento ao redor desses locais reencena ritualmente o caminho do sol, criando, assim, um microcosmo do próprio cosmos dentro do espaço físico do local, colocando-o em um campo de bênção e ordem natural.

Os ritos de circuito podem ser elaborados com uma série de práticas. As descrições do início do século 19 da prática popular irlandesa em poços sagrados registram peregrinos viajando com a cabeça e os pés descalços ou andando de joelhos. Tais práticas penitenciais podem ter natureza cristã, mas muitos elementos relacionados à prática parecem ser de natureza pagã. O número de circuitos feitos tem significado, normalmente especificado em números ímpares, como três, seis ou nove vezes. Essas práticas foram relatadas como costumes ancestrais mantidos para proteger contra "os feitiços dos druidas", para proteger contra doenças e para manter as fadas em boa vontade.[16]

Práticas desse tipo também são costumeiras para a bênção do gado, como, por exemplo, neste relato que combina os elementos de local sagrado, dia sagrado e circunavegação do poço:

> Um dia padrão ocorria no Dia de Maio no poço sagrado na "Cidade" (perto de *Paps of Anu*), quando o gado era trazido, alguns de grandes distâncias, e conduzido ao redor dele. Isso pode ter sido uma tentativa de curar o gado doente ou de garantir sua saúde e fertilidade. Essa tradição foi registrada por O 'Donovan em suas *Letters of the Ordnance Survey* (Cartas do Levantamento Ordnance), escritas em meados do século 19 com a tradição persistindo na memória viva.[17]

A hora do dia, assim como a estação do ano, também são significativos em muitas práticas populares Em algumas tradições, o momento mais sagrado para tirar água é logo após a meia-noite, na Véspera de Beltane. Considerando que, na visão de mundo celta, o dia começa à noite, essa prática parece indicar que o poder do dia sagrado era mais forte nas águas na parte mais escura da noite anterior. Essa primeira água retirada após a meia-noite da Véspera de Beltane era chamada

---

15. Armao, "*Cathair Crobh Dearg: From Ancient Beliefs to the Rounds* 2017," 22.
16. Wood-Martin, Traces of the Elder Faiths of Ireland, Vol. II, 86–87.
17. Coyne, Islands in the Clouds: An Upland Archaeological Study on Mount Brandon and the Paps, County Kerry, 21.

de "a pureza do poço" e era considerada especialmente poderosa – o povo local competia para ser o único a coletá-la.[18] A água era guardada durante todo o ano para bênçãos especiais de proteção, incluindo um ritual realizado para abençoar fazendas. Após o pôr do sol, a água abençoada era levada ao redor dos limites da terra, começando e terminando no Leste. Nos pontos cardeais, a procissão parava para cerimônias conduzidas usando sementes (talvez para a fertilidade) e ferramentas agrícolas (talvez pelas qualidades protetoras do ferro).[19] Este ritual combina os poderes da estação e da hora, com a circunavegação da terra sendo abençoada com a água sagrada.

Outro ritual de água da tradição escocesa apresenta padrões semelhantes, ao mesmo tempo em que destaca a liminaridade dos poderes inerentes à água. Essa é a tradição de coletar água sagrada do "rio dos vivos e dos mortos", um ponto de passagem onde os vivos e os mortos atravessam um corpo d'água. Em tempos antigos, nas áreas rurais, os cortejos fúnebres tradicionalmente usavam caminhos separados para levar os mortos aos locais de sepultamento, a fim de minimizar a probabilidade de os mortos assombrarem as estradas usadas pelos vivos. Tipicamente, os únicos pontos onde esses caminhos dos mortos cruzariam com os dos vivos seriam em encruzilhadas, pontes ou vaus rasos sobre córregos e rios. Esses pontos de cruzamento, onde tanto os mortos quanto os vivos atravessam a mesma água, tinham um poder e uma liminaridade especiais.[20]

Comportamentos rituais também acompanham o processo de coleta a fim de preservar e intensificar a sacralidade e o poder da água. Esses comportamentos podem incluir práticas como coletá-la em silêncio, não olhar para trás até chegar ao destino e proibições rituais sobre quem ou o que pode tocar o recipiente de água. "À meia-noite e em silêncio, a água era levada de um riacho que corria para o sul, perto da casa. Tomava-se cuidado para que o portador não olhasse para trás, nem permitisse que o recipiente em que a água era carregada tocasse o chão."[21] É fácil ver como essas práticas contribuem para a manutenção das virtudes da água, que incorporam a ela o poder do local de onde é retirada, de modo que esse poder não se disperse antes de ela ser usada.

18. Wilde, Ancient Legends Mystic Charms & Superstitions of Ireland, 140.
19. Wood-Martin, Traces of the Elder Faiths, Vol. I, 281.
20. Black, Scottish Charms and Amulets. Proceedings of the Society of Antiquaries of Scotland, 454.
21. Polson, Scottish Witchcraft Lore, 179.

Energizando as Águas

Muitas fontes folclóricas mostram que os poderes de bênção e purificação da água podem ser aprimorados por uma variedade de meios mágicos. Descrições dessas práticas para energizar a água com poder de bênção frequentemente aparecem em coleções de folclore, como este exemplo do folclorista John Gregorson Campbell:

> O *Eòlas* (Conhecimento), também conhecido como *Teagasg* (Ensinamento), era um encantamento para a cura de doenças em homens ou animais. Consistia em uma rima murmurada sobre a pessoa doente e sobre a água a ser bebida ou borrifada sobre o animal doente. Para torná-lo mais impressionante, seu uso era acompanhado por pequenas cerimônias triviais, como fazer o sinal da cruz, bocejar, fazer misteriosos cordões coloridos, obter tipos específicos de água em determinados dias, mergulhar pedras de virtude na água e outras práticas semelhantes.[22]

Em geral, objetos e materiais que trazem suas próprias virtudes podem ser colocados nas águas, como ervas, pedras, cristais, metais e espíritos. Também não é incomum ouvir falar de vinho ou destilados sendo borrifados ou adicionados à água que é usada para a bênção.[23] O uísque tende a ser mais a bebida alcoólica mais usada por pessoas comuns em áreas gaélicas. Outro tema é que palavras, orações ou rimas são recitadas sobre a água.

Este exemplo da coleção do folclorista escocês Alexander Carmichael menciona o uso de metais preciosos: "O operador vai até um riacho, por onde passam tanto os vivos quanto os mortos, e coloca água, em nome da Santíssima Trindade, em uma concha de madeira... Ao retornar, o anel de ouro da esposa, uma peça de ouro, de prata e de cobre são colocados na concha. O sinal da santa cruz é então feito, e essa rima é repetida em um canto lento e ritmico".[24] Aqui a água foi coletada em um local liminar, reunida com oração. Isso é aprimorado adicionando três tipos de metais preciosos, e esses poderes são selados dentro da água por meio do uso da rima cantada. Essa crença de que a água que esteve em contato com o ouro ou a prata carregava maior virtude aparece em várias fontes

22. Campbell, Witchcraft & Second Sight in the Highlands & Islands of Scotland, 57–58.
23. Campbell, Witchcraft & Second Sight in the Highlands & Islands of Scotland, 241–242.
24. Carmichael, Carmina Gadelica, Vol. II, 42.

folclóricas. Não se trata apenas do valor econômico desses metais; parece estar relacionado à sua incorruptibilidade. O estudioso e folclorista celta Ronald Black sugere que a crença nesses poderes do ouro e da prata de transformar a água em um fluido magicamente energizado pode ser uma herança das tradições alquímicas.[25]

Muitas fontes também mencionam o uso de amuletos, pedras ou cristais, que são igualmente colocados nas águas para conferir bênçãos.[26] Essas pedras incluem pequenos objetos de vidro ou cristal de rocha ou pedras furadas, também chamadas de "Pedras de Bruxa, "Pedras de Elfo", "Pedras de Sapo" ou "Pedras de Víbora", que podem ser uma variedade de tipos de pedras ou artefatos antigos em torno dos quais se acumularam crenças folclóricas.[27] A tradição parece dar as boas-vindas a uma grande variedade aqui; o elemento comum é um objeto que se acredita ter uma origem misteriosa ou do Outromundo, ou um poder ancestral de algum tipo, a ser colocado na água para ativar suas propriedades de bênção.

encontro com brixta

Brixta é uma Deusa gaulesa conhecida a partir de inscrições encontradas em casas de banho e em Templos galo-romano em Luxeuil-les-Bains, no leste da França. Ela está associada a nascentes sagradas, aos poderes purificadores e curativos da água e à magia.

Luxeuil-les-Bains era conhecida desde os tempos gauleses por suas curativas fontes termais ricas em minerais e ainda é frequentada para banhos terapêuticos. Dedicações votivas a Brixta e seu Deus consorte Luxovius foram encontradas lá, junto a dedicações a outro par frequentemente associado a nascentes de cura, Sirona e Apollo. A Vida de São Columbano, um texto do século 7 sobre o mosteiro fundado em Luxeuil, menciona seu passado pagão: "Ali, banhos quentes foram construídos com considerável cuidado; ali, um grande número de imagens de pedra preenchia a floresta vizinha: estas, em tempos antigos pagãos, eram honradas com rituais miseráveis e ritos profanos, e para elas realizavam cerimônias execráveis..."[28]

---

25. Black, The Gaelic Otherworld, 392, n. 451.
26. Black, Scottish Charms and Amulets, 437, 509
27. Campbell, Witchcraft & Second Sight in the Highlands & Islands of Scotland, 85–87; Black, Scottish Charms and Amulets, 468.
28. Beck, "Goddesses in Celtic Religion–Cult and Mythology: A Comparative Study of Ancient Ireland, Britain, and Gaul," 442–448.

Escavações no local dos banhos e de um Templo desenterraram milhares de moedas de cobre e prata, um ex-voto[29] em forma de perna e muitas figuras de carvalho esculpidas para representar cabeças, bustos e corpos humanos, algumas mostrando características celtas como torques e o *bardocucullus*, uma vestimenta semelhante a uma vaca. Essas figuras representavam a evidência de devoções que datam do primeiro século AEC e o quarto século da EC e parecem estar voltadas para a cura.

A associação de Brixta com Luxovius pode ser um exemplo de um padrão gaulês que associa Deusas da Água com Deuses da Cura em locais como esse. No entanto, Luxovius pode ter sido mais do que um Deus da Cura; ele pode ter sido uma Divindade tutelar, já que a comunidade de Luxovium recebeu seu nome e é a origem da moderna cidade de Luxeuil-les-Bains.

A própria Brixta parece ter uma profunda associação com a água. Alguns estudiosos sugerem que o rio Breuchin, que banha a área, recebe o nome dela. O significado de seu nome, no entanto, aponta para a magia. Brixta (ou Bricta, como seu nome às vezes é escrito) vem da mesma raiz que o gaulês brictom, que significa "magia, encantamento ou feitiço". Aparece em frases nas tábuas mágicas gaulesas, como *andernados brictom*, "a magia do Submundo", ou *bnanom brictom*, "a magia das mulheres". Termos cognatos aparecem em todas as línguas celtas, como o irlandês antigo *bricht*, "enfeitiçamento", *brichtu ban*, "magia das mulheres", o galês médio *lled-frith*, "encanto", e o bretão antigo brith, "magia".[30] O sufixo *-ta* em seu nome indica ação, portanto, seu nome significa "aquela que realiza magia" ou simplesmente "Feiticeira" ou "Bruxa". Assim, embora ela pareça ter uma forte associação com a água, seu nome está ligado a uma profunda tradição de magia.

Durante uma peregrinação na França, passei algum tempo em outra fonte de cura, *Chamalières*, que tem uma longa associação semelhante com a magia gaulesa e tinha seu próprio templo e banhos. Isso foi no início de meu relacionamento com Brixta, e eu esperava, ao contemplar sua presença lá, conectar-me e aprender um pouco mais sobre ela. Eu queria entender por que ela, e locais de nascentes como o dela, parecem estar conectados tanto à água quanto à luz, à cura e à maldição.

---

29. O *ex-voto* refere-se a pinturas, esculturas ou objetos que devotos oferecem às divindades como forma de agradecimento por cura de doenças – por isso, por exemplo, as esculturas remetem a partes do corpo afetadas por enfermidades – ou por outras graças alcançadas. (N. E.)

30. Delamarre, Dictionnaire de La Langue Gauloise, 47, 90.

Ilustração do sigilo para a Brixta

Sentado na água morna, entrei em um estado meditativo e pedi para que ela se manifestasse e falasse comigo. Eu a vi como uma presença de luz ou uma chama emergindo da água. Ela me transmitiu que sua natureza primária é, como seu nome indica, uma Deusa da Magia. Essa magia se move nas águas que fluem do Outromundo, especialmente em nascentes como essa, e é a presença dessa magia e a conexão com o Outromundo que tornam esses locais de acesso à cura nas águas. Ao mesmo tempo, isso também é o que os torna lugares poderosos para lançar feitiços e maldições. "A magia está na água", ela disse, "e ela pode tanto amaldiçoar quanto curar".

Brixta abençoa as águas para purificação e cura. Mais do que isso, ela também é uma Padroeira da Magia e dos Espaços Liminares por meio dos quais os poderes do Outromundo emergem das águas subterrâneas para o nosso mundo. Invoque-a para magia da água, feitiçaria e conexão com o Outromundo. Seu sigilo combina as letras gaulesas *Sonnos*, *Bitus* e *Lugion*, que representam luz e cura, vida e magia, lugares aquáticos e magias de ligação, e as letras Ogham *Sáil* e *Lúis*. Ele incorpora tanto a água quanto a chama dentro das quais ela se move. Na arte, Brixta emerge velada da piscina de uma nascente do santuário, carregando a chama em uma mão e água na outra. Seu sigilo pode ser visto inscrito nas pedras que emolduram a borda da piscina, e também atrás dela.

Kit de Ferramentas do Bruxo
bênção das águas

Para começar a criar seu Kit de Ferramentas de bênção e purificação, vamos analisar os elementos que compõem uma prática de bênção da água.

Água: por sua principal virtude ser o poder de purificar e nutrir, qualquer água limpa utilizada para se lavar ou para beber está de acordo, como a água da torneira, por exemplo. A água absorve as qualidades daquilo que toca. Isso é parte do motivo pelo qual ela funciona tão bem como agente de limpeza espiritual. É também por isso que muitas tradições populares se concentram em como a água é coletada. Quanto mais você se preocupar em coletar a água de uma fonte natural e em como ela é manuseada, mais essa virtude natural poderá ser preservada na água. Considere coletar a água de uma fonte natural, se possível, como de um córrego, rio ou nascente; água da chuva ou água que tenha estado sob a luz da lua ou do sol.

Oração: o simples ato de orar sobre a água é suficiente para energizá-la com o poder sagrado da bênção. A oração combina a força vital inerente à sua respiração com o poder e a presença das Divindades às quais a oração é dirigida. Sua oração pode ser um belo encantamento poético rimado ou pode ser apenas algumas palavras simples. A água é um ser, então sua oração pode ser simplesmente para a própria água, pedindo-lhe para fornecer seu poder de bênção. Você também pode pensar em direcionar orações para Divindades com as quais se sente próximo, cujo poder sagrado confia ou sabe que são úteis para abençoar e purificar.

Objetos sagrados: aos elementos básicos da água e da oração, você pode adicionar objetos sagrados que tragam suas próprias virtudes para a água abençoada. Tradicionalmente, materiais que parecem incorruptíveis como ouro ou prata podem trazer esse poder de pureza para a água abençoada. Como alternativa, objetos com uma conexão com o Outromundo, como pedras furadas ou cristais, podem ajudar a energizar a água com seu poder.

Conservantes: a tradição também favorece materiais que são conhecidos por desinfetar e preservar, pois eles têm o poder de limpar e afastar doenças e podridão. É por isso que bebidas alcoólicas, como uísque ou vinho, por exemplo, são usadas na bênção das águas, já que o álcool preserva e desinfeta. O sal tem propriedades semelhantes de desinfecção e de interrupção da decomposição e pode ser especialmente útil quando a presença do álcool se torna prejudicial ou indesejável, como perto de pessoas em recuperação.

Plantas: ervas e plantas aromáticas podem ser adicionadas à água abençoada e as ervas amarradas também podem ser utilizadas como um *aspergillum* (aspersório) para borrifar a água benta. Qualquer planta cujo aroma traga uma sensação de frescor pode ser útil. Plantas como artemísia (*Artemisia vulgaris*), zimbro (*Juniperus communis*), urze (*Calluna vulgaris*), alecrim (*Salvia rosmarinus*) ou outras espécies da família da sálvia são boas escolhas para essa finalidade (veja mais sobre essas plantas na seção sobre Ritos de Fogo).

Há uma variedade quase ilimitada de opções dentro dessa prática. Se você for iniciante, pode ser útil começar com uma abordagem muito simples. Aqui está um caminho que poderá seguir para começar a desenvolver sua prática:

Comece apenas com a oração e a água. Pegue uma tigela de água limpa e segure-a de modo que sua respiração a alcance enquanto você ora:

Que esta água seja abençoada
e traga bênçãos a tudo o que tocar.

Recite a oração sobre a água respirando fundo e observe sua aparência, observe como ela muda ao absorver a oração. Você sente poder nela? A água capta a luz de maneira diferente? Borrife a água sobre você e seu espaço para obter uma bênção. Como você se sente?

Agora, tente adicionar outros elementos em sua prática de abençoar as águas. Mudar uma coisa de cada vez pode ajudar a discernir como cada elemento contribui para a prática.

Experimente acrescentar elementos físicos. Coloque uma peça de ouro ou prata na água e faça a mesma oração. Abençoe-se e observe como você se sente.

Tente adicionar um conservante. Despeje um pouco de uísque na água e faça uma oração sobre ela. Experimente colocar uma pitada de sal na água, orar sobre ela e realizar a bênção. Você se sente diferente com isso?

Procure usar um aspersório. Encontre uma planta aromática adequada, como alecrim ou zimbro. Pegue um punhado de hastes de plantas e envolva-as firmemente com um pouco de barbante, deixando as pontas das folhas livres para se moverem um pouco. Amarre o barbante. Prepare sua água abençoada orando sobre ela. Mergulhe a extremidade com folhas do feixe na água e borrife-a sobre você e seu espaço. Observe como o movimento das folhas impulsiona a água abençoada e como o cheiro aromático da planta se espalha no ar.

Quando se sentir confortável usando cada um desses elementos, tente combiná-los. Experimente. Tente cantar sobre a água em vez de apenas sussurrar uma bênção. Pegue água de um poço sagrado ou de um lugar que seja particularmente sagrado para você. Faça uma grande e luxuosa tigela de bênção com vários elementos juntos. Em vez de apenas borrifá-los sobre você, experimente derramar um pouco em seu banho. Não há limites e sua criatividade é o seu guia.

História

Um Ritual da Água

É Imbolc, uma época tradicional de purificação, e eu estou preparando um fluido consagrado para fazer água abençoada para usar em meus rituais de limpeza diários ao longo do ano.[31] Reuni todas as minhas coisas: manteiga, hidromel e uísque para os Deuses e espíritos; ervas e plantas para a mistura; um pequeno pingente de prata e um recipiente com água de um poço sagrado.

31. Adaptado de Ronan, "Purificação Diária."

Começo preparando um lugar para as Divindades que me ajudarão a consagrar isso: uma pequena estátua de Brigid com uma vela dentro dela e um pedaço de chumbo inscrito que representa Brixta, Deusa da Magia e da Cura. Derramo hidromel e uísque em pequenos copos e coloco um pouco de manteiga em um pratinho, pedindo a elas e aos meus outros aliados espirituais que abençoem o espaço em que estou trabalhando, todos os materiais e o trabalho que farei aqui.

Primeiro, vão para a tigela as plantas e as ervas. Enquanto pego um pequeno punhado de cada material vegetal, sussurro meu pedido ao espírito da planta para trazer bênçãos ao que estou criando e, em seguida, passo-a três vezes sobre a chama da vela. Artemísia colhida da planta que cultivo no quintal; bagas e agulhas esfareladas de zimbro e os últimos galhos e bagas secas de um estoque de sorveira que coletei em uma viagem para um local onde ela cresce. Cada um desses itens são abençoados e depois colocados na tigela. Agora, coloco algumas gotas preciosas de água benta do poço de Brigid e de um poço na França, onde me conectei com Brixta. Algumas gotas das taças de oferendas e, em seguida, uísque suficiente para cobrir as ervas. Por último, pego o pingente de prata e sussurro outra oração sobre ele, passo-o três vezes sobre a chama da vela e o coloco na tigela, onde dará seu poder de purificação a essa mistura.

Com tudo na tigela, agora passo minhas mãos sobre ela, invocando mais uma vez a bênção dos espíritos. Reunindo todo o poder espiritual que posso em minha respiração, sussurro um encantamento de paz e bênção sobre a tigela perfumada com o aroma das ervas:

Síth co nem
Nem co doman
Doman fo nim
Nert hi cách.[32]

Tradução:

Paz até o Céu,
do Céu até a Terra,
a terra sob o céu,
força em todos.[33]

32. Gray, *Cath Maige Tuired: The Second Battle of Mag Tuired*, 72.
33. Mees, *Celtic Curses,* loc. 5234–5237.

Com a carga final colocada no fluido, eu o despejo cuidadosamente em um frasco, fecho-o e amarro uma cruz protetora de freixo nele com fita vermelha. Em seguida, coloco o frasco com seu líquido dourado cristalino e pedaços de ervas flutuantes no altar, entre as velas e as oferendas, para ficar na presença dos Deuses e espíritos durante a noite da Véspera de Santa Brígida.

De manhã, está pronto para usar. Ao longo do ano, sempre que precisar de água para abençoar, posso despejar algumas gotas desse fluido potente em uma tigela de água, sussurrar uma rápida oração sobre ela e borrifá-la sobre mim ou em qualquer lugar que eu queira purificar. Também coloco algumas gotas em um frasco de spray, para uma bênção pronta que posso levar em meu kit de rituais para onde quer que eu vá.

Ritos de Fogo

O fogo como elemento sacralizador é atestado desde as fontes mais antigas até a prática popular contemporânea. Isso se alinha com as práticas encontradas em culturas animistas e politeístas em todo o mundo, é claro. Os Ritos de Fogo se baseiam no entendimento de que o fogo em si é uma força viva. O fogo opera em vários níveis, tanto física quanto espiritualmente. Primeiro, ele traz luz e calor, dissipando sombras e escuridão. Esse efeito pode não ser tão importante para a geração moderna, acostumada com a luz artificial que se acende com o clique de um interruptor, mas para os ancestrais significava segurança. O fogo pode afugentar ou manter afastados predadores e outros saqueadores que exploram a escuridão; seu poder de exorcizar e banir espíritos indesejados segue como uma questão de lógica natural a partir desse efeito. Como um processo, o fogo também se transforma à medida que se consome; seu poder transformador e destrutivo é facilmente traduzido para uso em um contexto espiritual para limpar, consumir e transformar as forças presentes em um espaço. A fumaça, especialmente a de plantas ou madeiras aromáticas, é purificadora e conservante, limpando o ar de insetos, fornecendo benefícios antimicrobianos e ajudando a preservar alimentos da decomposição. Da mesma maneira, a fumaça aromática atua espiritualmente para limpar espaços de presenças ou influências indesejadas e evitar que elas se instalem.

O uso da fumaça de plantas aromáticas para limpeza traz à tona questões de segurança e respeito cultural. Ao considerar a purificação, muitos praticantes espirituais contemporâneos pensam primeiro na queima de sálvia para esse fim, frequentemente chamada de "defumação". Esse costume foi amplamente apropriado por pessoas brancas e descontextualizado de suas origens nas culturas religiosas dos nativos americanos. A popularidade dessa prática de defumação descontextualizada entre movimentos espirituais pagãos e da Nova Era levou à comercialização e à colheita excessiva e severa da planta sálvia branca em muitas áreas. Esse roubo e comercialização de uma prática sagrada por pessoas que não fazem parte das culturas e comunidades de onde ela vem é um exemplo claro de apropriação cultural prejudicial. Podemos e devemos fazer melhor. Não há necessidade de politeístas celtas e praticantes de magia se apropriarem de costumes rituais dessa maneira. As culturas celtas que formam a base de nossa prática fornecem muitas tradições adequadas e, de fato, bastante similares, usando o fogo e plantas sagradas para limpeza e bênção.

Fogo Sagrado e as Estações do Ano

O uso do Fogo Sagrado muitas vezes está ligado a costumes sazonais. A literatura antiga destaca a criação de fogueiras sagradas em pontos sazonais e os costumes populares continuam essa prática. Por exemplo, as fogueiras no Samhain (tradicionalmente em 1º de novembro no Hemisfério Norte) são mencionadas em textos como *The Destruction of Dá Derga's Hostel* (*A Destruição da Estalagem de Dá Derga*) como uma prática que memorializa a história mítica enquanto proporciona um senso de proteção: "Foi na véspera do Samhain (Dia de Todos os Santos) que a destruição da Estalagem foi realizada e, daquele farol (fogo), de lá para cá, o farol de Samhain é seguido e pedras (são colocadas) no Fogo de Samhain".[34] A Fogueira de Samhain mencionada nessa história é chamada de "Javali da Floresta" e é descrita como sendo uma fogueira poderosa e ardente, construída com toras para ter sete lados, deixando as chamas escaparem. Um poema medieval antigo descrevendo os costumes rituais apropriados para os principais festivais sazonais celtas menciona oferendas sendo dadas aos Fogos Sagrados em Beltane (tradicionalmente em 1º de maio no Hemisfério Norte): "Eu vos conto, um festival especial, as gloriosas dádivas do Dia de Maio: cerveja, ervas, soro de leite doce e coalhada fresca para o fogo." No mesmo poema, o Fogo de Samhain também é mencionado: "Carne, cerveja, mastro de nozes,

34. Stokes, "*The Destruction of Da Derga's Hostel.*"

tripas, esses são os deveres do fim do verão (Samhain); uma fogueira numa colina agradavelmente, soro de leite coalhado e um rolo de manteiga fresca."[35]

Considerava-se que esses fogos sazonais tinham poderes purificadores e protetores, uma tradição que continua em costumes folclóricos mais recentes. A prática de conduzir o gado entre duas fogueiras é mencionada no mesmo texto antigo sobre os festivais sazonais: "Pois os druidas costumavam fazer duas fogueiras com grandes encantamentos e conduzir o gado entre elas contra as pragas, todos os anos."[36] Este detalhe é confirmado por evidências arqueológicas em alguns locais.[37] Práticas populares posteriores também incluíram a condução do gado sobre palha ou galhos acesos nessas fogueiras sazonais. O fogo ainda pode ser levado ao redor de um espaço para limpar e proteger. Costumes irlandeses e escoceses incluem o transporte de galhos acesos dessas fogueiras sagradas ao redor de fazendas e edifícios para espalhar a bênção e a proteção do fogo.[38]

Fogueiras sagradas frequentemente são feitas com madeiras e plantas escolhidas por suas qualidades espirituais ou mágicas específicas. Muitos costumes de fogueiras sagradas fazem uso da sorva (*Sorbus aucuparia*, também chamada de cinza-da-montanha), uma planta profundamente mágica utilizada extensivamente para proteção e cura, bem como em maldições e outras operações mágicas. Suas bagas vermelhas a marcam como uma planta do Outromundo, já que a cor vermelha é comumente retratada como um indicador da presenças de seres do Outromundo em mitos e folclores. Além de serem queimadas em fogueiras sagradas, os galhos ou cajados são frequentemente entrelaçados em outros itens mágicos para proteção ou para aumentar seu poder.[39] O carvalho (*Quercus* spp.) também seria uma madeira popular para fogueiras sagradas; além de sua associação religiosa com o conhecimento druídico e o poder sagrado, ele é de queima longa e oferece o melhor calor limpo.

Ervas e galhos de plantas menores também eram adicionados aos Fogos Sagrados ou energizados como ramos em chamas para serem abençoados. Na Irlanda e na Escócia, as plantas geralmente preferidas para isso são o zimbro (*Juniperus communis*), a artemísia (*Artemisia vulgaris*) e a urze (*Calluna vulgaris*)

---

35. Meyer, Hibernica Minora, 49
36. Meyer, *The Wooing of Emer*, 232.
37. Sherwood, *An Bó Bheannaithe: Cattle Symbolism in Traditional Irish Folklore, Myth, and Archaeology*, 189–225, 191.
38. Campbell, Witchcraft & Second Sight, 241-242.
39. Carmichael, *Carmina Gadelica*, Vol. II, 241.

– todas aromáticas que produzem uma fumaça herbácea doce ou almiscarada que serve para refrescar e abençoar a atmosfera. A artemísia é chamada de *Mongach meisce* em irlandês e está associada principalmente a um poder protetor contra Bruxaria e espíritos nocivos ou indesejáveis.[40] Feixes frescos eram pendurados em casas e fazendas e os galhos em chamas eram carregados para que a fumaça aromática limpasse o ar e protegesse o local.

Muitas tradições também estão ligadas ao método de coleta dessas plantas sagradas. Por exemplo, na Irlanda, tem sido costume coletá-las especialmente na Véspera de São João (23 de junho, próximo ao Solstício de Verão no Hemisfério Norte) ou em alguns distritos, em Beltane.[41] Esse costume escocês de coletar o zimbro inclui um encanto falado e ações rituais a serem realizadas durante a coleta: "Ele deve ser arrancado pelas raízes, com seus galhos formando quatro feixes e segurado entre os cinco dedos, dizendo: 'Eu arrancarei o generoso teixo, pelas cinco costelas dobradas de Cristo, em nome do Pai, do Filho e do Espírito Santo, contra afogamentos, perigos e confusão'."[42] Aqui, o encanto falado menciona o teixo, porque o zimbro também era conhecido como "teixo da montanha".

Kit de Ferramentas do Bruxo

Bênção do Fogo e da Fumaça

A prática de abençoar com Fogo Sagrado é incrivelmente adaptável, podendo ser tão simples quanto utilizar uma vela ou um incenso, ou tão grande como uma fogueira sazonal repleta de rituais. Aqui estão algumas considerações para desenvolver uma prática de bênção com Fogo Sagrado.

Fogo Consagrado: o que distingue um Fogo Sagrado de um fogo comum é o ato de sacralizar e abençoar o fogo. Isso é verdadeiro tanto para uma pequena vela quanto para uma enorme fogueira comunitária. Mesmo sem oração, o fogo tem poder transformador e purificador, mas a consagração garante que sua ação esteja alinhada com nossas necessidades. O fogo é por si só

40. Mac Coitir, Ireland's Wild Plants, 114–116.
41. Mac Coitir, Ireland's Wild Plants, 116.
42. Campbell, Witchcraft & Second Sight, 105.

uma entidade viva, portanto, sua consagração consiste principalmente em fazer uma petição e estabelecer uma relação com ele. Você também pode consagrar o fogo com orações às Divindades das quais é próximo, cujos poderes confia ou cujas esferas de influência se relacionam com fogo, limpeza ou proteção.

Materiais: conforme discutido anteriormente, os materiais tradicionais para purificação e proteção pelo fogo muitas vezes são plantas aromáticas ou madeira de árvores que têm poder especial. Como guia para escolher as plantas, considere que, embora cada planta tenha suas próprias virtudes tradicionais específicas, como a potência mágica da sorva ou o poder protetor do zimbro, grande parte da vitalidade dessa prática virá por meio do relacionamento, pois novamente estamos lidando com seres vivos. Você obterá o maior benefício de uma planta com a qual se relacionou, seja cultivando-a em um vaso ou jardim, cuidando dos lugares onde ela cresce selvagem ou até mesmo trabalhando com ela em um contexto medicinal. Prestar atenção a essa relação e na forma como a planta é colhida ajudará a trazer mais sacralidade e virtude à prática da bênção. Galhos, folhas ou material diretamente da planta terão mais virtude do que o incenso embalado, se estiverem acessíveis a você. Para espaços internos onde não é possível usar fumaça, você ainda pode empregar o poder sacralizador do fogo usando uma vela. No entanto, uma vela é apenas uma chama alimentada por cera em vez de madeira. Assim como no caso das plantas, prestar atenção à fonte dos materiais nos ajuda a estabelecer um relacionamento mais eficaz com o fogo – talvez você possa procurar apicultores locais, por exemplo.

Começando com os elementos essenciais, aqui está um caminho para construir uma prática de bênção com fogo e fumaça.

Comece com um ritual simples de bênção com uma chama de vela. Coloque suas mãos sobre a vela e ore, talvez começando com uma oração simples como: "Que este fogo sagrado abençoe e proteja tudo o que sua luz tocar". Acenda a vela e reserve um momento para receber sua luz e calor. Pegue a vela e, com um ritmo moderado, leve-a ao redor do seu espaço no sentido horário, observando como sua luz toca tudo. Após completar um circuito, coloque-a no centro do chão e deixe-a queimar até o final (ou pelo tempo que puder antes de precisar apagá-la por questões de segurança). Qual é a sensação que o espaço transmite após essa bênção?

Experimente uma bênção com fumaça sagrada. Para começar, escolha uma planta para queimar, de modo que você possa prestar atenção às suas qualidades específicas. Considere começar com o zimbro, uma das plantas tradicionais para esse fim. Pegue um pouco de carvão e ore sobre ele para obter a bênção do fogo, depois acenda-o e coloque-o em um incensário. Dê um tempo para que o carvão se acenda completamente. Você também pode soprar sobre ele para ajudá-lo, ao mesmo tempo em que lhe dá a dádiva de sua respiração. Pegue as folhas, ofereça uma oração ao espírito da planta, pedindo sua bênção, e jogue uma pequena pilha sobre o carvão incandescente. Conforme a fumaça começar a subir, reserve um momento para absorver a bênção do calor e da fumaça. Pegue o incensário e, com um ritmo moderado, carregue-o pelo espaço no sentido horário. Você pode soprar a fumaça com a mão ou usar uma ferramenta como um leque ou um feixe de penas. Quando o espaço estiver totalmente em ressonância com a bênção da fumaça, deixe-a queimar naturalmente. Como você se sente em relação à bênção com a chama de uma vela?

Experimente a mesma bênção de fumaça com diferentes fontes de plantas. Qual é a diferença entre elas e como os aromas alteram a sensação do espaço após cada bênção? Experimente folhas frescas *versus* secas ou um incenso embalado, compare seus efeitos. Quando tiver uma ideia de como funcionam as diferentes fumaças de plantas, tente combiná-las. Experimente a prática tradicional de acender ramos inteiros de uma planta sagrada e carregar o ramo queimando pelo lado de fora de sua casa (mas lembre-se do perigo de incêndio – não faça isso em regiões secas, a menos que haja muita umidade no ambiente).

Prepare uma fogueira sagrada sazonal e use-a para realizar bênçãos para Beltane, Samhain ou outro dia sagrado. Reúna lenha seca, ramos ou galhos de plantas sagradas a uma fonte de fogo e oferendas para alimentar a fogueira, como bebidas alcoólicas, manteiga, flores ou coisas do gênero. Monte uma base estruturada de lenha e gravetos com espaço para a circulação de ar. Faça uma oração ao Espírito do Fogo e a quaisquer outros Deuses ou espíritos que você queira pedir ajuda para santificar o fogo. Em seguida, acenda o material seco e os gravetos. Você pode ajudar o fogo com a dádiva de sua respiração ou alimentá-lo com ar com um leque ou ventilador de mão; ter alguns amigos ao seu lado para manter as orações e canções enquanto faz isso pode ajudar. À medida que o fogo se fortalece, comece a adicionar ramos de plantas sagradas, com orações para cada espírito da planta à medida que são inseridos. Uma vez que o fogo esteja estabelecido e tenha uma base boa de brasas vermelhas, para não correr o risco de sufocá-lo, você poderá adicionar outras oferendas para alimentar o espírito do fogo. As bênçãos podem começar quando o fogo estiver forte e alimentado com oferendas. Ferramentas podem ser abençoadas passando-as através da fumaça; tradicionalmente, as pessoas levavam o gado para perto do fogo para que recebesse essa bênção. Você também pode pegar galhos de madeira e acender uma das pontas no fogo, para levar a fumaça ao redor dos edifícios (novamente, lembre-se da segurança contra incêndio ao fazer isso).

História

Rito de Limpeza com Fumaça

É hora de fazer uma boa limpeza sazonal na casa. Para a limpeza comum semanal, apenas borrifo um pouco de água abençoada no balde do esfregão, mas o verão tem sido agitado e parece que é hora de fazer uma limpeza mais completa para a mudança de estação.

Começo coletando as plantas aromáticas que vou usar. Coloco um pouco de leite em uma xícara, pego uma faca afiada para cortar ervas e saio para o quintal. Cumprimento o zimbro que se arqueia sobre os degraus da frente de casa e despejo um pouco de leite ao lado de suas raízes. Pego um ramo baixo e sussurro: "Que eu possa pegar esse ramo para abençoar minha casa e que haja paz entre nós". E então agradeço e corto o galho. Vou para o quintal dos fundos, onde saúdo a misteriosa artemísia que vive no canteiro de ervas. Novamente, derramo um pouco de leite, sussurro minha oração e corto um punhado de talos com suas folhas felpudas e verde-acinzentadas.

Dentro de casa, reúno as cabeças de rosas que foram oferecidas aos espíritos e depois deixadas para secar. Começo a esfarelar as pétalas das rosas secas em uma tigela. Em seguida, coloco o zimbro, com suas agulhas segmentadas se desfazendo facilmente e deixo suas bagas caírem na tigela também. A artemísia fresca eu tenho que rasgar, suas folhas felpudas criam um resíduo pegajoso e inebriante em meus dedos. O aroma floral das rosas, o frescor de pinho do zimbro fresco e o sabor herbáceo e mineral da artemísia começam a se misturar em um aroma potente que faz minha cabeça girar um pouco.

Uma vez que as plantas estão preparadas, pego um pequeno círculo de carvão e o acendo no fundo de um caldeirão de incenso do tamanho de uma mão. Enquanto ele solta faíscas e começa a brilhar, eu me dirijo aos espíritos da casa. "Todos vocês que estão aqui comigo, que esta casa seja limpa. Se estiverem aqui em paz, por favor, recebam essa fumaça e me ajudem a purificar este espaço. Que tudo que traz o mal ou a doença seja queimado e limpo pelos poderes da planta sagrada e do fogo brilhante."

Uma fumaça rica e aromática começa a sair do pequeno caldeirão quando coloco uma pitada generosa da mistura de plantas sobre o carvão em brasa. Carregando o caldeirão pela sua pequena alça, começo a passá-lo pelo cômodo, levando a fumaça para todos os cantos enquanto continuo a sussurrar aos espíritos. Cada cômodo da casa é limpo dessa maneira, com uma pitada fresca de fumaça vegetal e fogo cintilante até que toda a casa esteja perfumada com incenso e o ar pareça brilhante e revigorado. Em seguida, agradeço a todos os espíritos e às plantas que me ajudaram e deixo que o último carvão e as ervas se queimem.

A nutrição do Leite

O leite e os produtos lácteos como agentes de cura e purificação são um tema generalizado na literatura irlandesa e nas tradições celtas em geral. Em parte, isso parece decorrer da conexão fundamental na tradição irlandesa entre nutrição e cura. Esse tema mais amplo é enfatizado, por exemplo, pelos nomes da família de Divindades da cura Dían Cécht, Airmid e Míach, cada uma delas com um significado relacionado à agricultura e à alimentação.[43] A ideia parece ser "o que nutre o corpo cura o corpo". Além disso, o leite e seus produtos estão associados à capacidade de acalmar, neutralizar venenos ou contágios e de tornar completo e purificar. O leite aparece em muitos lugares nas tradições celtas como uma representação condensada da fertilidade da terra – nutritivo, comestível, suave o suficiente para acalmar, rico em vida da terra. Quando a fertilidade da terra ocorre como um ponto de enredo no mito, muitas vezes é representada pela frase "grãos e leite" ou "milho, leite e frutas".[44] Da mesma forma, a frase

43. Para uma discussão sobre os significados desses nomes, consulte Carmody e Thompson, "*A História de Airmed de Cath Maige Tuired*".
44. Borsje, "*Supernatural Threats to Kings: Exploration of a Motif in the Ulster Cycle and in Other Medieval Irish Tales*", 173–94, 186.

"vacas sem leite", que aparece na profecia da Morrígan, simboliza a perda total da fertilidade da terra.[45]

O simbolismo e as qualidades espirituais do leite os conectam com crenças semelhantes sobre a água, especialmente as águas sagradas correntes, como nascentes e rios. Isso se reflete, em parte, nas associações que ligam tanto o leite quanto a água corrente aos poderes benéficos da vida e da renovação, e também nas Divindades que compartilham associações com ambos. Por exemplo, a Deusa gaulesa Damona, cujo nome significa "Vaca Divina" e que era adorada em uma fonte de cura.[46] Da mesma forma, a Deusa do Rio Boann, homônima do Rio Boyne, também está associada a um poço sagrado e sua inspiração, bem como ao gado e ao leite de vaca, e sua fertilidade associada. A referência mais antiga ao Rio Boyne dá o nome de "Buvinda", do irlandês arcaico *bó*, "vaca" + *vinda*, um termo que pode significar "branco", "brilhante" ou "ter sabedoria" (e compartilha sua raiz com a do poeta-guerreiro Fionn).[47] Seu nome e simbolismo são paralelos a várias Deusas continentais e britânicas associadas ao gado e a fontes de cura. Nos mitos e no simbolismo associados a Boann e Deusas semelhantes, existem poços de conhecimento cujas águas jorram com sabedoria, nutrição e cura, como correntes de leite que saem do corpo de uma vaca e que se tornam o rio que leva seu nome.

Da mesma forma, Brigid, uma Deusa profundamente associada às águas e fontes, à cura e purificação, combina muitos desses mesmos símbolos e modos de ação. Ela também é poetisa e os cursos d'água que surgem das nascentes sagradas associadas a ela estão imbuídos de inspiração, bem como de poderes de cura, purificação e renovação. Ao mesmo tempo, ela está profundamente ligada ao gado, sendo considerada sua protetora, invocada em rituais lácteos e associada às bênçãos e nutrição fornecidas pelo leite e seus derivados.

Os mitos e os contos populares demonstram essa crença nos poderes curativos e purificadores do leite para combater a contaminação ou os danos. O *Lebor Gabála Érenn* relata um episódio que conta essa crença na Batalha de Ard Lemnachta. Nessa batalha, diz-se que um povo chamado "Tuath Fidga" tinha o hábito de envenenar suas armas, então os Laigin e seus aliados fizeram trincheiras no campo de batalha e as encheram de leite. Isso assegurava que,

45. Gray, "*Cath Maige Tuired*", 73.

46. Beck, "*Goddesses in Celtic Religion*", 352.

47. Beck, "*Goddesses in Celtic Religion,*" 352.

quando os guerreiros caíssem após serem atingidos por armas envenenadas, eles cairiam no leite e seriam curados: "Condenado estava todo aquele a quem infligissem um ferimento, e não tomariam para si senão armas envenenadas. Todos aqueles que foram feridos com suas lanças na batalha não tinham nada a fazer a não ser deitar-se no leite, e o veneno não lhes faria mal algum."[48] Essa história também sugere que o leite não era apenas qualquer leite, mas especificamente de gado sagrado: o leite de vacas brancas sem chifres é selecionado para esse propósito.

Há também um episódio no *Táin Bó Cúailnge* no qual o ferido Cú Chulainn é curado de suas feridas ao receber leite para beber das mãos da Morrígan. Ao receber o leite, ele recita o que parece ser uma bênção: "Que isso seja rapidamente a minha cura".[49] Em outra versão, a bênção faz referência direta ao veneno: "Que isso me proteja do veneno!"[50] Aqui, novamente, o leite é especial por vir de uma vaca com três tetas. Esse detalhe é preservado em diferentes variantes da história.

Já mencionei anteriormente a prática de purificação associada ao Imbolc: "Lavar as mãos, os pés e a cabeça".[51] As conexões entre a purificação e as associações com o leite do Imbolc não são coincidentes, mas estão entrelaçadas em relação à mitologia de Brigid. Como Santa Brígida, ela está profundamente associada ao leite, começando com sua história de nascimento e batismo no leite. Ela também tem a função de limpar os guerreiros de um tipo de marca, referida nas hagiografias como "signa diabólica", que pode ser entendida como uma marca de guerreiro.[52] Como a lavagem com leite faz parte da própria história de Santa Brígida, ela é conhecida em toda a tradição por ter o poder de purificar. O estudioso de literatura irlandesa Phillip Bernhardt-House sugere que isso pode ser baseado em um ritual de limpeza que usaria o leite. Isso seria um paralelo à Lupercália, uma tradição romana associada a uma época semelhante do ano, na qual uma marca de sangue feita nas testas dos jovens é lavada com leite.[53]

---

48. Macalister, Lebor Gabála Érenn: The Book of the Taking of Ireland, Part V, 175–177.
49. O'Rahilly, "*Táin Bó Cúalnge from the Book of Leinster*."
50. Stokes, "*Cóir Anmann* (Adequação dos Nomes)," *in Irische Text Mit Wörterbuch*, 355.
51. Meyer, Hibernica Minora, 48–49.
52. Macquarrie, "*Insular Celtic Tattooing: History, Myth and Metaphor*," 159.
53. Bernhardt-House, "Imbolc: A New Interpretation," 64–65.

Como essas práticas relacionadas a grupos de guerreiros, rituais sazonais e poder de purificação do leite também são atestadas na tradição irlandesa, não é descabido considerar esse fato como um reflexo de uma antiga variedade de cultura ritual indo-europeia na qual o leite é usado para remover a contaminação espiritual associada à violência e para renovar a pessoa banhada por ele. É fácil reimaginar um ritual no qual o leite é usado para lavar ou ungir a cabeça, as mãos e os pés, como no poema Imbolc.

História

manteiga encantada

Estamos em fevereiro, época de Brigid, sinto-me inspirado a fazer manteiga encantada. Meu grupo ritualístico e eu vamos hospedar um espaço de Templo em uma grande Conferência Pagã no final do mês. Como esta conferência acontece durante o inverno e envolve centenas de pessoas que compartilham o ar em um hotel, ela é famosa por espalhar *con crud*, ou seja, desagradáveis vírus do resfriado que ninguém quer levar para casa. Recebi um impulso de fazer esta manteiga abençoada e oferecê-la aos visitantes do templo como um gesto de hospitalidade, o que também pode trazer bênçãos protetoras sagradas ao leite e, com sorte, ajudar a afastar o resfriado.

Juntei algumas coisas para fazer a manteiga. Um ramo de alecrim para proteção e sabor, colhido no jardim com uma pequena oração e um presente de creme para a planta antes de pegá-la. Sal, que foi armazenado no santuário do Dagda desde que foi abençoado para um banquete. Um anel de prata que costumo usar para abençoar a água. Creme de leite fresco e um pote grande de conserva. E, é claro, eu abençoo a água.

Primeiro eu purifico a mim e todas as minhas coisas para que tudo o que eu faça possa partir de uma condição limpa. No espaço do santuário que Brigid compartilha com o Dagda em minha casa, acendo as velas e começo oferecendo a ambos um pouco do creme. Em seguida, faço uma bênção: "Santa Brigid, que abençoa os rebanhos, grande Dagda, que oferece proteção ao povo, estejam comigo agora: recebam estas oferendas e, por favor, derramem suas bênçãos sagradas neste creme, nestas ervas, nesta manteiga e em todos que a receberão. Proteja-nos de doenças e danos, e que todos os que receberem esta bênção estejam íntegros e bem no corpo e no espírito".

Quando começo o processo de fabricação da manteiga, eu passo cada coisa que uso sobre as chamas das velas para a bênção dos Deuses. Primeiro eu abençoo o pote, depois o creme é abençoado e colocado até a metade, deixando bastante espaço para ele se expandir. Em seguida, o ramo de alecrim e o anel de prata são abençoados e colocados dentro do pote, fechando-o firmemente.

Agora terei cerca de meia hora ou mais para chacoalhar o pote. Para facilitar, entoarei uma pequena canção de feitiço: *Ith, blicht, síth, sáma sona* ("milho, leite, paz, prosperidade e saúde"). Acredite, no final, meus braços já estão sentindo e estou me lembrando dos tempos em que era mais fácil fazer isso como um ritual de grupo e passar o pote de mão em mão. Eu sacudo e canto ao som dos estalos do anel de prata que adicionei para agitar o leite mais rapidamente. Em poucos minutos, os estalos se tornam abafados, pois a jarra está cheia de creme batido. E eu continuo sacudindo e cantando, sacudindo e cantando. Depois do que parece um longo tempo, as coisas começam a mudar e o creme batido se divide em grumos de manteiga espessa e uma camada de soro de leite aguado. Mais uma vez, agito o pote com os braços cansados até que os pedaços se juntem em um só. Eis a manteiga!

Despejo o resultado em uma tigela grande e, com as mãos limpas e a água mais fria que minha torneira pode produzir, lavo a manteiga, massageando a massa macia com as mãos sob água corrente para remover o soro de leite, até que a água comece a escorrer clara em vez de leitosa. (Lavar o soro melhora o sabor e ajuda a manteiga a durar mais tempo.) Enquanto lavo, também retiro galhos maiores e pedaços do ramo de alecrim que são grandes demais para serem agradáveis ao morder. Depois de limpa, adiciono o sal, misturando-o à manteiga ainda macia com uma colher até que o sabor fique perfeito: fresco, cremoso, com um adorável sabor de ervas. Em seguida, eu a armazeno em local frio até a hora de usá-la.

Na conferência, cada convidado que entrava em nosso espaço recebia uma amostra dessa manteiga em um pedaço de pão ou biscoito como uma bênção de hospitalidade. Tenho a certeza de que ainda havia *con crud* no evento daquele ano, mas pelo menos ninguém da nossa suíte ficou doente.

capítulo 2

magia Apotropaica e de proteção*

A magia de proteção é um domínio voltado para a defesa ou afastamento de influências prejudiciais. Trata-se de um grande segmento da magia popular, pois, ao longo da história, as pessoas têm recorrido a ela para protegê-las de forças visíveis e invisíveis. Este capítulo não abordará todos os aspectos da magia de proteção, vamos simplesmente nos concentrar em algumas práticas centrais que considero particularmente úteis.

O termo "Magia Apotropaica" originário do grego *apotropaios*, que significa "afastar", é frequentemente empregado por estudiosos da magia popular. O termo faz alusão à visão de mundo prevalente nas culturas mágicas animistas, nas quais se entende o mundo como habitado por forças, poderes e seres que nos transcendem. Não é necessário ver nenhum desses seres ou poderes como inerentemente ou moralmente malignos para reconhecer que há potencial para que eles nos causem danos. A visão de mundo animista é ecológica e reconhece que, como em qualquer ecologia, alguns dos seres e poderes ao nosso redor podem ser aliados em potencial, mas muitos podem ser perigosos para nós. Os espíritos podem ser predadores ou destrutivos ou simplesmente famintos; forças e energias podem ser liberadas por outras pessoas ao nosso redor, mesmo sem intenção e, ainda assim, podem causar danos. E, é claro, podemos vivenciar riscos físicos em nosso dia a dia devido a acidentes comuns, ocupações perigosas, seres predadores ou patogênicos na natureza e violência casual ou estrutural de nossos semelhantes.

Todas essas dimensões de risco podem ser auxiliadas por magias de proteção. Para os praticantes experientes, o uso de magias de proteção torna-se uma questão de prática cotidiana, como trancar a porta de casa.

Loricas e orações de proteção

Devido à importância da poesia em todos os aspectos dessas tradições, não é surpreendente que os encantamentos de proteção verbal ocupem um lugar de destaque na Magia Celta. Nesta seção, examinaremos as orações *loricas* e outras formas de armaduras espirituais poéticas.

As *loricae* fazem parte de uma classe de orações de proteção que invocam uma armadura para proteger a pessoa; Originária do latim, a palavra *lorica* é frequentemente traduzida como "couraça". De forma mais abrangente, ela se refere a diversos tipos de armaduras utilizadas pelos soldados romanos[54]. As orações *loricas* e armaduras poéticas semelhantes normalmente utilizam encantamentos verbais para invocar a proteção divina. Estes encantamentos são direcionados especificamente a cada parte do corpo, construindo, assim, uma armadura espiritual protetora em torno da pessoa.

Um exemplo típico pode ser o seguinte:

Que a bênção de Deus esteja sobre meus ombros,
Que a bênção de Maria esteja sobre minha cabeça,
Que a bênção de Cristo esteja em minha testa,
Que a audição do Espírito Santo esteja em meus ouvidos,
Que a visão das hostes celestiais esteja em meus olhos,
E que a linguagem de Deus esteja em minha boca.

Como mostram esses exemplos, a maioria das orações *loricas* existentes é geralmente cristã tanto na sua estrutura quanto no tipo de proteção divina invocada. Não se sabe se as orações *loricas* desse tipo eram empregadas em contextos pré-cristãos. Alguns estudiosos, como a especialista em Magia Medieval Jacqueline Borsje, sugerem que as orações *loricas* representam uma fusão entre elementos culturais célticos pré-cristãos e cristãos, e que seu uso teve origem na Bretanha Romana, possivelmente como proteção contra feitiços pagãos.[55] Observou-se que

54. Tuomi, *Parchment, Praxis and Performance of Charms in Early Medieval Ireland*, 69.
55. Borsje, *Celtic Spells and Counterspells*, 19–20.

a estrutura geral das orações *loricas* segue um padrão semelhante ao dos textos típicos das tábuas de maldição celtas e mediterrâneas: a invocação de ajuda divina, seguida pelo detalhamento das partes do corpo a serem afetadas e terminando com um encerramento que pode assumir a forma de um pacto com a entidade divina invocada para obter ajuda. Diante desses padrões, estudiosos sugeriram que a oração *lorica* se desenvolveu como uma magia de proteção cristianizada, seguindo uma fórmula mágica familiar e culturalmente enraizada, ao mesmo tempo em que incorpora a iconografia religiosa da nova fé.[56] O linguista e estudioso celta Pierre-Yves Lambert comenta: "É tanto o uso puro e simples da repetição e da estilização formal quanto os nomes sagrados invocados que geram o poder de proteção desses textos. Essa característica das *loricae* pode derivar de uma origem definitiva nas práticas mágicas defensivas pagãs". [57]

Outra maneira pela qual as orações *loricas* parecem herdar aspectos de cosmologias pré-cristãs está na interação das partes do corpo. Muitos mitos cosmológicos celtas, como parte de sua herança na família cultural indo-europeia, contêm litanias semelhantes de partes do corpo no contexto da criação do mundo físico a partir do corpo de um ser primordial sacrificado. Essas litanias transmitem uma construção cosmológica na qual o próprio mundo é vida criada a partir da vida, matéria a partir da matéria, seguindo o sacrifício de um primeiro ser divino. Elas frequentemente seguem um padrão de ligação simpática de coisas semelhantes: a terra feita da carne do ser, montanhas de seus ossos, plantas de seus cabelos e coisas do gênero.[58] De maneira similar, as orações *loricas* geralmente estabelecem uma ligação simpática entre qualidades divinas e as partes do corpo que estão sendo protegidas. Nesse sentido, esse tipo de oração invoca um espelhamento microcósmico do ato divino da criação cosmológica na construção de uma armadura espiritual.

Existem outros tipos de escudos poéticos que invocam uma proteção e uma blindagem espiritual mais geral, em vez de se concentrarem na construção de armaduras para uma litania de partes específicas do corpo. Um exemplo famoso desse tipo de oração de proteção é o Feitiço da Longa Vida. Este trecho ilustra sua recitação poética de sorte e proteção:

---

56. Mees, *Celtic Curses*, Capítulo 7.
57. Lambert, *Celtic Loricae and Ancient Magical Charms*, 646.
58. Lincoln, *The Druids and Human Sacrifice*, 388–389.

Invoco as sete filhas do mar
Que tecem os fios dos filhos da longa vida:
Que três mortes sejam retiradas de mim!
Que três períodos de idade sejam concedidos a mim!
Que sete ondas de boa sorte sejam destinadas a mim!
Que os fantasmas não me prejudiquem em minha jornada
em couraça cintilante e sem obstáculos!
Minha fama não perecerá!
Que a velhice venha a mim!
A morte não virá a mim até que eu esteja velha!
Sou uma fortaleza indestrutível,
Sou uma rocha inabalável,
Sou uma pedra preciosa,
Sou a sorte da semana.
Que eu possa viver cem vezes cem anos, cada centena distinta da outra![59]

Aqui, a oração muda a fórmula para incluir uma invocação de proteção divina e uma enumeração dos tipos de proteção solicitados, incluindo uma *lorica* (traduzida aqui como "couraça") de proteção, mas sem a típica litania de partes do corpo vista na maioria das orações *loricas*. Ela se encerra com uma recitação dc fé c invocação da bênção divina.

Outra forma de oração de escudo é o *caim*, conhecido principalmente pela tradição gaélica escocesa. Também chamado de "oração circular", pois invoca um escudo espiritual que circunda o corpo, *caim* pode significar "laço ou círculo" e, às vezes, também é traduzido como "santuário" ou "englobamento" (no sentido de cerco).[60] As orações de *caim* invocam um anel de proteção que se centra no corpo e acompanha a pessoa enquanto ela se move. Coleções folclóricas, como a *Carmina Gadelica*, indicam que a invocação era realizada juntamente a um ritual físico. O encantamento verbal invoca poderes sagrados para encantar um escudo circular de proteção divina, enquanto o invocador "estende a mão direita com o dedo indicador apontado e gira em sentido horário, como se estivesse sobre um pivô, descrevendo um círculo com a ponta do dedo indicador enquanto invoca a proteção desejada".[61] Esse ritual de cercamento certamente sugere uma origem

59. Meyer, *An Old Irish Prayer for Long Life*, 231.
60. Carmichael, *Carmina Gadelica*, Vol. II, 236.
61. Carmichael, Carmina Gadelica, Vol. III, 102.

pré-cristã para a prática – o ato de girar em direção ao Sol para invocar bênçãos é uma prática encontrada em muitas fontes culturais celtas, incluindo os textos mitológicos irlandeses mais antigos.

Vários exemplos do encantamento foram preservados, incluindo este da *Carmina Gadelica*:

Que a bússola de Deus e Sua mão direita
Estejam sobre minha forma e sobre meu corpo;
Que a bússola do Rei Supremo e a graça da Trindade
Esteja comigo, permanecendo eternamente,
Esteja sobre mim, permanecendo eternamente.
Que a bússola dos Três me proteja em meus caminhos.
Que a bússola dos Três me proteja neste dia.
Que a bússola dos Três me proteja nesta noite.
Do ódio, do dano, do ato, do mal.
Do ódio, do dano, do ato, do mal.[62]

Novamente, esses encantamentos, conforme encontrados, existem em uma forma altamente cristianizada. Dada a quantidade de cosmologia pré-cristã contida em muitas dessas orações, é muito fácil reformulá-las para uso em um contexto pagão. Isso pode ser tão simples quanto substituir os nomes dos poderes cristãos por outras Divindades e ajustar algumas imagens, como simplesmente escrever novas orações em uma fórmula estrutural semelhante.

Kit de Ferramentas do Bruxo

Armadura Espiritual

Aqui está uma abordagem simples que você pode usar para desenvolver uma prática de blindagem espiritual.

Para começar, crie uma oração *lorica* para si mesmo. Ela deve começar com uma invocação aos poderes sagrados aos quais está solicitando proteção e prosseguir com a aplicação dessa blindagem em todas as partes do corpo, terminando com uma invocação que o envolverá totalmente com a proteção.

62. Carmichael, *Carmina Gadelica*, Vol. III, 103.

Se precisar de um ponto de partida, experimente este modelo. Sinta-se livre para alterá-lo e torná-lo seu:

Que os Deuses sagrados estejam comigo hoje
Que os Espíritos guardiões estejam comigo hoje
Que eles sejam meu escudo e minha armadura contra todo mal
Que seu poder sagrado esteja sobre cada parte de mim
Sobre minha cabeça e meu espírito
Sobre meus olhos, ouvidos e cada um de meus sentidos
Sobre minha boca e garganta e em minha voz
Sobre meus ombros e braços e em minhas mãos
Sobre meu coração e circundando meu corpo
Sobre meus membros e em meus pés
Que cada parte de mim seja envolvida por sua proteção
Do amanhecer ao fim do dia e durante meu sono.

Você pode adicionar os nomes de quaisquer Deuses e espíritos com os quais se sinta próximo e confie para ajudá-lo na proteção. Se estiver se sentindo inspirado, seja criativo com a poesia e faça-a do seu jeito. Como alternativa, você pode encontrar e usar uma oração *lorica* tradicional, substituindo as imagens e os nomes cristãos de acordo com as Divindades em que confia. Coloque sua oração *lorica* em algum lugar que possa vê-la, como em um altar ou ao lado do seu espelho. Recite-a em voz alta todos os dias para se acostumar com o ritmo e o padrão. Dessa forma, quando precisar invocar proteção, as palavras virão facilmente em vez de ficarem em branco.

Experimente adicionar a visualização de uma armadura espiritual ao realizar sua oração *lorica*. Durante as linhas de invocação no início, visualize seus Deuses e espíritos aparecendo ao seu redor, com seu poder numinoso se reunindo para criar a armadura espiritual. Conforme nomeia cada parte, visualize peças brilhantes de armadura se formando a partir desse poder divino e se envolvendo ao seu redor. Não tenha pressa e tente sentir isso em seu corpo; a força e a sensação de proteção que fluem para dentro de você ao usar essa armadura. Pode ser útil tocar as partes do seu corpo à medida que invoca a armadura espiritual sobre elas.

Considere adicionar um escudo *caim*. Dentro desse modelo de oração, concentre-se na frase próxima ao final que diz: "Que cada parte de mim seja envolvida por sua proteção". Ritualize isso como uma invocação do círculo protetor. Ao recitar essa parte da oração, estenda sua mão dominante e gire-a em um círculo constante no sentido do Sol (horário), de modo que sua mão descreva um círculo completo em torno do ponto central. Visualize o mesmo poder divino que formou sua armadura fluindo por esse braço e formando um escudo protetor luminoso que se estende acima e abaixo de você à medida que gira, criando uma barreira esférica brilhante.

Desfaça sua armadura espiritual. É prudente saber desarmar suas defesas quando a necessidade de proteção espiritual não estiver mais presente – quando estiver em um lugar seguro ou quando quiser ser mais receptivo, exposto ou conectado. Para desfazer o *caim*, basta estender a mão e girar para a esquerda (sentido anti-horário), visualizando o escudo radiante se dissipando à medida que você avança e fluindo de volta para os Deuses, de cujo poder ele veio. Para remover a armadura, mova-se ao contrário e visualize cada peça se desprendendo e se afastando, a energia luminosa que as formou se dissolvendo e retornando aos Deuses. Conclua agradecendo por sua proteção.

A prática é proveitosa! Você também pode praticar o *caim* separadamente do restante da *lorica*. Consegue sentir a diferença? Quais benefícios pode obter individualmente e em conjunto? Continue aprimorando suas invocações de *lorica* e *caim* até que elas fluam facilmente e as visualizações surjam prontamente. Pode ser útil fazer isso pela manhã ou antes de sair da segurança de sua casa. O ideal é ser capaz de reforçar instantaneamente sua armadura espiritual no momento em que precisar.

História

Ritual da armadura poética

Em um dia frio de novembro, estou em São Francisco marchando em um grande protesto contra o oleoduto Dakota Access Pipeline, que as empresas petrolíferas estão tentando construir através das terras dos nativos americanos. Todos estão comentando sobre a resistência da Reserva Standing Rock contra o oleoduto. Aqui, na Califórnia, junto-me aos esforços locais para apoiar os protetores da água de Standing Rock no intuito de impedir a construção do oleoduto. Há milhares de pessoas nas ruas hoje, eu estou marchando com um pequeno grupo de líderes religiosos de igrejas, sinagogas e templos locais, bem como com grupos pagãos e politeístas.

Os organizadores fizeram um chamado por voluntários dispostos a correr o risco de serem presos para fechar os escritórios do Army Corps of Engineers (Corpo de Engenheiros do Exército), a agência que permite o projeto. Hoje, sinto-me preparado para assumir esse risco, então me apresentei como voluntário. Organizamo-nos em filas em frente a todas as entradas do prédio e nos sentamos bloqueando as portas. Ao meu lado, em solidariedade ao protesto, há uma mistura de pessoas: um jovem ministro de alguma denominação com sua camisa preta e colarinho clerical branco, uma mulher de cabelos grisalhos, cuja origem eu desconheço, uma mulher de cabelos escuros, cujo xale trançado sugere talvez ser do clero judaico, estudantes com mochilas e cachecois, pessoas de todos os tipos. Ficamos sentados por um longo período, passando o tempo entre conversas e um silêncio amigável.

Então, surge um aviso entre a multidão de que uma unidade policial está chegando. A opção entre partir ou correr o risco de ser preso se aproxima e todos nós ficamos um pouco mais quietos. Braços são entrelaçados para tornar mais difícil de sermos removidos. Alguns dos líderes religiosos ao meu redor começam a rezar. Começo a me armar espiritualmente caso a violência policial ocorra. Percebo que nunca tive tempo de memorizar uma oração tradicional de *lorica*, então começo a criar uma. Claro, não me recordo exatamente dela, mas era mais ou menos assim:

Majestosa Morrígan, portadora da vitória, esteja comigo
Macha, protetora da Soberania, esteja comigo
Badb, do campo de batalha, esteja comigo
Espíritos guardiões, matilha de lobos, estejam comigo
Espíritos da terra que protejo, estejam comigo
Coragem da Grande Rainha, esteja em meu coração
Luz do Herói, esteja sobre minha cabeça
Que sua lança seja a força em minha coluna
E que o ferro de Ernmas seja minha armadura
Protegendo-me de todo mal.

Continuo orando dessa forma, mantendo as imagens em minha mente enquanto invoco bênçãos divinas para cada parte de mim, até me sentir coberto por uma armadura brilhante de proteção. Então, sento-me em meditação à espera do que pode acontecer. Não estou ansioso para ser preso, mas no momento, sinto-me amparado pelos Deuses e espíritos e pela solidariedade de todos ao meu redor e fico em paz com o que pode acontecer. Por fim, recebemos a notícia de que algo mudou: foi tomada a decisão de que não haverá mais prisões para o clero sentado. Sussurro outra oração de agradecimento. A sensação de caminhar com uma armadura brilhante da presença espiritual envolvendo-me ficará comigo pelo resto do dia.

O mau-olhado

A conexão entre os aspectos espirituais e emocionais da malevolência é evidente no folclore do mau-olhado. Tradições populares em diversas culturas ao redor do mundo reconhecem e se protegem contra essa forma de dano espiritual decorrente de ser "visto com maus olhos", ou seja, de ser alvo de um olhar malévolo. A capacidade de um olhar causar danos quando recai sobre uma pessoa remete à visão de mundo animista, que reconhece que nos tornamos conectados às coisas que vivenciamos. Muitas crenças relacionadas ao mau-olhado se concentram no conceito de dano espiritual ou físico que surge da emoção de um olhar invejoso. Ser alvo do olhar de alguém que sente inveja, suspeita ou hostilidade transmite uma força espiritual decorrente dessas emoções para o alvo do olhar. Tal olhar nocivo pode até mesmo ser lançado inadvertidamente por alguém que olha com uma apreciação demasiadamente forte, já que isso pode se aproximar da inveja, com a malevolência que a acompanha. Em muitas fontes celtas, o mau-olhado também é atribuído a olhares de seres de outros mundos, de um olho só ou monstruosos; qualquer tipo de ser cujo olhar possa ser considerado poderoso além do normal. Acredita-se que os jovens e os recém-nascidos, ou qualquer ser visto como particularmente cheio de vida, sejam especialmente vulneráveis, como os bebês e as crias de gado.[63]

As proteções contra o mau-olhado nas práticas populares geralmente se concentram em neutralizar o perigo desse tipo de inveja malévola. Até mesmo um elogio pode ser neutralizado com um feitiço sutil ou um gesto apotropaico, já que um elogio pode fornecer o foco para a inveja. Nas tradições populares gaélicas, isso costuma ser evitado com uma bênção sempre que um elogio é feito ao praticante ou a alguém sob seus cuidados. Essas bênçãos muitas vezes invocam o nome de um espírito protetor, santo ou Divindade. Às vezes, elas contêm frases destinadas a afastar o poder da inveja, como esta de um encantamento

63. Borsje, The Evil Eye, 3.

gaélico escocês: "Contra o olho pequeno, contra o olho grande, contra o olho das mulheres vorazes e rápidas..."[64]

Se alguém considera ter sido alvo de mau-olhado, ou mesmo que precisa de prevenção, os ritos da água são frequentemente usados para alívio e proteção. Pode haver uma bênção com águas consagradas, como a água benta abençoada pela igreja, ou a água de poços sagrados, coletada de maneira sacral (conforme discutido no capítulo 1). Os encantamentos contra o mau-olhado geralmente invocam um poder superior que se acredita ser capaz de interromper seu efeito. Há também o costume de cuspir para evitar danos quando se pensa que há risco de mau-olhado.[65] Muitos amuletos e talismãs físicos para proteção, na tradição, também são entendidos como proteção contra o mau-olhado, além de outros tipos de danos e problemas. Isso pode incluir carregar um ramo de uma planta sagrada ou qualquer um dos talismãs discutidos na próxima seção.

Talismãs e amuletos apotropaicos

O conjunto de material relacionado a amuletos de proteção nas diversas culturas celtas é demasiado grande para ser abordado exaustivamente aqui. Em vez disso, concentrei-me em alguns temas prevalentes em muitas dessas tradições e nos tipos de amuletos e talismãs que considero mais úteis dentre esse material.

Metais brilhantes são frequentemente usados em tais amuletos de proteção. Objetos de prata são talvez os mais comuns desse tipo. Em certo sentido, a prata é vista como incorruptível, porque não enferruja. Sua capacidade de escurecer sem corroer às vezes é vista como reflexo de o metal absorver forças espirituais nocivas direcionadas ao usuário; então, em vez de ser danificado, o escurecimento pode simplesmente ser polido para renovar sua função protetora. Tradicionalmente, medalhões, pingentes ou simples moedas de prata eram usados como talismãs de proteção; carregados no bolso, costurados em um canto da roupa, colocados na sola do sapato ou até mesmo enterrados com os mortos para protegê-los.[66] O cobre também foi usado algumas vezes para essa função, especialmente na forma de moedas.[67]

64. Black, *A Scottish Gaelic Charm in the North Carolina State Archives*, 53.

65. Borsje, *The Evil Eye*, 32–33.

66. Black, *Scottish Charms and Amulets*, 518; Gilchrist, "Magic for the Dead? The Archaeology of Magic in Later Medieval Burials," 141.

67. Campbell, *Witchcraft & Second Sight*, 102

Talismãs pendurados em uma corrente leve, cordão ou fio têm a função adicional de fazer com que a corrente se quebre caso um ataque ou golpe espiritual seja desferido contra o usuário, como um sinal de que o talismã absorveu o golpe. Talismãs como esse funcionam como uma espécie de analogia mágica de um fusível elétrico: um elo intencionalmente fraco projetado para se romper ao absorver força e, assim, fornecer um sinal de ataque enquanto também desvia o dano.

A cor vermelha aparece com muita frequência em amuletos de proteção na cultura popular gaélica, talvez por sua conexão com forças de outros mundos e por sua associação com a vida e o sangue.[68] Normalmente, fios ou tecidos vermelhos podem ser usados em amuletos: um pedaço de lã vermelha amarrado ao redor da cauda de um animal ou no pulso de uma criança; fios vermelhos enrolados em cruzes de sorveira ou tecidos em bonecas de milho ou *brídeogs*.[69] Árvores e plantas que produzem naturalmente bagas vermelhas, especialmente a sorva e em menor escala o azevinho, são usadas em amuletos de proteção, o que provavelmente se deve em parte ao poder mágico inerente a essas plantas.

O ferro na magia de proteção

Artigos feitos de ferro ou aço há muito tempo são considerados como detentores de poder e proteção, especialmente contra forças do Outromundo ou forças ctônicas. Há uma constelação de razões para que isso aconteça: a cor vermelha natural do ferro, que surge com a ferrugem, alinha-o com o amplo padrão popular de usar itens vermelhos em amuletos de proteção. Essa cor vermelha o associa ao sangue – mesmo em épocas anteriores ao conhecimento médico sobre a conexão entre o ferro e a hemoglobina, qualquer pessoa que tenha deixado água em uma panela de ferro fundido terá visto como o ferro parece transformar a água em sangue. O ferro parece sempre ter uma conexão especial com a humanidade; quando trabalhado, o ferro é um produto do ofício humano nas mãos do ferreiro, sempre uma figura de magia e feitiçaria, bem como de habilidade metalúrgica, especialmente nas culturas celtas.

Por todos esses motivos, os objetos de ferro de qualquer tipo são tradicionalmente considerados protetores. Isso é especialmente verdadeiro para o ferro trabalhado por um ferreiro, como pregos, facas, ferramentas, ferraduras e similares.

---

68. Mc Neill, *Silver Bough* Volume 1, 96.

69. Black, *Scottish Charms and Amulets*, 477–478.

A prática popular parece favorecer especialmente as lâminas de ferro.[70] Crenças e costumes em torno dos poderes protetores de objetos de ferro, especialmente os afiados, remontam até Plínio, o Velho, um autor romano do século 1 EC.[71] Esses costumes são mantidos pelas culturas populares irlandesa, escocesa e britânica até os tempos modernos e são refletidos nos registros folclóricos contemporâneos.

Por exemplo, há uma prática generalizada de pregar ferraduras nas portas para proteção e sorte – encontrada na prática popular irlandesa e escocesa e que continua em fazendas e residências contemporâneas até mesmo no Novo Mundo.[72] Objetos de ferro, como alfinetes ou broches, podem ser costurados nas roupas, presos em bonés ou carregados no corpo para proteção; os pais deixavam um alfinete ou uma agulha de costura enfiada no tecido das roupas da criança para protegê-las. O folclore das Ilhas Orkney detalha a prática de usar uma lâmina de ferro para proteger a cama durante o parto.[73] Outras tradições incluem o uso de pregos de ferro embutidos na estrutura da cama da criança, ou um gancho de colheita ou uma faca de ferro escondidos embaixo da cama. Alfinetes, pregos e todos os tipos de outros objetos de metal afiados são comumente usados dentro de Garrafas de Bruxa, um tipo de feitiço de proteção feito dentro de uma garrafa ou jarra (para saber mais sobre isso, consulte a seção sobre "Armadilhas Espirituais").

Lâminas de ferro e aço são particularmente excelentes como amuletos apotropaicos, pois oferecem proteção passiva e agressiva. Uma lâmina pode ser pendurada em portas ou janelas ou escondida em algum lugar como um amuleto apotropaico passivo para manter afastadas as influências espirituais nocivas. Em um momento de necessidade, no entanto, a mesma ferramenta pode ser usada de forma agressiva – física ou ritualmente, conforme a necessidade. As lâminas podem ser usadas para cortar amarras mágicas e quebrar maldições. A afinidade natural do ferro com o fogo significa que uma lâmina pode ser aquecida em chamas para consagrá-la e energizá-la com o poder desse elemento, aumentando suas propriedades de proteção e imbuindo-a com o espírito do Fogo. Um relato da Escócia detalha um procedimento para despertar uma lâmina: "Certas palavras

70. Campbell, Witchcraft & Second Sight, 185; Hoggard, Magical House Protection: The Archaeology of Counter-Witchcraft, 106–108

71. Pliny the Elder, *Book XXXIV: The Natural History of Metals*, 44.

72. Campbell, Witchcraft & Second Sight, 12–13.

73. Towrie, *Orcadian Childbirth Traditions.*

mágicas eram murmuradas para a lâmina de uma faca ou machado (quanto mais aço, melhor), que era segurada para esse fim perto da boca e, em seguida, a lâmina era aplicada no local dolorido..."[74] Nesse caso, é para uso na cura, mas o princípio aqui é o animismo – despertar e instruir o espírito na lâmina para ajudar na magia. O mesmo processo pode ser aplicado à preparação de uma lâmina para magia de proteção, conforme demonstrado na próxima seção.

Kit de Ferramentas do Bruxo

Amuletos de proteção de ferro

Conforme mostrado na discussão anterior, há uma variedade infinita de formas que os amuletos de proteção podem assumir. Nesta seção, apresentarei um modelo de ritual simples, que pode ser usado para criar um amuleto de proteção de ferro.

Para este ritual, você vai precisar de:

- Água abençoada (consulte o capítulo 1 para obter instruções sobre como prepará-la)
- Algo feito de ferro ou aço, que tenha uma lâmina ou ponta, como um prego de ferro, um espigão de ferrovia, uma faca, uma ponta de flecha ou uma broca de ferramenta
- Uma oferenda, como bebidas alcoólicas, leite ou manteiga
- Uma vela

Primeiro, certifique-se de purificar a si mesmo e suas ferramentas aspergindo a água abençoada.

Em seguida, você vai despertar a lâmina. Para fazer isso, segure o ferro de modo que a ponta toque a chama de uma vela. Você pode enrolar a ponta em um pedaço de couro para proteger seus dedos do calor. Mantenha-o ali apenas o tempo suficiente para aquecer um pouco o metal; não é necessário deixar muito tempo ou correr o risco de se queimar. Quando o metal estiver quente, retire a lâmina da chama e aproxime-a o suficiente para que sua respiração flua sobre ela.

---

74. Campbell, *Witchcraft & Second Sight*, 99.

Fale com o espírito no ferro para que sua respiração entre no metal enquanto ele ainda estiver quente, instruindo-o a protegê-lo. Você pode instruí-lo como quiser, por exemplo: "Desperte, lâmina, desperte e me ouça. Eu lhe peço que me proteja. Vire sua ponta contra todos os que querem fazer mal a mim e aos meus. Seja feroz e afiada para nos proteger".

A próxima etapa é alimentar o espírito com uma oferenda. Você pode colocar algumas gotas de algo nutritivo ou revigorante no metal. Uísque, vinho ou outras bebidas alcoólicas são oferendas adequadas. Alternativamente, algumas gotas de leite ou um pouco de manteiga esfregada no metal são nutritivas. Os objetos de metal também apreciam ser lubrificados com um óleo para lâminas, pois isso literalmente alimenta e protege o metal.

Por fim, coloque o amuleto em um local onde ele o protegerá. Há muitas opções de onde colocar o amuleto para obter o melhor efeito. Você pode pendurá-lo em uma porta, janela ou outro ponto de entrada. Para protegê-lo durante o sono, coloque-o em cima ou embaixo da cama. Se você usou um prego, ele pode ser martelado em qualquer local onde quiser criar proteção. Um item pequeno pode ser pendurado em um cordão para ser usado ou colocado dentro da roupa. Talvez você queira recuperá-la periodicamente e repetir esse ritual de despertar, instruir e alimentar a lâmina, para que seu poder de proteção permaneça vibrante e atento.

Eu o encorajo a ficar à vontade para elaborar essa prática e deixar que sua criatividade e seu espírito o guiem. Na próxima seção, compartilho um relato de um ritual para criar amuletos de proteção de ferro com mais alguns componentes mágicos e camadas adicionais.

História

Um Ritual de Amuleto de Ferro

Estamos reunidos em uma sala de oficina para praticar a confecção de amuletos de lâmina de ferro. Escolhemos nossos materiais: uma ponta de flecha de ferro feita à mão ou uma pequena lâmina de aço favorita; pedaços de fios e tecidos em vermelhos apotropaicos brilhantes; algo para atrair nossos espíritos guardiões, uma garra ou dente, uma pena, osso ou um pedaço de planta.

Acendemos as velas e fizemos oferendas aos nossos aliados espirituais. Agora começamos o ritual erguendo a tigela para borrifar água abençoada sobre todas as nossas ferramentas e materiais conforme dispostos diante de nós.

Escolho uma pequena faca de ferro antiga que alguém me deu de presente. Fazendo uma invocação sussurrada aos meus aliados espirituais, pego um dente canino e um fio vermelho e começo a enrolar e dar nós para uni-los. Enrolo em volta das raízes e pontas do dente e em volta da ponta da faca. Faço um nó e enrolo novamente, formando uma teia que os manterá unidos. Junto um pouco de pena de corvo, enrolo o fio em volta de sua haste e, colocando-o ao longo da lâmina da faca, continuo enrolando e dando nós. A cada nó que faço, insuflo poder com uma pequena oração sem palavras para proteção.

Perto de mim, alguém escolheu uma ponta de flecha de ferro; juntou uma garra de pássaro e um pouco de artemísia e os colocou dentro do encaixe oco com uma oração sussurrada. Um pequeno pedaço de seda vermelha foi enrolado cuidadosamente sobre o encaixe e, em seguida, eles começaram a enrolar e dar nós, em círculos e círculos, com linha vermelha para amarrar tudo. O espaço está repleto de orações sussurradas e de nós enrolados e amarrados à medida que cada um completa a confecção do amuleto.

Quando cada um de nós tiver terminado e estiver sentado segurando um amuleto de lâmina completo, estaremos prontos para consagrá-los. Um a um, levamos a lâmina até a vela, segurando-a cuidadosamente pela ponta ou pela haste enquanto aquecemos a ponta e a lâmina na chama da vela. Não muito, para não nos queimarmos ou estragarmos a têmpera do metal, apenas o suficiente para aquecer e animar a lâmina, de modo que, quando falarmos nossas instruções, nossa respiração e força vital sejam absorvidas pelo metal e nossos comandos sejam codificados nela quando esfriar novamente. Por fim, enquanto ela ainda está quente, mas fria o suficiente para ser tocada, alimentamos o espírito da lâmina com algumas gotas de uísque.

As lâminas agora vibram com vida, lembrando-nos das histórias de armas que estavam vivas e pulavam, prontas para a batalha. Depois de encerrarmos nosso espaço com as oferendas habituais de agradecimento e limpeza final, esse amuleto de faca animado que fiz irá morar acima de uma porta ou janela para proteger minha casa. Se precisar, também posso pegá-la e carregá-la comigo, como uma arma espiritual, sempre aquecendo a lâmina em meus dedos ou em uma vela para despertá-la. Ela será minha amiga por muito tempo.

Conhecendo a Tlachtga

Tlachtga é uma Deusa irlandesa cujas histórias a relacionam com magias druídicas, com imagens de fogo e ao local sagrado de Tlachtga, hoje conhecido como Hill of Ward, na Irlanda. Eu me conecto com Tlachtga para obter orientação no aprendizado e na prática de técnicas mágicas, especialmente quando minha prática me leva a experimentar inovações. Sua história trata de temas relacionados a correr riscos e enfrentar perigos mágicos e, por isso, também a associo a feitiços de proteção.

Ela é uma das várias Deusas cujos nomes estão associados a locais sagrados de reunião na Irlanda antiga por meio de mitos que falam de suas mortes, uma característica que Tlachtga compartilha com Tea, homônima de Tara, Macha de Emain Macha, Tailtiu, entre outras. Cada um desses lugares era um antigo ponto de encontro tradicional, onde grandes fogueiras cerimoniais eram acesas. Entretanto, Tlachtga se destaca por sua associação com a magia druídica. Sua história contém paralelos com um mito irlandês em que uma Deusa se arrisca na busca de conhecimento mágico, consegue desvendar esse conhecimento e morre como resultado, tornando-se identificada com uma característica da paisagem no processo. Nesse aspecto, sua história é semelhante à das Deusas do Rio Boann e Sinann.[75]

Nos contos de Dindshenchas que a descrevem, diz-se que Tlachtga é filha do lendário druida Mug Roith, que a acompanha em uma viagem ao Leste para aprender toda a magia do mundo. Nessa jornada, eles se envolvem com Simon Magus, um personagem mágico importado para a mitologia irlandesa a partir das primeiras tradições bíblicas.[76] A partir dessa jornada e do aprendizado mágico, diz-se que Tlachtga criou a Roth Ramach, "roda de pás", um misterioso artefato druídico que às vezes é enquadrado como um tipo de veículo e em outras ocasiões como uma arma mágica. Essa roda poderia ser mortal para aqueles que se aproximassem dela: "Cego é todo aquele que a vê uma vez, surdo é todo aquele que a ouve: morto é aquele que toca a terrível roda áspera e irregular".[77] Alguns interpretam isso como uma referência à roda do trovão, como aquelas empunhadas por certos Deuses do Trovão celtas continentais. Outros propuseram que a roda pode se referir ao *clairín búirthe* ou *bullroarer*, um instrumento que

75. Chadbourne, *Giant Women and Flying Machines*, 107.
76. Stokes, *The Prose Tales in the Rennes Dindshenchas*, 61.
77. Gwynn, *The Metrical Dindshenchas*, Volume 4, 189.

imita o som do trovão e é conhecido por ter sido usado na Irlanda antiga.[78] Tlachtga também está associada a outros artefatos druídicos, como um pilar de pedra chamado *Cnámchoill*, que está conectado à roda.[79]

O final da história de Tlachtga a associa à Hill of Ward, um local antigo que apresenta um sistema de *rath* multivalente, semelhante a uma roda. A história conta que ela foi engravidada pelos três filhos de Simon Magus (por estupro, em algumas versões) e que, depois de retornar à Irlanda, morreu ao dar à luz seus três filhos na Hill of Ward, que recebeu seu nome.[80]

Nome e linhagem de Tlachtga a ligam a poderes celestiais, o que sugere outra interpretação da roda. Ela é filha de Mug Roith, cujo nome significa "serva da roda".[81] Alguns textos irlandeses interpretaram que a roda em seu nome significa a "roda do céu", como uma referência a poderes celestiais ou conhecimento astronômico: "Pois era por meio do 'encantamento da roda' que ele costumava fazer suas observações".[82] O elemento do nome *mug*, "servo", poderia sugerir o título de um Sacerdote ou de um eleitor de um Deus do Céu – algo que pode ser reforçado pelo uso frequente de magia meteorológica por Mug Roith em outros contos. O nome de Tlachtga vem de *tlacht*, "superfície, cobertura, proteção, ornamento" e *ga*, "lança"; contextualmente, o primeiro elemento é normalmente interpretado como se referindo à superfície da terra, portanto, seu nome é normalmente lido como "Lança da Terra", o que poderia ser uma referência a um raio (embora um argumento possa ser feito para "lança protetora" ou "lança ornamentada").[83]

Há muitas camadas de complexidade nas histórias dessas figuras conforme representadas na literatura irlandesa medieval, mas o que me impressiona e tem impulsionado meu relacionamento com Tlachtga como uma Divindade é a linha condutora da inovação mágica e do Fogo Celestial. Sua linhagem inclui o Servo da Roda e sua filha Relâmpago, que são os criadores das tecnologias mágicas druídicas associadas a fenômenos celestiais vigorosos, como relâmpagos, tempestades, trovões ou impactos de meteoros.

78. Macalister, *Temair Breg: A Study of the Remains and Traditions of Tara*, 345.

79. Gwynn, *The Metrical Dindshenchas*, Volume 4, 189.

80. Stokes, *The Edinburgh Dinnshenchas*, 491.

81. Macalister, *Temair Breg*, 345

82. O'Grady, *Silva Gadelica (I–XXXI): A Collection of Tales in Irish, Vol. 2: Translation and Notes*, 511.

83. Royal Irish Academy, *EDIL 2019: An Electronic Dictionary of the Irish Language, Based on the Contibutions to a Dictionary of the Irish Language*, s.v. *tlacht*.

Tlachtga é uma inovadora mágica. Suas conexões com armamentos mágicos e limites de rituais de proteção fazem dela uma poderosa aliada tanto em magias de proteção quanto em magias agressivas. Seu sigilo apresenta uma forma de roda em homenagem à sua Roda de Fogo e ao *rath* multivalente em seu local sagrado, e uma forma de lança que faz referência ao seu nome. Ela incorpora as letras-sigilos celtas *Orbion* (a roda, tradição, legado); *Dubnos* (magia druídica, poderes que podem tanto curar quanto prejudicar); e *Ratis* (o *rath*, conhecimento oculto, poderes do Outromundo). Também inclui os sigilos das letras Ogham *Tinne* (metal, artesanato, arma); *Straif* (poder oculto, transformação); e *Onn* (roda, movimento). Tlachtga é ilustrada como "a Roda Tempestuosa dos Céus" e "o Fogo do Sol". Esse fogo atinge a terra como um raio para se conectar com o Fogo Sagrado dentro dos anéis do *rath* protetor.

Armadilhas espirituais

As armadilhas para espíritos compreendem um amplo gênero de magias de proteção e têm muitas formas. O princípio básico é atrair um espírito ou uma presença indesejada por meio de elementos atraentes ou hipnotizantes e, em seguida, prendê-lo, aprisioná-lo ou destruí-lo. Isso pode ser feito por meio de uma variedade de abordagens diferentes e as tradições mágicas populares criaram uma profusão de métodos criativos.

Nas tradições populares, as armadilhas para espíritos são frequentemente encontradas na forma de estruturas complicadas, emaranhadas, tecidas ou semelhantes a labirintos. Os espíritos podem ser atraídos por projetos complexos, aliciados e hipnotizados por seus padrões, assim como as pessoas podem ser atraídas ao ver algo complexo. O entendimento é que os espíritos serão compelidos a tentar traçar os padrões complexos ou as linhas emaranhadas e, ao fazê-lo, entram na armadilha espiritual e se perdem em sua complexidade, ficando presos como um animal em um labirinto. Alguns tipos de armadilhas para espíritos encontrados na magia popular operam com base no princípio relacionado de que uma massa de pequenos itens individuais, como sementes ou contas, fará com que os espíritos sejam compelidos a tentar contar a profusão incontável de coisas e ficarão presos em uma contagem interminável, sem nunca chegar ao fim da contagem. Ambos são exemplos do uso da complexidade em uma armadilha para espíritos.

Ilustração do sigilo para Tlachtga

Os amuletos de proteção tecidos encontrados em todas as tradições populares exemplificam a complexa armadilha espiritual. Por exemplo, em um costume difundido em toda a Grã-Bretanha, Irlanda, Escócia e até mesmo importados para o Novo Mundo, galhos (geralmente de madeira de sorveira) colocados em forma de cruz e enrolados com fios vermelhos afastavam o mau-olhado e protegiam contra espíritos nocivos.[84] Esse amuleto emprega várias formas de proteção: o formato de cruz, a madeira sagrada e a cor vermelha contribuem para seu poder protetor, enquanto o enrolamento do fio (composto por uma infinidade de fibras finas) forma uma armadilha para os espíritos. Da mesma forma, o costume de fazer *brídeogs*, cruzes, bonecas de milho e amuletos de proteção semelhantes com talos de grãos ou canas, cria várias camadas de proteção.[85] Esses amuletos empregam a complexidade dos talos trançados para criar uma armadilha para os espíritos, enquanto sua forma e consagração – muitas vezes nomeada e consagrada a Brigid, Cailleach ou outra Divindade – aumentam seu poder de proteção.

Os padrões ornamentais de entrelaçamento e os nós encontrados na arquitetura antiga, nas pedras monumentais, bem como nos livros e relicários medievais, podem funcionar como um dispositivo apotropaico. Sim, os nós celtas, que são tão amados, muitas vezes podem ter sido usados como um dispositivo mágico. O medievalista Diego González Hernández observou que a colocação de padrões de entrelaçamento e painéis de nós geralmente não é aleatória; em vez disso, eles são encontrados com mais frequência em limites e outros pontos liminares. Por exemplo, as portas medievais e outros pontos de entrada apresentam maior ocorrência desse tipo de arte em relação a outras partes dos edifícios, assim como os marcadores de limites e até mesmo as placas externas e as páginas de transição dos livros medievais.[86] Os padrões intrincados e entrelaçados do trabalho com nós formam armadilhas espirituais naturais para atrair e enredar espíritos nocivos. Muitas vezes, essa arte inclui animais e outras feras guardiãs em suas estruturas, que podem estar lá, em parte, para devorar e destruir os espíritos aprisionados.

As marcas de Bruxas geralmente podem ser encontradas arranhadas, esculpidas ou queimadas nas portas, paredes ou outras superfícies de construções antigas, como casas e igrejas, ou até mesmo em cavernas. Embora algumas marcas de Bruxa pareçam ser usadas mais como sigilos ou símbolos de proteção, algumas das mais complexas também podem servir como armadilhas para espíritos. Às vezes, elas assumem a forma de caixas, labirintos, complexos de linhas diagonais sobrepostas, margaridas ou círculos.[87]

---

84. Black, *A Scottish Gaelic Charm in the North Carolina State Archives*, 45; Black, Scottish Charms and Amulets, 477–478.
85. Black, *The Gaelic Otherworld*, 11; National Folklore Collection UCD, "The Schools' Collection," 211.
86. Hernández, *The Apotropaic Function of Celtic Knotwork in the Book of Kells*, 40.
87. Hoggard, *Magical House Protection*, 76–102.

A partir do final do período medieval, as "Garrafas de Bruxa" tornaram-se uma forma popular de armadilha para espíritos e, embora sejam posteriores ao período celta, são exemplos de princípios similares.[88] No caso das Garrafas de Bruxa, em vez de usar a complexidade hipnótica para atrair os espíritos indesejados, a armadilha é iscada com os resíduos corporais da pessoa que está sendo protegida. Cabelo, unhas cortadas e urina costumam ser colocados na garrafa para que um espírito que queira prejudicar uma pessoa siga seu cheiro até a armadilha. É claro que o cabelo também pode servir para essa função de emaranhamento ao mesmo tempo e, às vezes, nós de fios emaranhados também são encontrados nas Garrafas de Bruxa. Os frascos também são preenchidos com objetos afiados ou pontiagudos: alfinetes, agulhas, pregos, vidros ou cerâmicas quebradas, espinhos – objetos para ferir e matar os espíritos nocivos que estiverem presos neles.

Assim como uma armadilha física, as armadilhas espirituais podem precisar de manutenção. O que acontece depois que um espírito é aprisionado? Em uma armadilha para espíritos sem um mecanismo destrutivo, as forças presas nela simplesmente ficarão lá, mas como são entidades vivas, essa não é necessariamente uma situação estável por si só. Com o passar do tempo, os espíritos aprisionados (especialmente quando há vários) podem se unir, complexificar e se alimentar uns dos outros, ou se organizarem para formar algo mais perigoso. Até mesmo espíritos solitários podem se tornar mais perigosos com o passar do tempo por meio da contenção. Com o tempo, os limites da armadilha de espíritos podem se enfraquecer ou os espíritos deixados nela podem dominá-la. Mesmo que os espíritos sejam comidos ou destruídos, como nas armadilhas com armas ou naquelas com guardiões instalados, ainda pode haver resíduos espirituais que podem causar danos à armadilha ou enfraquecer sua capacidade de funcionamento com o passar do tempo.

Portanto, é uma boa ideia que as armadilhas para espíritos sejam periodicamente esvaziadas, limpas e que seus poderes sejam revigorados. Algumas tradições populares conseguem isso vinculando o uso de armadilhas para espíritos a costumes sazonais, em que os amuletos apotropaicos antigos são queimados ou destruídos de alguma outra forma em um dia sagrado recorrente, destruindo, assim, também os espíritos e as forças contidas neles, então novos amuletos são feitos e abençoados. O *brídeog*, a boneca de milho ou o estilo de cruz trançada de armadilhas para espíritos se prestam bem a essa abordagem. Tipos mais

88. Hoggard, *Magical House Protection*, 18–23

permanentes de armadilhas para espíritos, como as inscritas ou esculpidas em estruturas, não podem ser destruídas, mas podem ser limpas e renovadas. Nesse caso, os espíritos contidos nela são banidos à força, geralmente pelo uso de métodos de limpeza espiritual, como a bênção da água e a fumaça sagrada. Muitas vezes, isso é combinado com a solicitação da bênção de poderes divinos considerados mais fortes do que os espíritos indesejados, para garantir que qualquer coisa liberada da armadilha espiritual não seja livre para voltar a causar danos. A renovação das proteções pode ser parte do motivo pelo qual, onde são encontradas marcas de Bruxaria, muitas vezes há várias iterações sobrepostas delas inscritas no mesmo local. A maioria desses amuletos apotropaicos, talvez com exceção das Garrafas de Bruxa enterradas ou emparedadas dentro das casas, não são métodos únicos, mas fazem parte de uma prática interativa e cíclica.

Kit de Ferramentas do Bruxo

Armadilhas para espíritos

É claro que, como acabamos de ver, existem muitas formas que os encantamentos para aprisionar espíritos podem assumir, desde amuletos trançados até potes de sementes e Garrafas de Bruxa. Para começar com essa prática, oferecerei aqui um método simples para criar um amuleto de proteção em forma de cruz tecida.

Para este ritual, você vai precisar de:

- Água abençoada
- Alguns galhos de uma madeira sagrada
- Fio vermelho, barbante ou linha grossa
- Uma oferenda, como bebidas alcoólicas, leite ou manteiga

Para obter os galhos, uma madeira muito tradicional a ser usada para proteção é a sorva (*Sorbus aucuparia*, também conhecida em alguns lugares como "freixo da montanha"). Para uma armadilha para espíritos com algumas qualidades agressivas, você pode usar galhos de uma planta espinhosa como o espinheiro (*Crataegus* spp.) ou a rosa (*Rosa* spp.), por suas associações com os poderes do Outromundo, ou o espinheiro-preto (*Prunus spinosa*), que é associado à maldição. Como alternativa, você pode escolher galhos de uma planta com a qual tenha uma forte afinidade espiritual e sinta que pode contar com o espírito da planta para ajudá-lo. Eu já fiz amuletos de proteção até com caules secos de artemísia!

Para começar, purifique a si mesmo e a todos seus materiais, aspergindo a água abençoada sobre tudo.

Em seguida, faça o amuleto. Pegue dois galhos e segure-os firmemente em uma posição cruzada entre o polegar e os dedos. Pegue a ponta do fio e coloque-a contra os galhos cruzados, deixando uma cauda de alguns centímetros de comprimento que você poderá usar mais tarde para amarrá-la. Ajuste os dedos para que possa segurar o fio no lugar com os galhos. Com a outra mão, pegue o fio e comece a enrolar ao redor da junção onde os galhos se cruzam. Enrole o fio em todas as direções do cruzamento para que os galhos comecem a ser mantidos no lugar. Não há problema em deixar seu padrão um pouco aleatório. Lembre-se de que a ideia é que essa tecelagem confunda e envolva os espíritos! Um pouco de caos não faz mal. Quando a união estiver firme com um número suficiente de voltas do fio, você também poderá expandir o comprimento dos galhos, envolvendo-os e cruzando o espaço entre eles. Enquanto estiver fazendo essa tecelagem, fale com o espírito da planta, pedindo-lhe ajuda para criar uma poderosa armadilha espiritual que o manterá seguro. Termine amarrando a extremidade com a cauda que você deixou no início.

Desperte o amuleto. Quando terminar de tecer, respire sobre ele para dar vida e comunique suas instruções para o trabalho. Você pode usar suas próprias palavras ou começar com este modelo: "Seja uma armadilha para hipnotizar, emaranhar, reunir e amarrar, que todos os espíritos e poderes que trariam danos sejam atraídos e presos e, com seu poder sagrado, mantidos assim, sem escapatória, para que ninguém possa nos fazer mal".

Alimente o amuleto. Algumas gotas de bebida alcoólica, vinho, leite ou um pouco de manteiga esfregada nos galhos são suficientes como oferenda ao espírito do amuleto.

Comece protegendo sua casa pendurando o amuleto em uma porta ou janela, no estrado da cama ou em qualquer lugar onde queira proteção extra.

Você pode acrescentar camadas a essa prática de várias maneiras. Tente adicionar um terceiro galho para criar uma estrutura triangular que possa ser preenchida com uma trama de fios. Ou tente adicionar outros componentes mágicos que diversificarão ou aprimorarão os poderes que compõem a armadilha. Um dente ou uma garra de um animal predador serve para ajudar a devorar os espíritos que entram na armadilha, como as feras dentro da arte apotropaica, ou também um pouco de algo prateado ou de ferro para proteção geral, ou itens afiados como alfinetes, agulhas ou pregos. Até mesmo um pouco do seu próprio cabelo serve para atrair espíritos que poderiam estar atrás de você, da mesma forma que as Garrafas de Bruxaria são preenchidas com cabelos e unhas das pessoas que devem proteger.

Uma armadilha desse tipo geralmente é boa por pelo menos um ano. Se ela ficar coagulada com poeira, cair ou quebrar, ou simplesmente começar a parecer espiritualmente morta ou inerte, queime-a e substitua por um novo amuleto.

História

Um Ritual de Armadilha para Espíritos

Herdamos um pequeno e robusto feixe de galhos de espinheiro negro que havia sido podado de uma árvore cultivada por um amigo. Um recurso perfeito para fazer uma armadilha para espíritos. Além disso, o Samhain está chegando e é um bom momento para reforçar as proteções da casa.

Primeiro, como sempre, começamos com a limpeza: nós mesmos, o espinheiro-preto, o fio vermelho, os pregos e outros apetrechos que juntamos. Também trouxe um pouco de uísque e alimentamos nossos aliados espirituais e pedimos sua ajuda. Em seguida, pego um pouco de manteiga e (com cuidado!) esfrego-a nos caules do espinheiro-preto enquanto agradeço:

Amigo espinheiro-negro,
obrigado por esse presente de seus ramos.
Em agradecimento, por favor, receba esta oferta de nutrição.
Peço que se junte a mim na proteção desta casa;
traga suas espinhas sinuosas para prender e amarrar,
seus espinhos para prender e perfurar,
seu espírito para encantar
para que nenhum ser hostil
possa neste lugar entrar.

Começamos a enrolar os caules dos espinheiros negros, agradecidos por eles ainda estarem verdes e flexíveis, mas tendo que tomar muito cuidado com os espinhos. No início, parece um círculo desajeitado e frágil, mas com cada haste entrelaçada, por baixo e por cima, ele se torna mais resistente. Com sua estrutura definida, podemos colocar os galhos restantes em um padrão espiralado com seus espinhos espetados para dentro. Quando estiver pronto, terá a forma de uma coroa de flores pequena e compacta que se espiraliza para dentro, atraindo os espíritos para seu centro espinhoso.

Agora, pego o fio vermelho e amarro sua extremidade em um lado, depois o entrelaço no centro da coroa. Ao cruzar o centro, dou um nó em um prego de ferro, respirando no nó. Em seguida, passo o fio pelo outro lado e repito o processo, formando uma teia solta de vermelho que cruza o centro da coroa e suspende três pregos de ferro em sua trama. Quando termino a trama e amarro o fio vermelho na estrutura do espinheiro, penduro um pequeno amuleto decorado com um olho, pedindo:

Fique sempre de olho nesta casa.

Agora a "coroa" parece uma criatura viva, que respira. Uma boca com muitos dentes espinhosos e de ferro espera para engolir e prender; um olho vigilante olha para fora. Nós lhe damos uma pitada de uísque como outra oferenda para alimentar seu espírito e depois a penduramos na porta da frente. Ela se encaixa perfeitamente nas decorações de Halloween que adornam a varanda: esqueletos, feixes de ossos, bonecas de milho, bonecas de galho no estilo Blair-Witch, sigilos em giz, teias de aranha e luzes assustadoras. Somente um olho treinado poderia identificar este artefato como magicamente ativo entre os outros.

Algumas vezes por ano, nós desmontamos a coroa e a borrifamos com água abençoada para limpar os resíduos de qualquer coisa que ela tenha capturado e lhe damos uma nova oferta de uísque, leite ou manteiga. Ela permanecerá e protegerá nossa casa por muitos anos.

espíritos protetores e apotropaicos

Aqui, abordarei o emprego de espíritos apotropaicos e protetores, ou seja, aliados espirituais recrutados especificamente para exercer uma função protetora ou para afastar forças indesejadas. Em uma estrutura cultural animista e politeísta como essa, há uma enorme variedade de formas que esses relacionamentos podem assumir e os tipos de magia que podem apoiar. Verei apenas alguns exemplos e perguntarei o que eles podem nos ensinar sobre como o trabalho espiritual pode aprimorar e apoiar as magias de proteção.

Os espíritos aliados protetores nas primeiras culturas celtas parecem ser frequentemente recrutados por meio de sacrifícios. Isso não é surpreendente, dada a disseminação do sacrifício como um modo de ritual e devoção no mundo antigo. Entretanto, é prudente ser cauteloso na interpretação desse padrão. As evidências de práticas espirituais históricas são limitadas àquelas que tendem a sobreviver fisicamente, como ossos e metais, ou que são documentadas por observadores de alguma forma. Muitos dos exemplos de trabalho espiritual apotropaico nas culturas celtas vêm de contextos funerários com artefatos, depósitos de ossos ou de sepultamentos em pântanos que sobreviveram. Muitos desses exemplos preservam evidências de sacrifício, como marcas de corte. No entanto, essa aparente prevalência do sacrifício como modo de recrutamento de aliados espirituais pode desmentir muitos outros métodos que não estão tão bem documentados. Uma tradição popular que envolva práticas não materiais, ou oferendas que se degradam e não deixam rastros, pode facilmente escapar de ser documentada. Da mesma forma, artefatos em uma variedade de contextos podem ter servido a uma função relacionada a espíritos apotropaicos, mas sem preservar evidências que permitam que sejam interpretados da maneira correta.

Muitos estudiosos das culturas celtas já devem estar familiarizados com as tradições de realeza sacra e sacrifício real. Evidências de alguns corpos de turfeiras preservados da Irlanda e da Grã-Bretanha foram interpretadas corroborando o retrato mítico e literário do sacrifício real – como destacado pela famosa exposição de corpos de turfeiras irlandeses no Museu Nacional da Irlanda, por exemplo.[89] Detalhes sobre a maneira como esses corpos e outros objetos são dispostos também apontam para uma função protetora que se pretendia que eles cumprissem após a morte. Em uma proporção significativa, depósitos de corpos de turfeiras sacrificiais são encontrados ao longo das fronteiras territoriais entre os reinos, alguns estudiosos interpretam isso como indicativo de que, após a morte, o corpo de um indivíduo sacralizado seria colocado ao longo das fronteiras para recrutar seu espírito como guardião espiritual do território.[90] Há também evidências que sugerem que esses corpos sacrais às vezes eram desmembrados para que partes desse indivíduo pudessem ser colocadas como guardiãs em vários locais.

89. National Museum of Ireland, *A New Theory of Sacrifice*.

90. Kelly, *An Archaeological Interpretation of Irish Iron Age Bog Bodies*, 237–238.

No entanto, esse tipo de prática sacrificial de guardião espiritual não se limita ao modelo de realeza sagrada. Restos de animais, às vezes até de seres humanos, foram encontrados em um grande número de contextos que sugerem a proteção de espíritos. Os ossos de animais sacrificados foram colocados em arranjos intencionais em valas de *rath*, definindo recintos sagrados, para atuarem como espíritos guardiões dos santuários. Essa prática é observada em uma ampla gama de locais celtas. O arqueólogo Jean-Louis Brunaux, escrevendo sobre isso como visto nos santuários gauleses, chama essa colocação de restos de animais nas valas de delimitação de "cordão apotropaico", um limite contínuo formado pelos crânios e ossos de animais sacrificados, incluindo gado, cavalos e outros, cujos espíritos desempenhavam um papel apotropaico após o sacrifício.[91] Na Irlanda, uma prática semelhante é evidenciada em locais como Temair, Emain Macha, Crúachan e outros: ossos de animais, incluindo gado, ovelhas, porcos, cavalos e cachorros, junto a ossos humanos, em um dos casos até mesmo de um bebê, eram colocados em valas de delimitação em locais consagrados.[92] Na Grã-Bretanha, há também vários locais de fortalezas em colinas que apresentam uma associação de restos mortais de corvídeos e cães colocados em covas rituais em configurações intencionais, que podem ter tido, em parte, uma função apotropaica.[93]

Talvez o exemplo mais espetacular de guardiões espirituais apotropaicos seja a famosa "Cavalaria Fantasma" no *oppidum* gaulês de Gondole (na região de Auvergne, na França). Nesse local, uma grande cova foi encontrada do lado de fora dos muros da fortaleza com os corpos cuidadosamente posicionados e alinhados de oito homens e oito cavalos, sem qualquer material de sepultamento e sem sinais de violência.[94] O sepultamento ocorreu na época da conquista da Gália por César, e os arqueólogos teorizaram que essa morte e sepultamento em massa, aparentemente voluntários, podem ter sido realizados para instalar um exército de espíritos do lado de fora dos portões no intuito de proteger a fortaleza.

Nem todas as práticas espirituais apotropaicas são tão grandiosas e impressionantes. Tradicionalmente, os espaços domésticos também recebiam guardiões espirituais. Muitas casas do período medieval até o início do período

91. Brunaux, *The Celtic Gauls: Gods, Rites and Sanctuaries*, 25–33.
92. Waddell, *Archaeology and Celtic Myth*, 72–73.
93. Serjeantson, *Ravens and Crows in Iron Age and Roman Britain*, 94–96
94. Aldhouse-Green, *Caesar's Druids: Story of an Ancient Priesthood*, 63–64.

moderno na Irlanda e na Grã-Bretanha foram encontradas com cabeças de cavalo enterradas sob o solo.[95] Há várias possibilidades para explicar por que essa prática era predominante, mas os arqueólogos consideram a proteção como uma das mais prováveis. Também não é incomum em casas medievais encontrar restos de animais enterrados nas paredes ou sob as soleiras – geralmente animais de estimação menores, como gatos ou cachorros. Teoriza-se que esses animais domésticos, ajudantes que guardavam a casa em vida contra intrusos, vermes e outros danos, estavam simplesmente sendo recrutados para continuar protegendo a casa na morte.[96] Muitos desses animais domésticos guardiões podem não ter sido sacrificados – eles podem ter sido recrutados para a guarda espiritual após uma morte natural no final de um relacionamento doméstico comum. Isso é indicado, por exemplo, por alguns dos restos mortais de cavalos mencionados anteriormente, que mostravam idade avançada, evidências do desgaste do trabalho nos ossos e falta de evidências de violência.

O princípio em ação em todos esses exemplos é o entendimento de que os espíritos ligados aos ossos desses seres permaneceriam e poderiam ser recrutados para proteger o local onde os ossos são mantidos. A maioria dos exemplos dessa prática no registro arqueológico carece de evidências de como o aspecto ritual era conduzido. A reciprocidade é fundamental em todas as relações espirituais e, portanto, parte do ritual provavelmente envolvia dar algo ao espírito que estava sendo recrutado como guardião, como pagamento ou tributo. No caso dos animais domésticos, isso é apenas a continuação da reciprocidade que existiu na vida, em que o serviço doméstico ou agrícola era trocado por comida e abrigo.

Além do uso de animais vivos, os espíritos guardiões também podem ser estabelecidos por meio da colocação de artefatos. É possível que alguns dos artefatos votivos encontrados depositados em lagos, pântanos, rios e outros locais subterrâneos ou aquáticos tenham tido essa função. Tem sido amplamente observado que, em muitos casos de deposição votiva celta, o objeto é intencionalmente quebrado; isso é entendido como um meio de enviá-lo ao Outromundo para o uso dos espíritos ou Divindades, destruindo seu uso no mundo dos vivos.[97] Pode haver outra camada de significado aqui: em uma cultura animista, entende-se

95. Hoggard, *Magical House Protection*, 60-66; O'Sullivan, *Magic in Early Medieval Ireland*, 110.
96. Hoggard, *Magical House Protection*, 51–53.
97. Beck, *Goddesses in Celtic Religion*, 335–336.

que os objetos, especialmente os consagrados, contêm um espírito. A literatura irlandesa antiga documenta, de forma bastante completa, a crença de que armas, armaduras e outros objetos podiam ser inspirados e que as pessoas se relacionavam com esses espíritos (um tópico que abordarei com mais profundidade no próximo capítulo). Sendo assim, a destruição física do objeto seria uma forma de sacrifício, em que o objeto está sendo ritualmente morto para enviar seu espírito ao Outromundo, onde poderá ser útil. Isso fornece um modelo benéfico para trabalhar com guardiões espirituais para os praticantes contemporâneos que preferem não lidar com o sacrifício de animais.

capítulo 3

Trabalhos e Alianças espirituais

Relacionamentos com espíritos sustentam quase todos os aspectos da Magia Celta. No último capítulo, compartilhei alguns exemplos de como nossa relação com os espíritos pode melhorar e se integrar às magias de proteção. Neste capítulo, vou me concentrar nos espíritos e nas alianças espirituais. Ao examinar as estruturas que as tradições celtas oferecem para se relacionar com os espíritos, vários temas surgem.

Animismo e Reciprocidade

As práticas espirituais nas tradições celtas surgem de uma visão de mundo animista na qual os espíritos são compreendidos e reconhecidos como seres vivos e soberanos. O modelo de trabalho com espíritos aqui é diferente da abordagem de conjuração, comando e vinculação de espíritos para cumprir as ordens do mago, conforme encontrado em algumas expressões da Tradição Cerimonial Ocidental. Em vez de dominar os espíritos, a maioria dos exemplos de interação com essas entidades encontrados nas culturas e literaturas celtas baseia-se no estabelecimento de relações recíprocas. Essas relações partem de uma base relativamente igualitária e, muitas vezes, surgem de laços de longo prazo entre praticantes e espíritos. Oferendas e sacrifícios são um tema recorrente pelo qual a reciprocidade é praticada, às vezes enquadrada como pagamento ou tributo devido aos espíritos. Em outros casos, um serviço dedicado tem sido oferecido aos espíritos, às Divindades associadas a eles ou aos lugares que chamam de "lar", fornecendo a base para o relacionamento e a capacidade de invocar esses espíritos. Os relacionamentos com os espíritos não são apenas recíprocos, em muitos casos, são de natureza contratual e esses contratos com os poderes do Outromundo formam a espinha dorsal de muitos mitos, contos populares e práticas folclóricas.

Famílias e continuações de espíritos

Os espíritos costumam se alinhar em grupos ou famílias. Essas relações coletivas ajudam a direcionar como interagimos com essas entidades. Alguns agrupamentos de espíritos têm raízes em relacionamentos humanos comuns, como os ancestrais de uma linhagem familiar, clã ou tribo. Outros podem se formar em torno da relação com a paisagem e o ambiente, como grupos de espíritos relacionados a águas e rios; espíritos do céu e do clima; espíritos em plantas, pedras e outras características naturais da terra e espíritos do lugar. Essas tradições também apresentam fortemente coletivos de espíritos do Outromundo, como fadas, duendes, monstros e terrores ou espíritos de batalha. Relações com espíritos animais também são proeminentes na Tradição e podem ser pessoais, familiares, tribais ou moldadas pelo papel de uma pessoa.

No reino dos espíritos, os Deuses também são uma força organizadora. Como em muitas tradições politeístas e animistas, as Divindades tendem a se associar a grupos de espíritos que, de alguma forma, compartilham aspectos da natureza e dos poderes dessa Divindade, ou que podem representar um aspecto menor de sua presença ou identidade. Há indicações de que os mortos humanos, em algumas circunstâncias, possam acompanhar uma Divindade na vida após a morte e se tornar parte de seu grupo espiritual. Nas comunidades politeístas contemporâneas, esses coletivos de espíritos são frequentemente chamados de "séquito" ou "corte" de uma Divindade – os espíritos que estão conectados ou alinhados com essa Divindade podem aparecer ao lado dela, transmitir mensagens ou ajudar a realizar o trabalho desse ser Divino. Quando nos relacionamos com os Deuses, esses séquitos de espíritos geralmente também se apresentam.

Existem vários exemplos fascinantes e bem descritos de Divindades com séquitos que podem ser estudados para o conhecimento do trabalho com coletivos espirituais. Um exemplo altamente visível são os espíritos de batalha associados a armas, equipamentos de guerra e ao campo de batalha, que a tradição posiciona em relação a Badb como uma Deusa da batalha; ela é encontrada entre eles em listas de espíritos do campo de batalha e as descrições retratam uma semelhança de natureza, aparência e função entre a Deusa e os espíritos.[98] Da mesma forma, os vários espíritos associados a Morrígan compartilham de sua natureza e manifestam-se de maneira semelhante: espíritos de enguias associados à feitiçaria ecoam sua transformação em forma de enguia; lobos que estão associados à caverna onde ela faz sua morada ecoam sua transformação em forma de lobo, etc.[99] Espíritos do ar e do vento são conjurados por Mug Roith, cujo nome o conecta a um Deus das Tempestade ou do Céu.[100] Cavalos são associados ritualisticamente à Soberania, seus espíritos encontram-se entre os séquitos de deidades da Soberania, como Macha, conforme evidenciado pela descoberta de ossos de cavalos nas valas limítrofes de sítios reais.[101]

A Bruxaria Celta é uma Magia de Espíritos, uma Magia Politeísta proveniente de relações espirituais que são mantidas e supervisionadas pelas maiores potências dos Deuses. Em certo sentido, os Deuses podem ser entendidos simplesmente como espíritos grandiosos – marcados por uma esfera de influência maior e poderes mais potentes do que os dos espíritos comuns. Em consequência de seu maior grau de poder e influência dentro dos reinos espirituais, as Divindades podem ser invocadas para nos ajudar a estabelecer alianças com os espíritos de seus séquitos. Elas também podem vir em nosso auxílio se nos encontrarmos em uma situação além da nossa capacidade ou se precisarmos de reforço. Quando entendemos a que família ou grupo um espírito pertence, podemos chamar a "cavalaria", por assim dizer: invocar a ajuda de uma Divindade maior que possa nos ajudar a estabelecer o relacionamento correto com os espíritos, negociar com eles ou nos proteger de sua influência.

magia ambiental

Um tema recorrente nos mitos e no folclore diz respeito à magia realizada por meio da invocação de espíritos da terra, das águas ou do céu. Considero isso como "magia ambiental". Várias histórias do *corpus* irlandês e galês descrevem os rituais associados a esse tipo de magia.

---

98. Borsje, *Omens, Ordeals and Oracles: On Demons and Weapons in Early Irish Texts*, 239–241
99. Mees, *Celtic Curses*, 3930; Stokes, *Acallamh Na Senórach*, 264.
100. O'Grady, *Silva Gadelica* Vol. 2, 511.
101. Waddell, *Archaeology and Celtic Myth*, 144–145.

No *Táin Bó Cúailnge*, há um episódio de magia ambiental realizado por Cú Chulainn. Em uma batalha, ao enfrentar muitos inimigos sozinho, ele faz uma invocação para obter ajuda, invocando o céu, a terra e o rio. Sua petição se concentra especialmente no rio, pedindo que as águas subam e criem uma barreira para seus inimigos: "...'Peço aos rios que venham em meu auxílio. Invoco o céu e a terra e especialmente o Rio Cronn para que me ajudem.' Imediatamente, o rio subiu em cheia até o topo das árvores".[102] Essa história não fornece muitos detalhes sobre o ritual, mas há algumas coisas que podemos aprender com ela. Uma delas é que Cú Chulainn, embora não seja visto frequentemente como alguém especializado em magia, tem a capacidade de invocar espíritos da terra, do céu e das águas e que eles o responderão quando necessário. Isso me leva a questionar se existe reciprocidade em seu relacionamento com esses poderes, o que fornece uma razão para o rio responder. Sua contribuição aqui pode ser a defesa da província de Ulster, colocando-se em perigo como guerreiro para proteger a província, o que cria uma dívida de reciprocidade com os espíritos da paisagem que ele pode invocar quando necessário.

Outro tipo bastante espetacular de magia ambiental é descrito nas sagas irlandesas, nas quais os personagens que atuam como druidas conjuram fenômenos atmosféricos sobrenaturais, como nuvens espessas de névoa, chuva sangrenta e chuvas de fogo. Esse tipo de magia atmosférica é atribuído a Morrígan e suas irmãs em *The First Battle of Mag Tuired* (*A Primeira Batalha de Mag Tuired*) e também aos druidas em *The Siege of Knocklong* (*O Cerco de Knocklong*).[103] As histórias são de natureza mitológica, mas a recorrência desse motivo e os detalhes específicos e minuciosos com que a técnica ritual é descrita sugerem que isso poderia conter elementos da memória folclórica. Autores que escreveram sobre druidas no mundo antigo registraram que eles eram considerados capazes de controlar os céus, e, de fato, a história de Knocklong apresenta um exemplo completo de como poderia ser um ritual de conjuração do clima.

Primeiro, para preparar um fogo mágico, a madeira de sorveira é ritualisticamente coletada de lugares especiais na paisagem e é organizada em uma estrutura para ser queimada. Lascas são retiradas da madeira dos cabos das lanças e esse material é enrolado com manteiga em uma bola combustível. Mug Roith então começa a entoar encantamentos poéticos sobre a bola, que é em seguida

102. O'Rahilly, *Táin Bó Cúalnge Recension* 1, 157.

103. Fraser, *The First Battle of Moytura*, 27; Ó Duinn, *The Siege of Knocklong*, 37

acesa e lançada contra a estrutura de madeira de sorveira para fazê-la explodir em chamas.[104] A fumaça desse fogo é então usada para invocar espíritos atmosféricos e criar os efeitos climáticos sobrenaturais a serem enviados contra os inimigos do rei a quem Mug Roith serve. Em seu encantamento sobre o fogo, Mug Roith sopra seu hálito druídico sobre ele, enquanto pede aos espíritos do vento e a um Deus que ajudem em seu ataque: "Deus dos druidas, meu Deus acima de todos os Deuses, ele que é o Deus dos antigos druidas. O vento soprará, e que sopre uma chama baixa para queimar a vegetação jovem, uma chama alta para a vegetação antiga, uma queima rápida do velho, uma queima rápida do novo..."[105]

Aqui temos um druida envolvendo um poder atmosférico como um aliado espiritual ao lado de uma Divindade. Esse não é apenas um exemplo de magia atmosférica por meio de espíritos naturais, mas também ilumina a relação entre as Divindades e os espíritos em seus séquitos. O Deus invocado por Mug Roith não é diretamente nomeado, mas há algumas pistas. Seu próprio nome, Mug Roith, significa "servo da roda". A primeira parte, *mug*, significa "servo, escravo ou homem de ligação", e também aparece em nomes irlandeses antigos, indicando um monge ou alguém que está jurado a servir a uma Divindade.[106] A segunda parte do nome, *roth*, significa "roda" e parece fazer referência a algum tipo de Deus do céu. Imagens de rodas são persistentemente atribuídas a Divindades Celestiais nas culturas celtas, como a roda do trovão do gaulês Taranis, ou a Arianrhod galesa, cujo nome faz referência à roda dos céus. O serviço de Mug Roith à "roda" foi interpretado por alguns estudiosos como indicativo de serviço a uma Divindade irlandesa da tempestade semelhante ao Deus Taranis, ou até mesmo como uma referência a uma roda solar e um Deus solar.[107] Seja qual for essa Divindade, a história apresenta um druida que mantém um relacionamento de serviço vitalício a um Deus celestial, invocando essa relação para pedir a seu Deus que mobilize os espíritos do vento de seu séquito, para ajudar na conjuração de fenômenos sobrenaturais de tempestade.

Há também um motivo recorrente de exércitos espirituais conjurados da terra. Penso nisso como um tipo de magia ambiental, já que esses fantasmas

104. Ó Duinn, "The Siege of Knocklong," 97–99.
105. Ó Duinn, "The Siege of Knocklong," 99.
106. Royal Irish Academy, "EDIL 2019: An Electronic Dictionary of the Irish Langauge, Based on the Contributions to a Dictionary of the Irish Language, s.v. *mug, mog*."
107. Macalister, *Temair Breg: A Study of the Remains and Traditions of Tara*, 345.

muitas vezes surgem ou são conjurados a partir de elementos do ambiente natural. Vários exemplos desse fenômeno aparecem na literatura mitológica: no conto sobre a morte de Cú Chulainn, um exército fantasma é conjurado a partir de "folhas, pedras e samambaias" pelas filhas de Calatín.[108] No conto de Cath Finntraga, uma hoste semelhante de espíritos é conjurada a partir de talos de grama e pontas de agrião.[109] Retornarei a esse tema no último capítulo do livro, sobre magia de guerra.

Reverência às pedras

As pedras frequentemente funcionam como *loci* de alianças espirituais, tanto na literatura quanto na tradição popular. Nas tradições que reverenciam as pedras há uma rica fonte de material sobre as práticas usadas nessas relações espirituais. A veneração de pedras parece ser uma tradição muito antiga, que reflete as raízes animistas das culturas celtas e, dado o histórico de culturas megalíticas preexistentes na região, pode muito bem ser herdada das sociedades pré-célticas. Há muitos exemplos dessa veneração a pedras tanto na literatura mitológica quanto na prática popular recente; ela parece representar uma das linhas contínuas da tradição celta.

A adoração de pedras é descrita nos *Dindshenchas* como parte das práticas antigas e medievais. Por exemplo, veja esta descrição dos *Dindshenchas* de Druim Tairleime:

> Havia ali uma pedra falante, desde a época dos Tuatha De Danann, e um demônio costumava dar respostas a partir dela. Ele costumava dizer a todos que parassem na pedra para adorá-lo. Assim, todos que passavam por lá desmontavam e a adoravam. Daí surgiu o costume de, a partir de então, ninguém se aproximar da colina sem desmontar, como se estivessem proibidos de passar por ali sem parar.[110]

Aqui, vários aspectos da prática estão sendo descritos. Entende-se que a pedra contém um espírito capaz de se comunicar com os adoradores e está implícito que ela fornece respostas oraculares às perguntas. Em reciprocidade,

---

108. Mullally, *The Phantom Army of 1169: An Anglo-Norman View*, 93.
109. Meyer, Cath Finntraga, 7
110. Gwynn, "The Metrical Dindshenchas Vol. 4," 297.

ela recebe adoração, e ainda parece haver uma proibição cultural de passar por uma pedra que se entende estar viva sem parar para homenageá-la. Há uma clara linha divisória entre essa descrição do início da Idade Média e um costume do final do século 18 registrado na Ilha de Inisglora, onde as formas de adoração de pedras sagradas são descritas com mais detalhes: tais pedras vivas eram lavadas regularmente em determinados dias da semana ou da estação, alimentadas com manteiga ou cerveja e vestidas como sinal de honra.[111]

É interessante considerar a associação da magia druídica com as pedras-pilar à luz desta informação sobre a veneração animista de pedras. A literatura irlandesa antiga faz uma associação em que os druidas que praticam magia são posicionados sobre ou perto de pedras-pilares. Extraído da Primeira Batalha de Moytura temos: "Seus videntes e sábios se posicionavam em pilares e pontos de observação, praticando sua magia, enquanto os poetas contavam as façanhas e escreviam histórias sobre elas".[112] Pedras-pilar também são associadas no mesmo texto com o que parece ser magia de amarração: "Eles (os Tuatha Dé Danann) fixaram seus pilares no chão para impedir que alguém fugisse até que as pedras de lá saíssem".[113] Morrígan também pousa em uma pedra-pilar em mais de uma ocasião ao proferir profecias.[114] Essas ações podem parecer obscuras, mas à luz da tradição animista de reverência aos espíritos que habitam as pedras, talvez esse uso seja destinado a se alinhar e a se valer do poder dos espíritos contidos nas pedras

Pedras menores e mais leves também aparecem em práticas mágicas, igualmente caracterizadas como locais ou instrumentos para contatar espíritos. Um exemplo vividamente descrito diz respeito à pedra de mão de Mug Roith, meu feiticeiro druida favorito. Ele mantém uma pedra especial em sua posse, aparentemente de um tamanho que pode ser carregada na mão. O conto medieval *The Siege of Knocklong* (*O Cerco de Knocklong*) mostra Mug usando a pedra como uma espécie de portal para ativar uma aliança espiritual e invocar o espírito. Revelando novamente o animismo subjacente a essas práticas, Mug Roith fala sobre sua pedra como se fosse uma pessoa e se dirige diretamente a ela em um encantamento:

---

111. Wood-Martin, *Traces of the Elder Faiths*, Vol. II, 67.
112. Fraser, *The First Battle of Moytura*, 43.
113. Fraser, *The First Battle of Moytura*, 45.
114. O'Rahilly, *Táin Bó Cúalnge Recension* 1, 152; Meyer, *Fianaigecht*, 16.

> ... *"Traga-me minha pedra venenosa, minha pedra de mão, minha centena de lutadores, a destruição de meus inimigos".*
>
> *A pedra foi levada a ele que começou a elogiá-la, colocando um feitiço venenoso sobre ela e recitando a seguinte retórica:*
>
> *"Eu imploro à minha Pedra de Mão – Que não seja uma sombra voadora; que seja uma marca para derrotar os inimigos em uma valente batalha. Minha pedra dura e ardente, seja ela uma cobra d'água vermelha"...*[115]

Voltarei a esse encantamento mais tarde, pois ele diz respeito à "cobra d'água vermelha" mencionada. O que quero destacar aqui é que a pedra de mão está claramente sendo tratada como o recipiente de um ser espiritual. Mug Roith oferece a esse espírito louvor e veneração e, por meio de um encantamento, é capaz de despertar o espírito dentro da pedra de mão e invocar sua ajuda. Penso nisso à luz das práticas de veneração de pedras-pilar – a honra, a alimentação e a unção regulares das pedras. Imagino que a conjuração do espírito por Mug Roith provavelmente seja resultado de uma prática contínua desse tipo, que estabeleceu a aliança espiritual que ele agora está chamando para a ação.

A magia popular contemporânea irlandesa e escocesa (e também de outras culturas europeias) preserva práticas relacionadas ao uso das pedras *bullaun*. Essas pedras sagradas são mantidas em locais sagrados, muitas vezes ao lado de cultos a santos, assim como em fontes sagradas. As pedras *bullaun* são tipicamente do tamanho de uma mão e frequentemente repousam em cavidades no topo de uma pedra maior, espaços esses que foram formados ao longo dos séculos pelo giro repetido das pedras *bullaun* sob muitas mãos.[116] As pessoas visitam as pedras e as giram em suas cavidades seguindo padrões tradicionais para obter ajuda mágica, às vezes acompanhados de uma oração ou imprecação, para amaldiçoar ou curar.[117] Existe uma associação entre essas pedras *bullaun* e os locais monásticos ou eclesiásticos onde elas são frequentemente encontradas, mas na realidade, seu uso folclórico vai além da prática cristã e incorpora elementos não aprovados pela igreja, como a maldição. Parece-me que esse envolvimento com as pedras pode surgir do mesmo reconhecimento animista de espíritos dentro das pedras que fundamenta os antigos exemplos de veneração às pedras também.

---

115. Ó Duinn, *The Siege of Knocklong*, 77

116. Dolan, *Mysterious Waifs of Time: Some Thoughts on the Functions of Irish Bullaun Stones*, 42.

117. Wood-Martin, Traces of the Elder Faiths, Vol. II, 59.

espíritos Animais

Muito se poderia escrever sobre as relações com espíritos animais nas tradições celtas como um todo, e isso estaria além do escopo deste livro. Aqui, quero me concentrar no trabalho com espíritos nessas tradições no que se refere especificamente à prática da Bruxaria, bem como em algumas observações sobre modelos de relacionamento para trabalhar com esses espíritos.

É importante, inicialmente, fazer uma distinção entre trabalhar com espíritos animais na Bruxaria Celta e a ideia de totemismo ou animais totêmicos. O termo "totem" foi apropriado e anglicizado pelos povos nativos americanos Anishinaabe.[118] Como parte dessa apropriação indevida, uma variedade de significados foi projetada sobre ele, a maioria dos quais não é autêntica à sua concepção e função nas culturas Anishinaabe nem seria ético para um praticante não nativo da Bruxaria Celta adotar uma prática nativa sem uma base sólida e um bom relacionamento com a comunidade e a cultura de origem. Da mesma forma, não utilizarei o termo "espírito animal" no contexto da Bruxaria Celta, pois isso também é uma apropriação indevida das tradições nativas americanas.[119]

Muitas vezes apropriados de maneira equivocada em grande parte do Paganismo contemporâneo, os totens ou espíritos animais são frequentemente tratados como uma espécie de símbolo pessoal representando o tipo de personalidade do indivíduo ou a impressão espiritual pessoal do praticante – algo como um perfil de personalidade astrológica. Isso não corresponde exatamente à forma como os conceitos originais funcionam nas culturas nativas. Também não está de acordo com os paradigmas celtas sobre os espíritos animais. Grande parte das evidências sobre o trabalho com espíritos animais nas tradições celtas aponta para o modelo tutelar, que se concentra mais no parentesco e nas relações funcionais, sendo tipicamente coletivo e não individual. Um espírito tutelar é um patrono ou guardião ligado a um lugar, parentesco, função ou ocupação. Isso quer dizer que, nessa estrutura cultural, a pessoa se relaciona com os espíritos animais por meio da linhagem familiar, pela via da vocação ou especialização ou por meio do relacionamento com o lugar – todos formas coletivas de relacionamento não orientadas pela personalidade.

---

118. Livesay, *The Ojibwe People's Dictionary*.

119. Smithsonian Institution, *Native American Relationships to Animals: Not Your "Spirit Animal"*.

O famoso exemplo da literatura irlandesa que frequentemente é citado como exemplo de totemismo é, obviamente, Cú Chulainn, o herói lendário que tem como proibição que coma carne de cachorro, porque este é seu nome-animal. Essa proibição surge de sua identificação como um cão e é refletida em seu nome – *Cú*, significando cachorro, cão de caça ou, às vezes, lobo. Um entendimento mais profundo da tradição irlandesa revela que isso, de fato, não é uma identidade pessoal, mas, sim, vocacional. Muitos guerreiros da literatura irlandesa têm nomes que referenciam cães ou lobos, como o maior rival de Cú Chulainn, Cú Roí.[120] A história de como Cú Chulainn recebe seu nome parece ser uma iniciação de guerreiro durante a qual ele mata um cão de guarda, assume seu papel de guardião do assentamento e, posteriormente, recebe o título de Cú de um druida, assim como a proibição de comer carne de cachorro.[121] Esse é apenas um exemplo de um amplo padrão expresso por toda a família cultural indo-europeia na qual os espíritos tutelares caninos estão ligados à vocação de guerreiro.[122]

O exemplo dos espíritos tutelares caninos, conforme articulado na tradição irlandesa, é útil, pois é suficientemente detalhado para iluminar um modelo de desenvolvimento de relacionamento com esses espíritos tutelares animais ligados a uma vocação. Há um período de prática ou treinamento em que os caminhos dessa vocação e seus espíritos são aprendidos, e um processo iniciático em que a pessoa deve confrontar ou se envolver com o próprio ser, internalizando ritualmente algum aspecto de sua natureza enquanto assume formalmente o papel vocacional. Com isso, um nome pode ser conferido ritualmente com uma obrigação duradoura para com o animal, que pode incluir proibições comportamentais destinadas a preservar a santidade do relacionamento (como a proibição de comer o animal – embora isso possa parecer diferente para diferentes relacionamentos com espíritos animais).

Outro modelo de relacionamento com os espíritos animais é baseado no parentesco. Aqui, os laços de relacionamento com um determinado grupo de espíritos podem ser herdados por meio de linhas familiares ou outras formas de linhagem. As histórias apresentam um quadro de advertência do que pode acontecer se esses laços forem ignorados ou desrespeitados. Um exemplo disso é ilustrado na história de Conaire Mór, em *The Destruction of Dá Derga's Hostel*

---

120. Hickey, *Wolves in Ireland: A Natural and Cultural History*, 35.
121. O'Rahilly, *Táin Bó Cúalnge Recension* 1, 141–142.
122. Powell, *Wolf Rites of Winter.*

(*A Destruição da Estalagem de Dá Derga*). Conaire é filho de uma mulher humana e de um homem de Outromundo que tem uma pele atípica que lhe permite assumir a forma de um pássaro. Esse homem-pássaro faz parte de uma tribo de seres alados do *síd*, cujo parentesco Conaire herda. Eles lhe dão uma bênção e uma profecia para a realeza, bem como proibições, incluindo a de não matar pássaros.[123] Quando ele viola essa proibição, perde todas as outras bênçãos de seu parentesco com o povo dos pássaros. O valor dessa história é sua lição sobre a manutenção dos laços e das bênçãos dos relacionamentos espirituais por meio do respeito e da honra de nossas obrigações para com eles.

Mais diretamente relevante para a prática da Bruxaria é a aliança do druida Mug Roith e a enguia fêmea. Na história mencionada anteriormente, Mug Roith trabalha com um espírito de uma enguia fêmea gigante que pode ser conjurada para ajudar a combater seus inimigos, usando encantamentos e sua pedra de mão druídica. Para conjurar o espírito, um feitiço é entoado sobre a pedra de mão que funciona como seu talismã neste caso:

Imploro à minha Pedra de Mão...
ai daquele em torno de quem ela se enrola,
entre as ondas que se agitam.
Seja uma enguia marinha –
Seja um abutre entre os abutres,
que separará o corpo da alma.
Seja uma víbora de nove espirais...[124]

Essa pedra ativada é então colocada na mão do aluno de Mug Roith, Ceann Mór, que executa a conjuração jogando a pedra no vau de um rio. Quando ela chega, o espírito conjurado é descrito como uma enguia marinha gigante, grande o suficiente para se enrolar nove vezes ao redor do corpo de um homem, forte o suficiente para arremessar o corpo de um homem violentamente com um golpe de sua cauda e capaz de liberar veneno através de seus dentes. Ela é tratada como uma pessoa, com um nome e uma identidade: seu nome é Mongach Maoth Ramhar (que significa "de corpo comprido, úmido e elegante").

---

123. Stokes, *Da Derga's Hostel*, 20; O'Connor, *The Destruction of Da Derga's Hostel: Kingship and Narrative Artistry in a Mediaeval Irish Saga*, 87.
124. Ó Duinn, *The Siege of Knocklong*, 77.

Esse poderoso espírito de enguia marinha luta em nome das forças com as quais Mug Roith se aliou, e fica claro na narrativa que ela tem poder de ação. Após ajudar os druidas a vencerem nas primeiras lutas para as quais foi conjurada, Mongach parte atrás do resto do exército e é necessário impedi-la de atacar mais do que o pretendido. Ceann Mór a acalma, "explicando-lhe a situação e dizendo: 'Calma, calma, ó Maoth Ramhar de pescoço longo... deite-se agora nas mãos gentis do grande Mogh Roith, com calma e tranquilidade'."[125]

Esse episódio revela várias lições valiosas sobre como trabalhar com esse espírito animal na Bruxaria. Em primeiro lugar, essa história enfatiza fortemente o ponto mencionado anteriormente de que o trabalho com espíritos aqui é concebido como uma aliança entre pares, e não como um exemplo de comando obrigatório como é frequentemente encontrado na abordagem cerimonial ocidental dos espíritos. Mongach, embora responda à conjuração e lute contra os inimigos do druida que a chamou, tem seu livre-arbítrio e é por meio de negociação e comunicação que ela concorda em parar de atacar. Também está claro que a relação ou contrato principal é entre Mongach e Mug Roith. Embora sua invocação inicial seja suficiente para permitir que seu aluno a envie contra seus alvos, quando ela precisa ser retirada. Ceann Mór, o aluno, precisa invocar o nome de Mug Roith para conseguir acalmá-la. Isso sugere que ela reconhece a hierarquia do druida e do aluno e que suas ações são decorrentes de um acordo ou contrato com o próprio Mug Roith. Mais uma vez, essa história demonstra que conjurações como essa são sustentadas por relacionamentos contínuos preexistentes, em vez de um modelo em que os espíritos são instrumentalizados apenas no momento em que são necessários.

Com os espíritos animais, é possível se envolver com suas contrapartes vivas e há algum precedente para isso nas culturas de origem celta. Corvos e gralhas fornecem um exemplo interessante e relevante para a prática da Bruxaria. Percebidos pelas culturas celtas como conectados com a morte e o Outromundo, comunicação com os espíritos e, portanto, o poder da profecia, há evidências de que práticas em torno dessas crenças podem, ter, às vezes, incluído animais vivos, bem como suas contrapartes espirituais. Depósitos rituais em vários sítios da Idade do Ferro no sul da Grã-Bretanha incluíam restos de corvídeos, alguns deles em condição que sugeria que os pássaros podem ter sido animais de companhia domesticados. Alguns desses sítios estão associados à excarnação

125. Ó Duinn, *The Siege of Knocklong*, 87.

funerária, portanto, uma das teorias propostas por pesquisadores tem sido que esses corvos e gralhas eram animais de companhia dos Sacerdotes que supervisionavam ritos funerários e cujos restos mortais eram depositados ritualmente após a morte como parte dessa relação contínua.[126] Possivelmente relacionada, a prática irlandesa de *raven-lore*, "sabedoria dos corvos", ou adivinhação por meio da observação do comportamento dos corvos, pode ter sido praticada com aves domesticadas. O texto primário que descreve esse *raven-lore* inclui descrições de comportamento que estão claramente ocorrendo dentro de casas, sugerindo que os adivinhos podem ter mantido corvos de companhia para esse propósito.[127]

Há uma continuidade entre essas práticas envolvendo corvos vivos e aqueles colocados como depósitos rituais. Como animais associados a um poder espiritual de comunicação com o Outromundo e seus espíritos, em vida, eles poderiam atuar como assistentes de adivinhação, ajudar no transporte dos mortos para o mundo espiritual por meio da excarnação e viver como animais de companhia ao lado dos ritualistas; enquanto na morte, esses mesmos animais poderiam ser utilizados como aliados no reino espiritual por meio da deposição ritual.

Conhecendo as Lobas

Os lobos são muito importantes nas tradições espirituais irlandesas, embora, infelizmente, tenha sido extinto na Irlanda desde meados do século 18. A mitologia e o folclore dos lobos permanecem fortes, ligando-os à liminaridade, à guerrilha e ao poder da terra.

Como mencionei na seção anterior, muitos dos mitos irlandeses sobre lobos são centrados na identidade de guerreiros com os lobos e caninos em geral, como parte da cultura dos Fianna, ou bandos de guerreiros errantes. Os bandos de guerreiros eram descritos como lobos e suas atividades de caça e incursões eram chamadas de *wolfing* "lobismo".[128] Eles assombravam cavernas, como Kesh Corran, onde se dizia que o mítico rei Cormac mac Airt havia sido criado por lobos, uma marca de parentesco com o Outromundo e com a Terra.[129] Em irlandês, um dos nomes pelos quais eles são conhecidos é *mac tír*, "filho da terra".[130] Grande parte

126. Serjeantson and Morris, *Ravens and Crows, in Iron Age and RomanBritain*, 100.
127. Best, *Prognostications from the Raven and the Wren*, 120.
128. O'Connor, *Da Derga's Hostel*, 82–83.
129. O'Grady, Silva Gadelica Vol. 2, 287
130. Hickey, Wolves in Ireland, 29.

desse material é de gênero, pois o papel de guerreiro e a participação em bandos de guerra eram historicamente uma atividade predominantemente (embora não exclusivamente) masculina. No entanto, há também mitos de lobos femininos: Morrígan assume a forma de lobo e há um mito que fala de três lobas que viviam na Caverna de Crúachan, o lar da Morrígan; essas mulheres de Outromundo saíam da caverna na forma de lobos para caçar e matar o gado da região.[131] Também existem tradições que falam de identidades de lobos ligadas a famílias inteiras, como o povo lobo de Ossory, que dizem ter a capacidade de deixar seus corpos em uma espécie de transe ou sono enquanto atravessam a Terra em forma de lobo, uma condição que é descrita como sendo de sua natureza "desde a ancestralidade e o nascimento".[132]

As histórias irlandesas de pessoas-lobo se alinham a um enorme corpo de folclore europeu sobre o lobisomem, muitas delas centradas na ideia de que as pessoas podem voluntariamente mudar sua forma para a de um lobo ou vestir uma pele de lobo. O que considero mais atraente nessas histórias é a especificidade com que descrevem a experiência de viagem espiritual fora do corpo em forma de animal. Ao mesmo tempo, criam um retrato vívido de espíritos que, embora selvagens e indomáveis, podem igualmente ser guardiões leais e protetores.

Em minha prática, os espíritos lobos se tornaram companheiros preciosos que me ensinaram muito sobre a prática da viagem espiritual, ao mesmo tempo em que caminham comigo como amados espíritos protetores.

Os espíritos lobos são aliados leais, guardiões e guias nos mundos espirituais, mas às vezes traiçoeiros. Eles podem nos ajudar a encontrar um caminho seguro no Outromundo e nos ensinar a liberar poderes e instintos latentes. Seu sigilo é moldado à imagem de mandíbulas de lobo estalando. Ele também incorpora os sinais de letras Ogham *hÚath*, que representa o espinheiro com *kennings* que falam sobre lobos e liminaridade, e o sinal de letras gaulês *Corios*, que se refere a lobos e imagens de guerreiros. Embora o sigilo seja para espíritos de lobo em geral, a ilustração destaca as lobas de Rathcroghan em particular. Ela mostra um par de lobas diante da pedra que marca a entrada da Caverna de Crúachan, com o espinheiro crescendo sobre a soleira da caverna.

131. Stokes, *Acallamh Na Senórach*, 264.

132. Boyle, *On the Wonders of Ireland: Translation and Adaptation*, 248.

Ilustração do sigilo das Lobas

Kit de Ferramentas do Bruxo
Alianças espirituais

As alianças espirituais são fundamentais para a construção de uma prática mágica sólida. Seus aliados espirituais podem cuidar de você e ajudá-lo a se proteger, permitindo que assuma esforços mais consequentes e arriscados; e podem também ajudar a expandir seu alcance e sua esfera de influência e ajudá-lo a ver o que está por vir.

É claro que o trabalho com espíritos têm seus próprios riscos. Existem tantos tipos de espíritos quanto criaturas vivas, e alguns são perigosos para nós. Como saber em quais espíritos confiar para fazer amizade? Se você é novo no trabalho com espíritos, recomendo uma abordagem que se baseie em relações sólidas já adquiridas, como aquelas com ancestrais ou Deuses de sua confiança. Considere os Deuses com os quais já possui uma relação e peça àquele ao que lhe inspira mais confiança, ou com quem se sente mais próximo, para que o apresente a um espírito com o qual possa construir uma aliança. Se você não tiver nenhum Deus próximo o suficiente para pedir isso, considere seus antepassados; eles geralmente têm nossos melhores interesses em mente. Se você tem um bom relacionamento com seus antepassados, pode pedir a eles que o conectem a um espírito que possa ajudá-lo em seu trabalho mágico.

Aqui está um caminho pelo qual você pode começar a construir um conjunto de alianças espirituais para apoiá-lo em seus trabalhos mágicos.

Busque contato com guias confiáveis

Comece realizando orações ao Deus ou ancestral selecionado. Faça uma oferenda e peça a eles que o apresentem a um espírito em quem possa confiar para construir uma aliança. Passe algum tempo em meditação ouvindo as mensagens que pode receber em resposta à sua pergunta. Se houver um espírito que eles possam lhe apresentar, o que deve saber sobre ele? Como o reconhecerá? Há alguma oferta que ele prefira? Ferramentas de adivinhação podem ser utilizadas para ajudar a esclarecer as informações.

Se o próprio espírito aparecer imediatamente durante esse ritual, prossiga diretamente para a próxima etapa. Caso contrário, planeje outro ritual para entrar em contato com o espírito.

Início de uma aliança espiritual

Você pode chamar o novo espírito por qualquer informação de identificação que tenha recebido dos seus guias de confiança. Se lhe foi dado um nome para contatá-lo, use-o. Apresente-se. Para ajudar a estabelecer confiança, mencione quem o indicou, bem como quaisquer conexões ou linhagens espirituais importantes que ajudem o espírito a entender quem você é e o que esperar disso.

Apresente suas ofertas. Se você estiver em dúvida sobre o que oferecer inicialmente, talvez comece com um simples copo de água. Como alternativa, se for um espírito da corte de uma determinada Divindade, tente fazer uma oferenda semelhante à que você daria a esses Deuses.

Procure construir um relacionamento. Converse com o espírito sobre si mesmo e o que espera fazer em parceria com ele. Pergunte ao espírito como ele prefere se comunicar e que tipo de relacionamento almeja ter. Pergunte o que o alimenta, o que ele gosta de oferecer e como é a sua reciprocidade. Lembre-se de conversarem sobre limites e restrições – seus e deles. A adivinhação também pode ser utilizada para ajudar o espírito a estabelecer uma comunicação entre vocês.

Talvez o conselho mais valioso que eu possa oferecer é dar tempo ao tempo. Assim como os vínculos humanos, as relações com espíritos se desenvolvem gradualmente. Se as respostas para algumas de suas perguntas não forem claras inicialmente, tente novamente em outro dia. A confiança pode ser fortalecida demonstrando consistência na relação, ao longo do tempo, através da oferta de presentes e oferendas e participando de atividades compartilhadas ou realizando um trabalho significativo em nome do espírito. Comece aos poucos e vá aumentando os empreendimentos à medida que se sentir mais confiante sobre como entrar em contato, comunicar-se e colaborar com o espírito.

História

Um ritual para a aliança espiritual

Inicio na penumbra do meu santuário, após refrescar o ar e a mim mesmo com água abençoada. Estou aqui para buscar contato e estabelecer um relacionamento com Mongach, o espírito da enguia sobre o qual tenho lido e com o qual me sinto atraído a trabalhar.

Faço uma oferenda de uísque à Morrígan, minha Deusa guia em quem confio. Começo as orações enquanto a chamo.

Salve, poderosa Grande Rainha,
portadora da vitória, feiticeira, Deusa do medo.
Você que surge como a enguia enrolada,
o lobo peludo, a novilha com chifres.
Eu a procuro em sua forma de poderosa enguia,
aquela de muitas espirais, que prende e morde os agressores.

Eu continuo até sentir minhas orações sussurradas preenchendo a sala sombria; até que eu sinta sua presença se aproximando e absorvendo as orações. Peço a Ela que me abra o caminho para saudar o espírito da enguia Mongach, e que abençoe a amizade que espero fazer com ela. Repito o nome: "Mongach Maoth Ramhar. Mongach, eu a convido". Depois, fico em silêncio, desacelero minha respiração e entro em uma comunhão meditativa.

Há espirais se movendo nas sombras ao meu redor. Não estou nem aqui, na sala do meu santuário, nem em outro lugar. A escuridão é como água, e na água há grandes espirais musculares. Não consigo vê-la claramente; não saberia dizer onde ela começa ou onde termina; não vi sua face. As sombras deslizam e se projetam, fluidas e pesadas.

Expiro lentamente e falo seu nome novamente. Mongach. De repente, sinto um leve medo de que ela me ataque, mas continuo. Coloco água em uma tigela e adiciono o pedaço de peixe que trouxe como oferenda. Sussurro para ela: "Venho em amizade, trago esta oferenda. Estou sob a proteção da Morrígan e busco uma aliança de amizade". Continuo falando com ela em voz baixa. Percebo um semblante, olhos me estudando, mandíbulas dentadas. Sinto seu assentimento, percebo que a oferta foi recebida.

Peço que Mongach me mostre como podemos nos conectar e o que ela pode querer de mim. Surge uma enxurrada de imagens: irei à margem do rio mais próximo; encontrarei um galho das árvores dali com uma curva sinuosa, serpentiforme, e o consagrarei a ela. Gravarei o nome dela ao longo do galho em Ogham; eu a ungirei e a alimentarei por meio dessa ferramenta e, quando precisar alcançá-la, poderei usá-la para fazer contato. Continuamos conversando por algum tempo enquanto eu aprendo com ela os tipos de magia a qual está disposta a me ajudar e o como devo retribuir.

Quando terminamos, agradeço e sinto o movimento sinuoso da escuridão aquosa se transformar em quietude. Agradeço à Morrígan. Ao deixar o espaço consagrado, purifico-me novamente.

Feitiços com armas e objetos animados

Dentro dessas culturas animistas, não é nenhuma surpresa encontrar um forte interesse por objetos animados. Particularmente, a literatura irlandesa tem especial apreço pelos equipamentos de guerra animados por feitiços ou possuídos por demônios. Mesmo quando as armas não são explicitamente descritas como animadas, elas frequentemente recebem um nome, o que é um indicador de que são vistas como contendo um ser com personalidade. Há também algumas evidências materiais que se alinham com as práticas descritas na literatura.

Muitas passagens da literatura descrevem espíritos ou demônios que residem em armas e armaduras. Como esta do *Táin Bó Cúailnge*: "A proximidade do encontro foi tão grande, que espíritos e duendes, espíritos do vale e demônios do ar gritaram das bordas de seus escudos, dos punhos de suas espadas e das pontas de suas lanças."[133] Os seres parecem não estar apenas presentes ao redor dos guerreiros na história, mas habitam especificamente as armas e armaduras. Isso reflete a crença de que armas, armaduras e outros equipamentos poderiam ser habitados por espíritos, e que esses espíritos se envolviam no trabalho da arma ou nos eventos que ocorriam ao redor daqueles que as carregavam. No exemplo, os tipos específicos de espíritos que estão habitando essas armas são do campo de batalha, mostrando uma relação funcional que orienta o tipo ou a família de espíritos que se entende pertencerem a esses armamentos ou que foram escolhidos para habitá-los.

Artefatos de todas as culturas celtas, especialmente o requintado trabalho em metal pelo qual os povos celtas são tão famosos, mostram que era comum adornar itens valiosos com figuras. Peças de armadura das primeiras culturas celtas, como capacetes e escudos, são frequentemente encontradas com formas de animais esculpidas nelas – corvos, águias, javalis, etc. Os grandes *carnyces* (chifres de guerra) eram geralmente esculpidos com cabeças de javalis, serpentes ou lobos.[134] E, é claro, há muitos exemplos do tipo de espada antropomórfica da

133. O'Rahilly, *Táin Bó Cúalnge from the Book of Leinster*, 228.

134. Aldhouse-Green, Caesar's Druids, 62–63.

Idade do Ferro – espadas cujos punhos eram esculpidos para se parecerem com pequenas pessoas, mais ou menos estilizadas para mostrar braços e pernas simples e, muitas vezes, também um rosto com características humanas.[135] Outros itens valiosos não especificamente relacionados à violência também eram adornados com características animais ou antropomórficas, como rostos nos cabos e alças de caldeirões e vasos de bebida. Muitos arqueólogos interpretaram isso como uma indicação de uma crença animista em espíritos que habitavam os objetos.

A literatura irlandesa deixa claro que essa não é uma interpretação fantasiosa por parte da arqueologia moderna, pois a crença em espíritos que habitam os objetos está explícita nos textos. Ela também deixa claro que não se trata simplesmente do animismo generalizado de acreditar que tudo está vivo – parece haver práticas rituais pelas quais os objetos eram animados intencionalmente. Fragmentos dessa cultura ritual de magia com objetos são preservados em vários manuscritos e contos que, quando reunidos, surge uma imagem bastante clara de um sistema de trabalho espiritual.

Um trecho de *The Second Battle of Mag Tuired* (*A Segunda Batalha de Mag Tuired*) apresenta a primeira peça importante do cenário. Após o término da batalha, os Tuatha Dé Danann recuperam uma espada animada e oferecem uma descrição de como esse relacionamento pode funcionar:

> Agora, nessa batalha, Ogma, o campeão, encontrou Orna, a espada de Tethra, rei dos Fomorianos. Ogma desembainhou a espada e a limpou. Então a espada contou o que havia sido feito por ela, pois era costume as espadas daquela época relatarem as façanhas realizadas por elas sempre que fossem desembainhadas. E por essa razão, as espadas têm direito ao tributo da limpeza depois de serem desembainhadas. Além disso, feitiços têm sido mantidos nas espadas desde aquele tempo. Agora, a razão pela qual os demônios costumavam falar a partir de armas naquela época é que as armas eram adoradas pelos homens e estavam entre as garantias daqueles tempos.[136]

Há várias informações valiosas apresentadas aqui. Primeiro, a espada tem um nome e é apresentada como uma pessoa. Essa é a primeira pista de que há um espírito na arma. Também menciona que "feitiços têm sido guardados em espadas"

135. Ross, Pagan Celtic Britain: Studies in Iconography and Tradition, 101.
136. Gray, *Cath Maige Tuired*, 69

e que a razão pela qual "demônios costumavam falar" a partir delas, é porque elas eram adoradas. Isso parece indicar um ritual ou feitiço pelo qual a arma foi inspirada, e que é a partir desse ponto que o espírito pode se comunicar com seu portador. Esse ritual parece incluir a adoração do espírito e é bem provável que incluísse algum tipo de feitiço de fala ou abertura da boca e que a arma também recebesse seu nome. Essa passagem também indica que o relacionamento entre o espírito da arma e seu portador era contratual, gerando o dever de oferecer-lhe tributo, limpando-a sempre que ela fosse desembainhada. Em outras palavras, esse é um acordo contínuo e recíproco que é renovado pela veneração e pelo tributo ao qual a espada tem direito. Em troca, o espírito da espada oferece conhecimento oracular por meio da recitação dos feitos realizados por ela na batalha.

Outras passagens da literatura expandem esse conceito de tributo devido e oferecido às armas animadas. As oferendas são mencionadas em alguns casos; vários exemplos descrevem lanças que se movem por seu próprio poder e cortam as pessoas se elas não fizerem oferendas. A lança de Maelodrán mac Dimma Chróin é uma dessas armas: "Todos aqueles que não deixassem nada com ela – ela saltaria entre eles e os mataria".[137] A implicação é que um tributo de sangue é necessário ser oferecido à lança, e que, na ausência desse tributo, ela é tomada. Em outro lugar, em *The Destruction of Dá Derga's Hostel* (*A Destruição da Estalagem de Dá Derga*), há uma referência a algum tipo de fluido venenoso usado com uma lança chamada *Luin*, seja como uma oferenda substituta para o sangue, seja simplesmente para evitar que ela pegue fogo: "É necessário um caldeirão cheio de veneno para apagá-la quando se espera um feito de matança de homens. A menos que isso chegue à lança, ela se incendiará em sua haste e passará por seu portador ou pelo dono do palácio onde ela se encontra."[138]

A habilidade do espírito da arma de proferir discursos oraculares também é destacada em muitas dessas passagens. Em alguns casos, parte do tributo devido a ela é a atenção do portador à recitação de feitos realizados por uma espada.[139] Naquela primeira passagem citada, foi dito que "a razão pela qual os demônios costumavam falar por meio de armas na época, é que as armas eram adoradas pelos homens e estavam entre as garantias daquele tempo".[140]

---

137. Meyer, *Hibernica Minora*, 81.
138. Stokes, *Da Derga's Hostel*, 301.
139. Borsje, *Omens, Ordeals and Oracles*, 225
140. Gray, *Cath Maige Tuired*, 162

Isso quer dizer, que uma arma animada poderia servir como garantia – uma garantia da verdade. Entendia-se que ela era uma guardiã da verdade, observando os atos e revelando-os por meio de seu discurso oracular. Isso servia como um controle sobre as vanglórias feitas pelos guerreiros sobre seus feitos.

No conto *The Wasting Sickness of Cú Chulainn* (*A Doença Debilitante de Cú Chulainn*), um ritual da verdade é descrito como parte da festa anual do Samhain: "Eles colocavam suas espadas sobre as coxas quando declaravam os conflitos, e suas próprias espadas se voltavam contra eles quando o conflito que declaravam era falso; e isso não era de se admirar, pois naquela época era costume que os seres demoníacos gritassem a partir das armas dos homens, de modo que, por essa razão, suas armas fossem capazes de protegê-los melhor."[141]

Em outras palavras, quando alguém portava uma espada em batalha, o espírito residente na espada conhecia a verdade de seus atos. Quando esses atos eram declarados para a comunidade à qual serviam, essa declaração era feita com a espada desembainhada e atenta. Se o guerreiro deturpasse suas ações, o espírito da arma saberia e poderia se manifestar contra ele. Essa é a base para o costume de fazer juramentos com espadas também. Entendia-se que o espírito da arma impunha fisicamente a veracidade e a fidelidade aos juramentos, além de se pronunciar sobre eles. "Suas próprias espadas costumavam se voltar contra eles quando a contenda que declaravam era falsa." A arma servia como garantia de fidelidade, porque o espírito que a habitava sabia o que era dito e feito e, se o guerreiro tivesse sido falso, na próxima vez que levasse a arma para a batalha ela se voltaria contra ele. Isso poderia servir como um controle muito sério do comportamento dos guerreiros que dependiam de seu equipamento para garantir sua sobrevivência no campo. Tudo isso também serve para enfatizar que os espíritos eram entendidos como tendo poder de ação e vontade própria e, embora servissem ao dono da arma, esse serviço era contratual e conquistado por meio de obrigações recíprocas, e não simplesmente por uma questão de comando.

Esses exemplos se concentram na magia de armas e ressaltam os tipos de espíritos de batalha que seriam animados em equipamentos de guerra. No entanto, esses casos podem ser generalizados para entender que diferentes tipos de equipamentos podem abrigar uma variedade de espíritos adequados à sua função específica. Já observei espíritos hospitaleiros e de cuidado com o lar consagrados

141. Leahy, *Heroic Romances of Ireland*, Vol I, 57.

em caldeirões e utensílios de fogo, espíritos de poesia, inspiração e conhecimento consagrados em instrumentos musicais, entre outros. Em uma prática animista, todas as suas ferramentas queridas podem ser animadas de modo que não sejam apenas instrumentos, mas portais para alianças espirituais expansivas.

Kit de Ferramentas do Bruxo

Objetos Animados

Pretendo oferecer aqui, um modelo de ritual para animar objetos. Como a espada é bastante tradicional, este exemplo foi escrito para animar esse artefato, mas você pode facilmente adaptar essa prática para diversos tipos de objetos.

Antes de iniciar um ritual para inspirar um objeto, é importante estabelecer as bases, construindo um relacionamento com o espírito que você espera instalar na arma. Se não estiver habituado a interagir com esse espírito específico, considere dedicar algum tempo ao uso do Kit de Ferramentas para construir alianças espirituais, apresentado anteriormente neste capítulo. Como parte dessa construção de relacionamento, você deve passar algum tempo em comunhão com eles e também empregar a adivinhação para determinar a forma de seus acordos e quaisquer tributos que possam ser necessários como parte de sua aliança. Lembre-se de que os tributos nem sempre serão necessariamente uma oferenda física ou uma libação; com a mesma frequência, eles podem ser ações que você se compromete a realizar na forma como usa o objeto animado. Essas ações em tributo honram o espírito e ajudam a sustentar e aprimorar sua presença no objeto.

Para este ritual, você vai precisar de:

- A arma a ser animada
- Ferramentas de limpeza, como água abençoada ou incenso
- Ofertas que agradam ao espírito ou foram solicitadas, como bebidas espirituosas ou óleo para lâminas
- Um meio de inscrever a arma, como uma caneta de tinta ou uma caneta de gravação
- Uma vela

Purifique suas ferramentas, a si mesmo e o espaço em que vai trabalhar aspergindo água abençoada ou fumigando com fumaça sagrada.

Desperte a lâmina. Caso necessário, consulte a seção sobre como trabalhar com ferro em magias de proteção para relembrar como despertar uma lâmina. Mas você pode simplesmente aquecer a lâmina na chama da vela para despertá-la. Se estiver animando um objeto que não pode ser colocado no fogo, procure aquecê-lo esfregando-o com as próprias mãos. Quando suas mãos estiverem aquecidas, aproxime a arma e fale de modo que a sua respiração entre na textura do metal. Faça isso enquanto vai falando palavras para despertá-la e instruí-la a receber o espírito que estiver consagrando nela. Você pode usar suas próprias palavras ou seguir este modelo: "Desperte, lâmina, acorde e ouça-me. Você será um santuário para [nome do seu espírito] e receberá seu espírito. Seu corpo será o corpo dele. Os tributos deles serão recebidos por seu intermédio."

Inscreva e nomeie a arma. Pegue a caneta-ferramenta e inscreva o nome do espírito na arma, dizendo: "Eu nomeio você [nome do seu espírito]. Você é o corpo de [nome do seu espírito]". Se o espírito tiver um sigilo, você também poderá inscrevê-lo.

Lance o feitiço da fala. Diga: "Você é a voz de [nome do espírito]. Pois os espíritos podem falar por meio das armas quando elas são adoradas por nós. Fale, fale, fale: eu coloco o poder da fala nessa lâmina. Que você fale a verdade e cumpra esse vínculo".

Faça os tributos e as oferendas. Fale sobre qualquer compromisso que possa estar assumindo no vínculo que está criando com o espírito – quais tributos ele pode ter direito, se algum lhe foi solicitado. Feche o vínculo com uma oferenda e toque a oferenda na lâmina. Mesmo que seu tributo ao espírito no futuro seja não físico, é útil neste ritual alimentar a lâmina diretamente. Para um objeto de metal, como uma arma, ungir a lâmina com óleo é uma boa oferenda, ou você pode ungi-la com algumas gotas de uma oferenda líquida.

História
Um Ritual de Magia com Armas

Tenho uma espada que me foi passada pela viúva de um amigo que está separando seus objetos preciosos e deixando-os de herança para os membros de sua comunidade. "Ele queria que você ficasse com essa espada. Ele achava que ela deveria pertencer a uma donzela do escudo como você." É uma boa espada, não do tipo leve e barato – bem equilibrada, e foi mantida cuidadosamente afiada. É um modelo celta, com uma versão estilizada abstrata do punho antropomórfico.

Levo-a para casa, para meu santuário, desembainho-a e me sento com ela atravessada sobre meus joelhos, ouvindo a espada. Que história ela conta? Ela esteve na casa de um Bruxo que a apreciava, mas que sempre sentiu que a estava guardando para outra pessoa, por isso ficou esperando. Ela deseja ser carregada por um lutador. A sensação da minha mão é agradável. Eu a limpo com água consagrada e um pouco de óleo na lâmina.

Coloco a espada ao lado do meu santuário, onde honro os espíritos das mulheres lutadoras: Boudica, Scáthach, a legião de espíritos femininos. Ela se sente em casa ali, mas preciso dar um tempo antes de ter a certeza de como quero trabalhar com a espada. Eu a visito de tempos em tempos, tocando em seu punho quando vou ao santuário. Periodicamente, ela me lembra de que está esperando para ser empunhada. Está esperando por batalhas para me ajudar a lutar.

Chegou um momento em que entrei em um ciclo ritual intenso com os espíritos das mulheres guerreiras e finalmente chegou a hora de consagrar a espada. Estou trabalhando arduamente para transformar minha própria dor e a raiva que carrego como resultado de minha história como sobrevivente de violência doméstica, buscando curar e reorientar meu relacionamento com meu trauma para que eu possa ser útil como Sacerdotisa prestando serviço espiritual a outras pessoas como eu, sem envolver minhas próprias emoções na ajuda que estou oferecendo. Pedi a esses espíritos de mulheres guerreiras que me ajudassem nesse trabalho: que me ajudassem a fomentar a coragem e a resiliência de que preciso; que me guiassem na adoção de uma estratégia sábia para o trabalho que faço e que me ajudassem a manter limites saudáveis e a prestar contas sobre o trabalho. Em oração e comunhão com os espíritos, surge um acordo: oferecerei tributo de serviço em nome desses espíritos e, quando precisar de liberação para meu próprio trauma, levarei isso a eles. Eles receberão e transmutarão e oferecerão força e orientação. Caminharão comigo e me ajudarão em minhas batalhas. A espada manterá esse vínculo quando eu estiver nessa luta, ajudando uma sobrevivente a se proteger, realizando uma amarração ou uma maldição para deter um agressor, prestando assistência pastoral a uma sobrevivente. Sempre que eu estiver fazendo esse trabalho, voltarei aos espíritos, desembainharei a lâmina, oferecerei tributo a eles e contarei meus feitos. Se eu tiver transgredido um limite ou me comportado mal, eles me responsabilizarão e eu saberei. A espada será tanto minha arma mágica quanto a garantia de minha honestidade e responsabilidade para com os espíritos que me ajudam.

Quando o acordo fica claro, eu o formalizo. Invoco os espíritos guerreiros femininos com orações, cânticos e oferendas de carne e vinho tinto sangrento. Eu as chamo para a lâmina e a carrego com a força conjurada de um poço profundo de raiva ferida e paixão pela justiça, emergindo de meu corpo em gritos estrondosos. Quando isso tiver terminado, vou me sentar por um tempo em comunhão com eles e, em seguida, falarei em voz alta os termos do acordo. Inscrevo o nome e o sigilo desse espírito coletivo em óleo consagrado na lâmina. Em um sussurro rouco, dou um nome à espada e pronuncio um feitiço de fala sobre a ela:

> *Eu a nomeio ____, espada das mulheres guerreiras. Pois os espíritos podem falar por meio de armas quando elas são adoradas por nós. Falem, falem, falem: eu coloco o poder da fala nessa lâmina. Que você fale a verdade e mantenha a garantia da verdade para as ações que realizo a serviço deste vínculo.*

Com o passar do tempo, voltarei várias vezes à minha comunhão com os espíritos por meio da espada. Nem sempre posso carregá-la comigo quando vou "para a batalha" contra os abusadores em minha comunidade, mas ela é uma pedra de toque para mim. Quando posso, visito o santuário e me conecto a ela antes de iniciar esse trabalho, e isso me ajuda a sentir os espíritos ao meu lado, fortalecendo-me para a luta. Quando sinto o estresse ou o trauma aumentando, levo-os aos espíritos e deixo que eles saiam de mim, transformando-se em pura força investida na lâmina, e então a seguro em minhas mãos e sinto o conforto e a força de sua lâmina. Quando não tenho certeza de onde estou e preciso me reconectar com meus fundamentos éticos, volto e conto minhas histórias na presença da lâmina e ouço o conselho e a sabedoria dos espíritos.

capítulo 4

encantamentos e a poética da magia

A poesia e o encantamento estão presentes em quase todas as formas de Magia Celta. Essa centralidade da poesia não é exclusiva da magia; ela reflete a importância fundamental da poesia nas culturas celtas em geral. Mencionei vários exemplos de rituais mágicos que incorporam algum componente de encantamento poético. Neste capítulo, vou me concentrar no papel da poesia, nos padrões e estruturas que lhe dão forma e em seu uso no ritual como auxílio ao transe.

poesia nas sociedades celtas

Historicamente, os poetas ocupavam um status social muito elevado nas sociedades das quais essas tradições surgiram. A Irlanda primitiva é a mais bem documentada dessas sociedades, portanto, analisarei o papel dos poetas e da poesia no contexto irlandês, com algumas visitas a outras culturas celtas para ampliar a visão. Na Irlanda, os sistemas sociais dentro dos quais essas tradições poéticas operavam estavam passando por uma transformação significativa durante todo o período medieval, de pagão para cristão e de uma estrutura tribal-religiosa da Idade do Ferro para os reinos gaélicos medievais e, depois, para o estado anglo-normando. Os poetas mantiveram um status muito elevado até o final do período medieval, embora as particularidades de suas funções tenham mudado à medida que essas transformações ocorriam.

As primeiras sociedades celtas eram altamente hierarquizadas. Na Irlanda, os poetas pertenciam à *nemed*, ou "classe privilegiada". A raiz da palavra *nemed* é "sagrado, santo" e parece ter se originado como uma designação de posição baseada em funções religiosas e também em classe material.[142] A mesma raiz aparece em palavras para lugares sagrados como *nemeton* (gaulês) e *fidnemed* (irlandês). Na classe *nemed* havia reis e senhores, bem como os *aes dána* ou "pessoas da arte": poetas, druidas, videntes, clérigos e juízes. As funções dos poetas incluíam a composição e o desempenho de poesias de louvor, sátiras, elegias e outras formas de desempenho poético de impacto social. Em alguns períodos, os poetas também se envolviam em funções judiciais, como falar sobre leis, registrar precedentes e transmitir julgamentos. Eles também mantinham e executavam vastos corpos de conhecimento tradicional, incluindo histórias, genealogias, sagas e o conhecimento de lugares.[143]

Essa importância dos poetas e da poesia está enraizada na natureza oral da cultura irlandesa pagã pré-histórica, cujos valores e padrões fundamentais foram herdados no período medieval cristão e letrado. Em uma cultura oral, a poesia e a habilidade poética são fundamentais para codificar, transmitir e reter o conhecimento. Quando o conjunto de conhecimentos que representa os valores, as crenças e os registros da cultura não é escrito, ele só pode sobreviver por meio da memorização e da transmissão de pessoa a pessoa. Assim, a sociedade irlandesa primitiva, antes do advento da alfabetização, era uma cultura falada com forte ênfase na literatura oral memorizada e no desempenho poético, e esse hábito continuou no período histórico. Os poetas memorizavam grandes volumes de material para apresentações públicas e cerimoniais; a métrica poética facilita a memorização e a recitação precisa. Além disso, em uma sociedade tão centrada na palavra falada, a palavra e a poesia eram entendidas como formadoras da realidade, e os poetas eram vistos como porta-vozes de poderes divinos e do Outromundo.

A poesia é onipresente na literatura irlandesa primitiva, pois os contos e sagas provavelmente se originaram em formas memorizadas para apresentação oral. Em suas formas existentes, muitos contos irlandeses alternam entre o texto narrativo em prosa e verso, sendo que os segmentos de verso geralmente são

---

142. Kelly, A Guide to Early Irish Law, 9.

143. Kelly, *A Guide to Early Irish Law*, 43-48.

enquadrados como falados pelos próprios personagens míticos. Em muitos casos, a linguagem dos poemas é muito mais antiga do que o texto narrativo que os envolve.[144] A poesia é conservadora; a forma métrica atua como um dispositivo mnemônico, tendendo a facilitar a transmissão do texto na íntegra em vez de alterado e embelezado, uma vez que as mudanças podem ser facilmente vistas como uma ruptura da estrutura poética. Assim, os poemas dentro de uma história podem, às vezes, ser examinados como a espinha dorsal da história, transmitindo seu núcleo temático e seus componentes mais antigos, fornecendo uma visão parcial de como a versão oral mais antiga da literatura poderia ter soado.

Poesia Ritual

Muitos dos poemas mais antigos da literatura irlandesa são compostos em uma forma chamada *rosc*. A palavra *rosc* tem vários significados no irlandês antigo: pode significar um poema, uma ode ou cântico, ou uma declaração legal, todos os quais referenciando diretamente a poesia. Entretanto, ela tem um significado adicional como uma palavra arcaica para "olho" ou para a faculdade da visão.[145] Esse significado secundário é intrigante à luz das maneiras pelas quais *rosc* é usado na literatura mítica.

As passagens da poesia *rosc* nas sagas irlandesas geralmente são entendidas como representantes de uma camada mais antiga do material. O estudioso de literatura medieval Ralph O'Connor a descreve assim: "Uma forma métrica tradicional usada caracteristicamente para declarações proféticas e tipificada por uma sucessão de imagens vívidas semelhantes ao haicai. Rosc não oferece explicações detalhadas, mas, sim, uma obscuridade calculada".[146] Esse estilo poético obscuro deixa muitos estudiosos da língua perplexos ao tentar traduzir os poemas, a ponto de, em muitas traduções de textos, os poemas simplesmente não serem traduzidos. O padrão do *rosc* é caracterizado por versos breves e concisos de poucas palavras cada, geralmente centrados em frases, alusões e metáforas. Suas linhas geralmente não formam frases completas, mas evocam uma sequência de imagens enigmáticas e oníricas, como nesta passagem da profecia da Morrígan em *The Second Battle of Mag Tuired* (*A Segunda Batalha de Mag Tuired*):

144. Corthals, *Early Irish Retoirics and Their Late Antique Background*, 18.

145. Royal Irish Academy, "EDIL 2019: An Electronic Dictionary of the Irish Language, Based on the Contributions to a Dictionary of the Irish Language, s.v. 1 *rosc*."

146. O'Connor, *Da Derga's Hostel*, 140.

A cup overfull,
full of honey,
mead aplenty,
summer in winter...

Tradução:

Uma taça transbordante,
cheia de mel,
hidromel em abundância,
verão no inverno...[147]

A estrutura dessa poesia favorece múltiplos significados densamente entrelaçados. Seu ritmo é contado não pelo número de sílabas, mas pelas ênfases nas palavras (por isso, muitas vezes chamada de "poesia não silábica"). Os versos são geralmente ligados uns aos outros por meio de aliteração (uso de sons semelhantes) em vez de rima final, e os padrões de aliteração podem ser bastante complexos. Muitas vezes, a palavra final de uma linha faz aliteração com a primeira da linha seguinte; por exemplo, em outro poema de *The Second Battle of Mag Tuired*:

mna *can* **feli**
fir *gan* **gail**
gabala *can* **right**
rinna *ulcha ilmoigi*

Tradução:

mulheres sem alegria,
homens sem valor,
conquistas sem um rei,
estrelas além da nuvem.[148]

Esse padrão cíclico de aliteração cria uma sensação de fluidez na poesia, apesar da densidade dos versos individuais. O uso inteligente da aliteração pode evocar palavras de som semelhantes com significados diferentes para um falante nativo do idioma, de modo que haja uma camada falada e uma camada não falada na poesia.

147. Mees, *Celtic Curses*, 5237.
148. Gray, *Cath Maige Tuired: The Second Battle of Mag Tuired*, 72.

A métrica não silábica dessa poesia tende a um ritmo que parece rolar ou balançar, conduzido pela fluidez das sílabas átonas e pontuado pelas sílabas tônicas. Esse ritmo cadenciado, aliado ao padrão cíclico que muitas vezes é criado pela aliteração, tende a dar à poesia uma qualidade fluida e mântica. Todas essas características, aliadas ao estilo arcaico da linguagem, apontam para as origens do *rosc* como poesia criada para um contexto oral e ritualístico. Seu ritmo fluido e encantatório se presta bem à indução de transe e, de fato, muitos dos poemas *rosc* encontrados nos primeiros textos mitológicos são apresentados como declarações proféticas proferidas sob um estado de inspiração. Como o historiador Bernard Mees descreve: "Essas profecias (as profecias da Morrígan) têm sido há muito associadas ao *imbas forosnai* e a outras expressões irlandesas antigas que sugerem que havia uma conexão de longa data entre o *filid* e a adivinhação, a forma simples do *rosc* ou *retoiric* evidenciam supostamente um sinal de que tais expressões são baseadas em declarações mânticas sonhadoras".[149]

Acredita-se que o *rosc* deriva de uma tradição poética celta muito antiga de poesia visionária encantatória, cujas formas métricas características podem ser rastreadas até os antigos padrões de versos rituais indo-europeus. O estudioso de literatura medieval Johan Corthals observou que seu formato e estrutura são notavelmente semelhantes à poesia galesa mais antiga, bem como a alguns textos mágicos gauleses e aos primeiros estratos da poesia islandesa e romana, indicando uma origem em antigas tradições protoindo-europeias.[150] Como culturas orais, a recitação e a transmissão poéticas em um contexto ritualizado teriam sido fundamentais para cada uma dessas sociedades. Portanto, é nessa poesia que algumas das primeiras memórias da cultura irlandesa são preservadas.

Na literatura medieval, o *rosc* também é associado à linguagem de julgamentos falados e outros discursos em um contexto jurídico. Esse uso do *rosc* está relacionado à importância da contestação verbal em um sistema jurídico que evoluiu dentro da cultura oral da Irlanda pré-cristã. Sua função no desempenho da lei não está separada de suas associações com ritual, profecia e transe mântico. Em vez disso, é precisamente por causa dessas associações antigas que a capacidade de verbalizar uma apelação ou um julgamento em *rosc* tinha valor em um contexto jurídico. A natureza especializada e enigmática da fala *rosc* representava um

149. Mees, *Celtic Curses*, 5272.

150. Corthals, *Early Irish Retoirics and Their Late Antique Background*, 28.

tipo de código que seria, pelo menos em parte, inacessível para ouvintes menos estudados. Ao mesmo tempo, sua associação com a tradição antiga envolvia a identidade do orador em um manto de autoridade mítica.[151]

A poética da magia

Essas poéticas encontradas por toda a literatura medieval são igualmente centrais quando se trata de magia e feitiçaria no contexto celta. Há uma profunda relação entre essa poesia mântica irlandesa e os textos de maldição celtas da Gália e da Grã-Bretanha como expressões de uma magia poética nitidamente celta.

Esses textos de maldição da Gália e da Grã-Bretanha representam uma interessante fusão de práticas celtas e mediterrâneas. Como uma forma alfabetizada de magia baseada na inscrição de fórmulas encantatórias em placas de metal, a tecnologia mágica foi adotada nas práticas culturais celtas por meio do contato com os costumes gregos e romanos. No entanto, na linguagem dos textos, surge uma poética celta nativa que é reconhecível pelo estudo das formas poéticas. Nas palavras de Bernard Mees: "A razão pela qual as maldições celtas que são métricas parecem mais distantes da (tradição de maldição latina clássicas) é porque existia uma tradição autêntica celta de que as maldições, assim como os encantamentos, eram coisas geralmente cantadas."[152]

Essa relação entre poesia e magia também está encapsulada no termo *bricht* e seus cognatos em diferentes idiomas celtas. Em irlandês, a palavra *bricht* significa "encanto, feitiço", mas também se refere a um tipo específico de métrica poética, ou ao próprio poema ou encantamento falado. Bernard Mees vê nesse duplo significado "evidência de uma relação celta fundamental entre magia e forma métrica".[153] A importância desse conceito duplo de poesia como magia também é representada na frase *brichtu ban*, "feitiços de mulheres", preservada em vários textos irlandeses medievais – o mais famoso no contexto do encantamento de proteção chamado "Lorica de São Patrício", invocando proteção contra "os feitiços de mulheres, ferreiros e druidas".[154] Sua importância também é sinalizada por sua preservação ao longo do tempo e de culturas distintas, já que uma frase

151. Stacey, *Dark Speech: The Performance of Law in Early Ireland*, 98–101.

152. Mees, *Celtic Curses*, 2145.

153. Mees, *Celtic Curses*, 4760.

154. Mees, *Celtic Curses*, 1560.

precisamente cognata *bnanom brictom* é invocada em uma tábua mágica gaulesa do primeiro século da EC, depositada vários séculos antes em uma tumba na França[155]. Essa frase parece ter persistido como uma forma de descrever uma classe de magia poética especialmente associada às mulheres.

Como seria essa magia poética? A literatura irlandesa é imbatível no que se refere a descrições vívidas da prática da magia poética. Ela apresenta exemplos ricamente descritos de magias poéticas cantadas.

Morrígan, embora seja mais conhecida como uma Deusa da Guerra, também se destaca como poeta e Bruxa dos Tuatha Dé Danann e é retratada várias vezes cantando poesia mágica. Em uma história narrada no *Metrical Dindshenchas* (*Dindshenchas Métrico*), ela lança um encantamento de sono sobre uma mulher chamada Odras, da seguinte forma: "O proprietário do gado recitou sobre ela, com intensidade inabalável, em direção ao enorme Sliab Bodbgna, todos os feitiços de poder: ela estava cheia de astúcia".[156] Este breve trecho concentra uma quantidade fascinante de detalhes descritivos sobre a prática da magia poética. Sua ação de entoar cânticos sobre a mulher adormecida "com intensidade inabalável" evoca uma sensação de recitação apaixonada ou frenética, intensidade vocal e talvez movimentos corporais nos cânticos durante o canto. Também menciona que, ao fazer isso, ela se orienta em direção a Sliab Bodbgna, uma montanha nomeada em homenagem à Deusa da Guerra relacionada, Badb – e, portanto, talvez um lugar de poder para ela dentro da paisagem.

Outro aspecto da prática da magia poética é refletido em vários contos que mencionam a performance de poesia ou magia falada "em um só fôlego". Esse tema se reflete em um incidente em *The Wooing of Emer* (*O Cortejo de Emer*), no qual Cú Chulainn consegue obrigar Scáthach a cumprir três desejos falando todos eles em um único fôlego[157] Em outro exemplo muito vívido, a Deusa da Guerra Badb emprega a poesia como arma para amaldiçoar um rei que violou seus juramentos de realeza, em *The Destruction of Dá Derga's Hostel*, (*A Destruição da Estalagem de Dá Derga*). Ela entoa uma maldição poética enquanto se inclina na porta, "em uma perna só e em uma única respiração".[158] Além de recitar o poema em uma única respiração, esse trecho faz referência à postura ritual

155. Delamarre, *Dictionnaire Gauloise*, 90.
156. Gwynn, *Metrical Dindshenchas* Vol. 4, 201
157. Meyer, *Wooing of Emer*, 300.
158. O'Connor, Da Derga's Hostel, 137.

utilizada conjuntamente à poesia, algo que eu examino em detalhes no capítulo 8 sobre magia de justiça e maldições.

Exemplos de poesia profética, protetora e armada podem ser encontrados em toda a literatura das culturas celtas. Mesmo nas culturas não literárias, como a gaulesa, há evidências de que a poesia estava em uso, conforme refletido nos textos métricos de maldição com suas estruturas semelhantes a *rosc*, que os estudiosos interpretam como indicativo de que o encantamento poético teria sido parte da performance do feitiço. A tradição métrica de encantamentos rítmicos ou cantados continua até hoje na cultura popular, evidenciada em diversas coletâneas de encantamentos populares desde o início da modernidade. As *loricas* e as armaduras poéticas descritas anteriormente no capítulo sobre Magia Apotropaica também exemplificam essa prática contínua.

A continuidade dessas magias poéticas, desde as tradições antigas até os costumes populares contemporâneos, é notável. Um exemplo que demonstra bem isso é o encantamento de cura "junta com junta, tendão com tendão". Foi documentado seu uso para curar entorses em Shetland, no século 19, na seguinte forma:

O Senhor cavalgou, e o potro escorregou;
Ele desceu, Ele endireitou,
Ajustou junta com junta, osso com osso,
E tendão a tendão, cura em nome do Espírito Santo.[159]

Outras formas desse mesmo encantamento utilizando a fórmula "de junta com junta" foram encontradas em fontes védicas indianas antigas, nos encantamentos alemães medievais de Merseberg e no conto mitológico irlandês antigo *The Second Battle of Mag Tuired* (*A Segunda Batalha de Mag Tuired*), em que a Divindade medicinal Míach cura uma mão decepada entoando "junta com junta, tendão com tendão" durante nove dias e noites consecutivos.[160] Esse antigo encantamento, que se acredita ter originado em sociedades proto--indo-europeias muito antigas, continuou a ser usado em costumes populares em tempos muito recentes.

159. Black, *Scottish Charms and Amulets*, 434.

160. Carey, *Charms in Medieval Irish Tales: Tradition, Adaptation, Invention*, 17; Gray, *Cath Maige Tuired: The Second Battle of Mag Tuired*, 33.

Kit de Ferramentas do Bruxo

encantamentos poéticos

Este capítulo abordou uma rica e muito detalhada tradição histórica de poesia métrica. Como um conjunto de habilidades profissionais que levava anos da vida de uma pessoa para dominar, pode ser um desafiador imaginar como adotar a magia poética em nossas próprias práticas. E se você não for um poeta profissional altamente treinado?

A boa notícia é que você não precisa ser capaz de alcançar o *imbas forosnai*, no qual a poesia métrica perfeitamente formada flui da sua língua. Tampouco é necessário construir poesias *rosc* meticulosamente organizadas para trazer um pouco do poder da poesia para a sua prática mágica. Pense em alguns dos encantamentos populares encontrados nas tradições mágicas das pessoas comuns. Embora sejam geralmente mais simples em sua estrutura, esses encantamentos são poderosamente eficazes como veículos para entrar em um estado mântico e codificar a intenção mágica por meio da respiração e da linguagem. Usando um pouco de criatividade, aliteração e brincadeiras com a linguagem, você pode criar encantamentos simples para a sua própria prática.

Aqui estão algumas etapas para que possa experimentar trabalhar com encantamentos poéticos. Usaremos alguns exemplos relacionados à cura como pontos de referência para experimentar isso.

Tente trabalhar com material já existente. Você pode usar frases, encantamentos e poemas que já existem na literatura. O encantamento "junta com junta, tendão com tendão" mencionado anteriormente é apenas um exemplo desse grande acervo de material. Considere todos os mitos ou histórias relacionados ao seu trabalho mágico. Existem versos ou mesmo apenas frases nessas narrativas que poderiam ser adaptados usando repetição e variação? É possível encontrar trechos úteis de poesia em coleções de encantos populares existentes, como a *Carmina Gadelica* e obras semelhantes. Também se pode tentar elaborar o que encontrar para criar um encantamento mais extenso: "junta com junta, tendão com tendão, pele com pele, sangue com sangue, respiração com respiração..."

Tente escrever pequenas rimas para você mesmo. Lembre-se de que não há problema em elas parecerem simples ou até mesmo infantis. Muitos encantamentos populares tradicionais são assim. O objetivo é proporcionar algo para entoar que possa criar ritmo em seu ritual e, ao mesmo tempo, codificar o feitiço em linguagem mágica. Não precisa soar sofisticado. Considere este simples encantamentos rimado da Irlanda para curar um queimada:

Três anjos vieram do Norte
Um para o fogo e dois para a geada.
Fora, Fogo! e dentro, Geada!
Em nome do Pai, do Filho e do Espírito Santo.[161]

Isso consiste em um ritmo simples com um pouco de rima final, invoca o frio da geada para substituir a queimada e pede a ajuda aos poderes divinos. Você consegue criar algo simples como isso?

Tente experimentar com outras técnicas poéticas. Aqui está um exemplo que amplia o encantamento de "junta com junta, tendão com tendão" com aliteração e repetição adicionais

Saúde para curar, saúde para curar
Osso a osso, bem-estar a conquistar
Saúde para curar, saúde para curar
Junta a junta, bem-estar a conquistar
Saúde para curar, saúde para curar
Tendão a tendão, bem-estar a conquistar

Sinta o ritmo e onde a ênfase naturalmente ocorre. Não é necessário usar estruturas métricas formais, mas o ideal é que o feitiço flua de forma que seja fácil de recitar durante o ritual.

Quando tiver criado seu encantamento, pratique-o. Recite-o algumas vezes até que ele flua facilmente, de modo que lembrá-lo não seja uma distração no ritual. Seja emotivo e intenso; permita que seu corpo se mova com o encantamento. Isso convida todo o seu ser para o ato de encantar, em vez de apenas utilizar sua voz.

Um bom encantamento verbal apoia e aprimora suas ações rituais na Bruxaria. Ele é um veículo para utilizar a respiração e a linguagem para codificar as intenções do feitiço, ao mesmo tempo em que traz todo o seu corpo para o ato mágico e convida a atenção e a ajuda dos poderes espirituais.

161. Hillers, *Towards a Typology of European Narrative Charms in Irish Oral Tradition*, 88.

discurso em transe

Várias tradições fazem referência a um gênero de poesia oracular que emerge de um estado de transe ou sono. Isso parece fazer parte de um *continuum* de técnicas espirituais para obter profecias por meio de discursos inspirados; o transe abre o praticante à inspiração ou à possessão por forças espirituais que falam a verdade através dele.

Na literatura irlandesa, uma dessas formas de fala em transe é chamada de *búadris* e parece estar particularmente associada à profecia direcionada para o desfecho de conflitos. Exemplos desse tipo de profecia são proferidos por poetas, reis e guerreiros na véspera de batalhas: no *Táin Bó Cúailnge*, discursos em transe de *Dubthach, Láegaire* e *Conchobor* são descritos; assim como, Conaire em *The Destruction of Dá Derga's Hostel* (*A Destruição da Estalagem de Dá Derga*).[162] Nessas histórias, o vidente fala "em seu transe" (*búadris*), ou emerge como de um sono profundo para entoar uma profecia. Uma prática semelhante é descrita entre os galeses medievais, onde os *awenyddion*, "pessoas inspiradas", faziam discursos proféticos, emergindo de um estado de transe profundo.[163]

A palavra *búadris* tem significado de "frenesi, turbulência ou excitação", referindo-se ao estado frenético ou agitado do transe extático; também pode ser interpretada como "conto de vitória", enfatizando sua conexão com a profecia relacionada ao desfecho do conflito.[164] Em sua história, *búadris* também está associada à intoxicação, o que pode sugerir o uso de agentes que alteram a consciência como auxílio ao transe. A palavra também é usada para indicar a intoxicação dos sentidos depois de beber "rios de hidromel antigo". Tais práticas de alteração da consciência podem ter incluído o uso de aditivos à base de ervas com efeitos psicoativos; por exemplo, há evidências do uso de beladona como aditivo em hidromel e cerveja amplamente conhecidas durante o período, incluindo exemplos na Grã-Bretanha, Escócia, Grécia e Alemanha.[165]

Essa ideia de intoxicação ritual como veículo para a profecia lembra a prática atestada dos celtas continentais de conselhos armados antes da guerra, com um componente de consumo ritualístico "destinado a fazer contato com

162. O'Rahilly, Táin Recension 1, 219–220, 230; O'Connor, *Da Derga's Hostel*, 184.
163. Wright, The Historical Works of Giraldus Cambrensis. 501.
164. Royal Irish Academy, "eDIL 2019, s.v. búadraise, s.v. 1 búaid, and s.v. 1 ris."
165. Nelson, The Barbarian's Beverage: A History of Beer in Ancient Europe, 12–13.

os Deuses para ser protegido, ajudado e possuído pelas forças sobrenaturais".[166] *Búadris* parece apontar para práticas semelhantes na Irlanda – conectando-se a uma rede de conexões entre guerreiros; figuras femininas guerreiras de Soberania como Medb; hidromel e profecia. Os discursos em transe nos acampamentos sugerem o consumo de hidromel sagrado – talvez também infundido com ervas – para entrar em estado inspirado em contato com as forças espirituais, acessar o conhecimento profético expresso por meio de discursos oraculares de transe e obter proteção na batalha.

Um ritual de transe relacionado é aquele chamado *imbas forosnai* ("conhecimento que ilumina").[167] A frase *imbas forosnai* também é usada para fazer referência a um poder ou habilidade atribuída a poetas lendários; ela está entre as "três coisas exigidas de um poeta" nos primeiros textos de lei irlandeses e é identificada como o mais alto pináculo da arte poética.[168] Essa habilidade deve ter sido considerada muito importante, pois é mencionada em várias fontes; diz-se que os videntes lendários, incluindo Fionn, Scáthach e Fedelm, entre outros, a possuíam. A literatura sobre isso é complicada e obscura, mas em sua essência, o *imbas forosnai* parece ser um estado de inspiração que permite que o praticante profetize por meio de uma performance poética espontânea e inspirada.

Incubação de transe mântico

Algumas fontes que descrevem os ritos de cultivo do *imbas* o associam a oferendas às Divindades pagãs e a um tipo de sono mântico ou meditação na escuridão, que pode corresponder ao "sono" do qual emerge a fala em transe.[169] No *Glossário de Cormac*, são descritos detalhes de um ritual para gerar esse poder de vidência. O vidente mastiga um pedaço de carne crua e também oferece parte da carne aos Deuses, "em uma laje atrás da porta", com uma série de encantamentos cantados. Em seguida, o vidente dorme, colocando "as duas palmas das mãos sobre as duas bochechas", e é vigiado por outras pessoas para garantir que o estado visionário não seja perturbado até que a

166. Beck, *Goddesses in Celtic Religion-Cult and Mythology: A Comparative Study of Ancient Ireland, Britain, and Gaul*, 516.

167. Royal Irish Academy, "eDIL 2019, s.v. 1 *imbas.*"

168. Carey, *The Three Things Required of a Poet*, 41.

169. Chadwick, *Imbas Forosnai*, 97–135

profecia chegue.[170] Esse ritual pode ser realizado por até nove dias, de acordo com esse glossário. Assim como nos rituais *búadris* que acabamos de descrever, a característica central aqui é um transe mântico, do qual o poeta emerge com poesia inspirada saindo de seus lábios.

Esse ritual parece fazer parte de um grupo de rituais de incubação visionária que compartilham algumas características comuns. O ritual *tarb feis* (festa do touro) é outro desses rituais, descrito em pelo menos dois casos, em *The Destruction of Dá Derga's Hostel* (*A Destruição da Estalagem de Dá Derga*) e *The Wasting Sickness of Cú Chulainn* (*A Doença Debilitante de Cú Chulainn*). O *Wasting Sickness* descreve o ritual da seguinte forma:

> Então foi preparada uma festa do touro por eles, a fim de descobrir a quem dariam a soberania. O banquete foi preparado da seguinte forma: um touro branco foi morto e um homem comeu o suficiente de sua carne e de seu caldo; ele dormiu sob aquela refeição; e um encanto da verdade foi pronunciado sobre ele por quatro druidas; e ele viu em sonho a forma do homem que deveria ser nomeado rei ali, sua forma, sua descrição e o tipo de trabalho que estava envolvido. O homem gritou de seu sono e descreveu o que viu para os reis...[171]

A versão *The Destruction of Dá Derga's Hostel* (*A Destruição da Estalagem de Dá Derga*) repete muitos dos mesmos detalhes, acrescentando que "o dorminhoco pereceria se dissesse uma mentira".[172]

Alguns elementos da prática ritual aparecem nesses relatos: a pessoa que está tendo a visão come uma refeição completa de carne, o que induziria a um sono pesado e talvez ajudasse a estimular sonhos vívidos. O encantamento da verdade que é entoado sobre o sonhador parece ter a intenção de evocar o poder da profecia e talvez também inclua proteções para garantir que as visões sejam verdadeiras. É provável, também, que por meio desse encantamento, o sonhador esteja vinculado sob maldição a falar a verdade sobre o que foi visto. Como se tratava de um ato de adivinhação pública que determinaria quem seria escolhido para a realeza, claramente esse elemento de veracidade era importante.

---

170. Stokes, Three Irish Glossaries, XXXVI.
171. O' Curry, On the Manners and Customs of the Ancient Irish, Vol. II, 199.
172. Stokes, *The Destruction of Da Derga's Hostel*, 22–23

Outro ritual de incubação de sonhos é descrito em *The Battle of Findchorad* (*Batalha de Findchorad*), realizado em nome da Rainha Medb de Connacht e estruturalmente semelhante ao *tarb feis*, mas o sacrifício não é um touro:

> Eles estavam instruindo seus druidas a descobrirem quais seriam as consequências da batalha para eles e quem seria derrotado... Eles ofereceram sacrifícios a Marte, a Osíris, Júpiter e Apollo. Estes são os sacrifícios que ofereceram: carne de cães, porcos e gatos. Depois disso, subiram nos couros dos touros velhos e sem pelos (...) e em cercas de sorveira, e seus rostos (...) voltados para o Norte, em direção ao inferno. Os Deuses a quem sacrificavam disseram-lhes para trazer o Touro Marrom de Cooley e o Touro de Chifre branco e começar uma luta.[173]

Nesse caso, são oferecidos sacrifícios de cães, porcos e gatos; vale ressaltar, que é dito sobre todos esses animais que eles emergem do Outromundo em Crúachan, o centro ritual de Connacht.[174] Os quatro Deuses clássicos mencionados nas oferendas podem indicar Deuses irlandeses reinterpretados através de uma lente clássica, como frequentemente ocorre na literatura das sagas irlandesas. O detalhe na preparação da cama visionária é particularmente interessante. Ela é tecida com varas de sorveira e deve estar voltada para o Norte, "em direção ao inferno". Acho provável que isso faça referência à Caverna de Crúachan, Oweynagat, que tem sido chamada de "entrada irlandesa para o Inferno" desde o período medieval.[175]

Existe um núcleo de estruturas consistentes em todos esses rituais para a incubação mântica. Sacrifícios e oferendas de animais são realizados. O vidente entra em reclusão em uma cama especialmente preparada onde recebe visões dos Deuses. Esses rituais variam no tipo de sacrifício animal envolvido e em outras particularidades ritualísticas, como a orientação da cama preparada e o uso da magia poética para encantar o sonhador. Essas variações podem indicar diferenças regionais ou refletir diferentes usos funcionais do ritual. Os dois exemplos de festa do touro são adivinhações para determinar a realeza, e o touro pode estar simbolicamente relacionado a essa realeza. O ritual descrito em Findchorad e orientado tão fortemente para o Outromundo é realizado para os governantes de Connacht no intuito de adivinhar o resultado de uma batalha. Esses exemplos

---

173. Dobbs, The Battle of Findchorad. *Zeitschrift Für Celtische Philologie*, 399.
174. Waddell, "Rathcroghan—A Royal Site in Connacht," 22.
175. Waddell, Archaeology and Celtic Myth, 58.

rituais de incubação mântica variam em seus propósitos, ligados, aparentemente, a ocasiões específicas. Juntos, eles ilustram como as particularidades desse ritual visionário podem ser ajustadas ao contexto e à necessidade, ao mesmo tempo em que apoiam as funções essenciais da prática.

Alguns estudiosos consideram esses detalhes do ritual como pouco mais do que uma fantasia retrospectiva medieval sobre práticas pré-cristãs.[176] Outros observam quantos elementos desse ritual são consistentes em diferentes relatos de práticas de transe e incubação de sonhos e consideram esses contos como parte de uma herança comum do ritual celta.[177] De uma perspectiva ritualista, essa também é uma estrutura que faz sentido. Ela começa com oferendas e sacrifícios e uma invocação para atrair forças sagradas; consumindo uma parte do sacrifício para receber esses poderes; entrando, em seguida, na escuridão ritual e na reclusão em uma cama preparada para buscar um sono e um sonho encantados. Esse ritual pode ou não ser histórico, mas é claramente potente.

Kit de Ferramentas do Bruxo

Transe mântico

O transe mântico é algo semelhante a um estado de consciência não comum ou dissociativa que nos permite estar mais receptivos à comunicação com poderes espirituais. Para acessar esse estado, precisamos mudar a forma como vivenciamos a relação entre mente, espírito e corpo, entrando em um estado no qual o incorpóreo e o numinoso são sentidos tão imediatamente quanto o físico. Há muitas ferramentas que podem nos ajudar a acessar esse estado, e as sociedades de todo o mundo desenvolveram milhares de técnicas culturalmente adaptáveis para fazer isso. As práticas de transe merecem uma pequena biblioteca própria, e uma exploração completa desse campo de prática está além do escopo deste livro. O que eu gostaria de oferecer aqui é apenas um modelo de ritual que emprega algumas das minhas ferramentas preferidas para entrar em transe mântico, inspirado nas tradições que acabamos de analisar.

176. Carey, *Three Things Required of a Poet*, 58.
177. Waddell, *Archaeology and Celtic Myth*, 137.

Preparação

Oferendas: muitos dos exemplos da literatura antiga descrevem sacrifícios com ofertas de carne de animais. No entanto, isso não significa que suas oferendas tenham de ser assim. Se você, como muitos praticantes contemporâneos, não puder ou optar por não participar de sacrifícios de animais, outra oferta de alimento pode ser adequada. Tente fazer uma oferenda de carne de origem ética ou outra oferenda de alimento que você tenha se esforçado para preparar. Considere a que oferendas seus Deuses em particular respondem melhor, ou quaisquer acordos que tenha com eles sobre oferendas. É necessário consumir um pouco da oferenda, portanto, certifique-se de que seja algo seguro para você e que agrade aos Deuses.

Encantamento da verdade: nos exemplos literários, um "feitiço da verdade" é entoado antes de entrar no ritual de reclusão. Isso fornece uma precaução adicional para garantir que as visões resultantes deste ritual sejam verdadeiras e direcionadas por poderes espirituais confiáveis. A entoação de um encantamento também o ajuda a entrar em um estado de transe. O ato de entoar e o efeito do ritmo, dos movimentos suaves e das palavras repetidas agem para ajudar a iniciar a dissociação da consciência comum e a entrada no estado alterado. Como ponto de partida, você pode usar esse cântico, que usa frases do irlandês, ou sua tradução em inglês, ou criar um de sua preferência:

rolá bricht, bricht suain
amru sceóil, scél becht
rolá bricht, bricht comga
amru sceóil, scél becht
rolá bricht, breth fíri
amru sceóil, scél becht

Tradução:

Lance um feitiço, um feitiço de sono
Conto de maravilhas, conto da verdade
Lance um feitiço, um feitiço de proteção
Conto de maravilhas, conto da verdade
Lance um feitiço, um feitiço da verdade
Conto de maravilhas, conto da verdade.

Local de reclusão: a tradição fala de uma cama feita de varas de sorveira, mas isso não significa que você deva construir uma cama especial apenas para esse ritual. O objetivo é preparar um local para se deitar em visão, onde não será incomodado e que tenha proteção mágica e conexão com o Outromundo. Considere a possibilidade de fazer alguns amuletos protetores de sorveira, como os descritos no capítulo 2, e prendê-los ao redor do local onde irá se deitar.

Ritual do Transe Mântico

Para este ritual, você vai precisar de:

- Ferramentas de limpeza, como água abençoada
- Imagens dos Deuses e espíritos que deseja obter visões
- Oferendas
- Uma cama preparada ou o local de reclusão

Comece limpando a si mesmo e o espaço onde está sendo realizado o ritual.

Invoque os Deuses e espíritos dos quais confia e deseja obter visões para guiá-lo com segurança no trabalho de transe. Peça a eles que o ajudem e o orientem a alcançar um estado visionário e que o protejam durante o transe para que a sua abertura não seja explorada por nenhum poder indesejado.

Levante as oferendas que preparou para os Deuses e consagre-as com louvor. Coloque uma parte das oferendas diante da imagem deles ou na porta de seu espaço. Coma um bocado enquanto medita na presença dos Deuses. Você está buscando entrar em comunhão com eles, receber a presença deles dentro do corpo e se preparar para um estado de incubação de transe.

Entoe o encantamento para estabelecer os limites do estado visionário e começar a entrar em transe. Não tenha pressa em entoar o encantamento, permitindo-se entrar em seu ritmo e até mesmo mover-se suavemente com ele.

Quando se sentir pronto, escureça o ambiente e deite-se no espaço preparado. Você também pode cobrir os olhos com um véu ou máscara em vez de apagar as luzes. Deixe-se levar pelo estado de transe. Você pode continuar o cântico em um sussurro para si mesmo ou silenciosamente, se isso o ajudar a se aprofundar no estado de transe. Concentre-se nos poderes sagrados que chamou e dos quais está buscando uma visão, mas sem tensão. Apenas fique com eles pelo tempo que for necessário, até que as mensagens ou visões cheguem. Você pode se sentir chamado a viajar com eles em espírito. Não há problema se cair no sono, pois a visão pode vir durante um sonho ou em um estado de vigília.

Quando acordar, é útil movimentar o corpo e comer alguma coisa para ajudá-lo a voltar à consciência normal de vigília.

Agradeça a todas as Divindades que o guiaram e protegeram durante essa jornada de transe.

Limpe-se novamente para garantir que nenhuma presença espiritual indesejada o siga para fora do Outromundo.

Por fim, gostaria de oferecer mais alguns aspectos a serem considerados ao realizar esse trabalho. Primeiro, esse tipo de vidência visionária realmente depende da capacidade de entrar e manter estados de transe. Essa é uma habilidade aprendida que funciona como uma musculatura psicoespiritual e se fortalece com o tempo e a prática. Portanto, não fique desanimado se a prática do transe não produzir resultados memoráveis nas primeiras vezes. Essa é uma habilidade que precisa ser cultivada com o tempo.

Em segundo lugar, lembre-se de que, na literatura que descreve essas práticas, o vidente é acompanhado por outras pessoas que o vigiam. As práticas de transe são sempre mais seguras quando temos apoio. Os acompanhantes podem ajudar a organizar as coisas para o vidente de modo que você possa se concentrar em entrar em transe. Eles também podem ajudar a garantir que você retorne totalmente aos seus sentidos no final da sessão e atender às suas necessidades, certificando-se de que tenha água, comida e qualquer outra coisa de que possa precisar para retornar totalmente à realidade comum. Essas pessoas também podem ajudar a registrar o que foi visto em um momento em que você talvez ainda não se sinta pronto para começar a anotar as coisas.

Fedelm e a carruagem

Uma das personagens que se diz dominar a poesia *imbas forosnai* é a vidente *Fedelm*. Apresentada no *Táin Bó Cúailnge*, ela é identificada como *banfili*, "poetisa" e aparece com roupas ricas, armada e em pé em uma carruagem, de onde entoa poesias. O texto a identifica claramente como uma pessoa com status ou poderes do Outromundo, tendo "três pupilas em cada um de seus olhos".[178] Seu nome deriva da raiz protocéltica *uid-* "saber", com uma conotação de conhecimento obtido por meio da visão. Notavelmente, seu nome também é cognato do gaulês *Uidlua* (ou *Vidlua*), atestado como um título para uma encantadora em um

178. O'Rahilly, *Táin Bó Cúalnge Recension* 1, 126.

texto gaulês de maldição.[179] É também identificada por Medb como *banfaíth*, termo para uma praticante feminina da arte da profecia, e cognata do gaulês *vates*, adivinhos e sacrificadores. *Fedelm* parece representar um reflexo irlandês de um papel ou arquétipo muito antigo, a vidente e feiticeira de alto status, cuja poesia revela conhecimento e poder do Outromundo.

Vale a pena examinar a habilidade poética oracular de *Fedelm*, conforme descrita no *Táin Bó Cúailnge*, pois ela oferece uma estrutura para a construção de um ritual poético oracular. Em sua cena no *Táin*, que existe em duas versões principais, ela chega vestida com roupas resplandecentes, próprias de um poeta da classe *nemed*, e está em uma carruagem. Seu poder é sinalizado não apenas por seus apetrechos, mas também por seus olhos de três pupilas do Outromundo. Ela também carrega um feixe de tecelão, um artefato que é frequentemente associado a profetisas em mitos.[180] Medb pede a ela que profetize sobre as perspectivas de seu exército na guerra que se aproxima. O texto sugere que, antes disso, *Fedelm* estava praticando alguma forma de incubação de transe para acessar o poder dos *imbas forosnai*; ela anuncia a Medb que tem esse poder e que veio de Albion, onde aprendeu a arte.[181]

Ocorre uma espécie de troca rítmica entre Medb e a profetisa, o que sugere sinais rituais:

A Feidelm banfáid, cia facci ar slúag?
Atchíu forderg forro, atchíu rúad.

Tradução:

Ó profetisa, Feidelm, como você vê nosso exército?
Eu o vejo ensanguentado, eu o vejo vermelho.[182]

Essa troca continua com mais perguntas de Medb, cada vez com a indicação ritual: "Mas fale a verdade para nós, Feidelm. Ó Profetisa Feidelm, como você vê nosso exército?" Após repetir várias vezes essa frase arrepiante, "Eu o vejo manchado de sangue, eu o vejo vermelho", ela continua com um discurso poético mais longo, no qual profetiza completamente o destino dos exércitos de Medb e o resultado do *Táin*.[183]

---

179. Mees, *Celtic Curses*, 1582.
180. Enright, Lady with a Mead Cup: Ritual, Prophecy and Lordship in the European Warband from La Tène to the Viking Age, 187.
181. O'Rahilly, *Táin Bó Cúalnge Recension* 1, 126.
182. O'Rahilly, *Táin Leinster*, 143-144.
183. O'Rahilly, *Táin Leinster*, 144-145.

A linguagem dessa troca é interessante. *Fedelm* aqui faz uso da fórmula profética *atchíu*, "eu vejo". Essa frase também marca instâncias da profecia dada pela Morrígan, também iniciadas por uma pergunta que parece servir como uma sugestão ritual: "Você tem alguma história?"[184]

A mesma frase *atchíu* também é usada pela vidente Scáthach em sua profecia poética.[185] É uma frase que aparece com frequência em discursos dessas poesias. De certa forma, essa cena se assemelha muito àquela em que Cú Chulainn encontra a Morrígan na estrada vestida com roupas finas e em uma carruagem, e ela se identifica como poeta profissional fazendo uma profecia poética em seguida.

Isso tudo parece ser indícios que identificam como um poeta visionário pode ser consultado para fazer uma profecia. Os contornos de um ritual oracular estão se tornando visíveis. A profetisa acessa os poderes divinos possivelmente por meio de transe ou meditação. Ela está posicionada em uma carruagem, um veículo liminar, que pode ser visto como facilitador da viagem espiritual e do contato com o Outromundo. Usando sinais ritualizados, ela é solicitada a profetizar e responde em versos mânticos.

CONHECENDO VIDLUA

Vidlua (ou *Uidlua*) é uma vidente e um espírito de poesia e de encantamentos por meio da palavra falada e escrita, assim como de vidências e adivinhações visionárias.

Seu nome é encontrado em algumas tábuas de feitiços da Idade do Ferro da Gália. Quando mencionado, nem sempre fica claro se está se referindo ao nome de uma pessoa ou a um título – é uma palavra que significa "vidente". O nome *Vidlua* é diretamente cognato ao irlandês *Fedelm*, que apresentei na seção anterior; uma vidente e poetisa com o poder de *imbas forosnai*, que realiza profecias oraculares para Medb no *Táin Bó Cúailnge*.[186] Portanto, o nome parece se referir a um papel encontrado em vários contextos culturais celtas no registro histórico e na literatura mitológica: uma vidente (geralmente do sexo feminino) que realiza profecias e também está ligada à poesia e à magia.

184. Gray, *Cath Maige Tuired*, 72.

185. Henry, Verba Scathaige, 199.

186. Mees, Celtic Curses, 1575–1582.

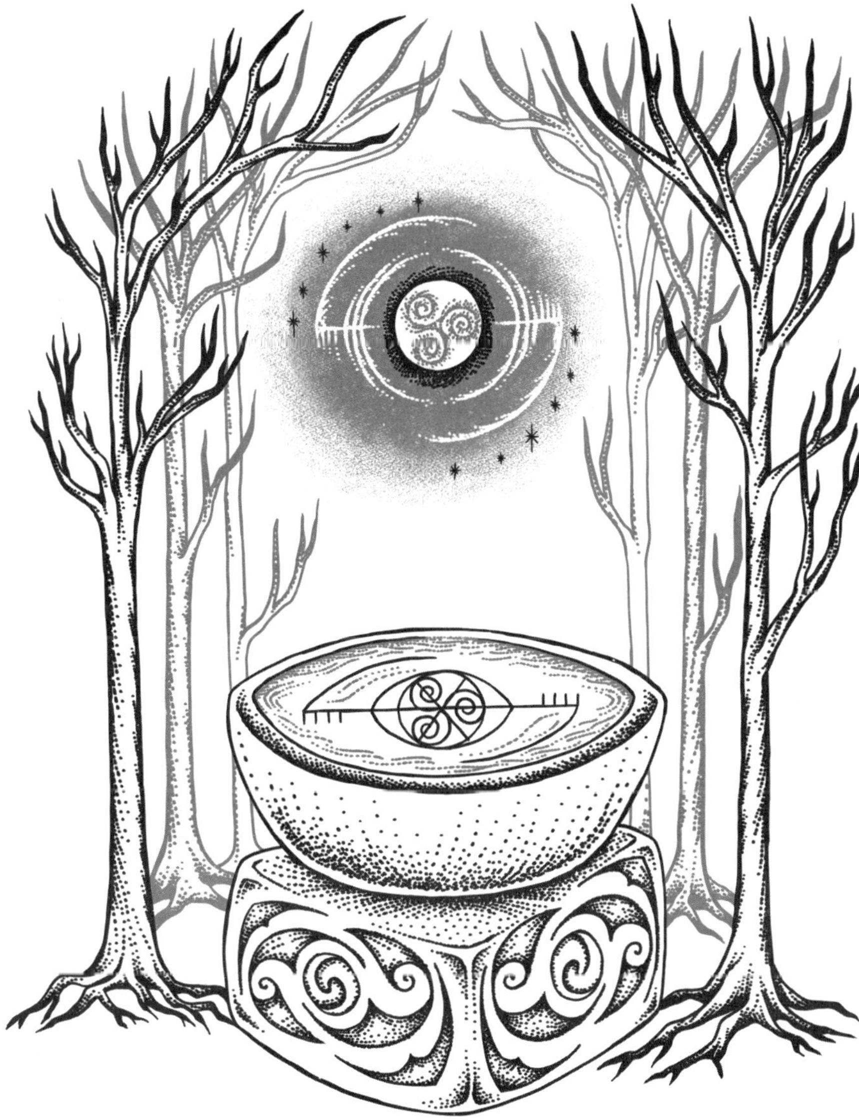

Ilustração do sigilo para a Vidlua

Não há mitos ou histórias registradas para *Vidlua*; o mais próximo que temos são as breves descrições de *Fedelm* nos textos irlandeses. *Vidlua* chegou até mim quando comecei a trabalhar no que se tornou o sistema de adivinhação baseado em letras celtas *Viduveletia* (apresentado no próximo capítulo). Sua presença é caracterizada por uma profunda percepção espiritual, dando impressão de olhos brilhantes e prismáticos com um olhar penetrante, lembrando a descrição irlandesa de que *Fedelm* tinha olhos de muitas cores com três pupilas em cada olho.[187]

Vidlua é um espírito de vidência e transe visionário, encantamento em poesia e adivinhação. Ela é um espírito coletivo que incorpora e personifica o papel de *Vidlua*, a vidente, e contém e acessa o conhecimento coletivo de todos os indivíduos que desempenharam esse papel no passado. Invoque-a para ajudar na inspiração poética, na adivinhação e no transe visionário. Seu sigilo combina letras celtas relacionadas a ela (*Ratis* e *Vlatus*) e o Ogham *Coll*, para "sabedoria". Sua forma é inspirada na história de *Fedelm*, onde ela é descrita como tendo três pupilas em cada olho, como uma forma de transmitir o poder visionário de sua visão. Ela é ilustrada aqui em uma cena iluminada pela lua cheia, evocando seu olhar brilhante, que se reflete em uma tigela que pode ser usada para vidência, cercada pelas árvores de um bosque sagrado.

História

um rito de profecia oracular

As velas estão acesas. O aroma fresco das ervas que usamos para borrifar a água abençoada por toda parte ainda permanece no ar. As portas são fechadas. Começam as orações, invocando a proteção e a orientação de nossas famílias espirituais. Terminamos com invocações às Divindades que supervisionam a profecia para nós nesse rito: Vidlua, Scáthach, Manannán e Morrígan, derramando oferendas para cada uma delas.

> *Seres sagrados, guiem-nos, abençoem este espaço e o trabalho que fazemos aqui. Que os caminhos para o Outromundo sejam abertos para que possamos buscar a visão. Que os caminhos para o Outromundo sejam guardados para que possamos nos proteger do mal e da falsa visão. Abençoe nossos olhos para a visão, nossas mãos para a oração e nossas línguas para a fala.*

187. *O'Rahilly, Táin Bó Cúalnge Recension* 1, 126.

Nesta sala, alguns de nós optaram por buscar a visão e se tornar oráculos. Outros escolheram servir como guardiões, zelando pelo rito e pela segurança dos oráculos. Quando nos preparamos para abrir o espaço de transe, os guardiões se sentam nas laterais e nos cantos da sala, adotando uma postura de foco meditativo, atentos às mudanças nas presenças no espaço. Os oráculos se acomodam no anel interno, levantando véus e lenços para cobrir a cabeça – entrando em uma escuridão meditativa consagrada.

Iniciamos o cântico de indução de transe: *síd co nem, nem co doman, síd co nem, nem co doman*. Suavemente, começando em um tom um pouco acima de um sussurro. Em seguida, deixamos que ele adquira um ritmo próprio, constante e oscilante. As nossas vozes gradativamente se fortalecem. Camadas harmônicas surgem no canto e começamos a sentir a mudança à medida que os caminhos para o Outromundo se abrem: as dimensões da sala parecem se expandir, como se o chão e as paredes estivessem se dissolvendo em um espaço maior.

No ritmo do cântico, dou a primeira dica ritual: "*Nach scél laut?* Você tem alguma história?"

Demora um pouco mais, pois os oráculos ainda estão entrando em transe. Mas logo pergunto novamente: "*Nach scél laut?* Você tem alguma história?"

Uma voz responde do círculo de oráculos, um pouco rouca no início por causa dos cânticos: "Eu tenho uma história". Ela fala em frases hesitantes, fazendo uma pausa para encontrar palavras para as visões que estão surgindo. A voz nos conta o que vê no Outromundo, coisas que podem ser reais ou que ainda estão por vir. Ouço o som rápido de uma caneta arranhando o participante que se ofereceu para registrar as profecias à medida que elas surgirem.

O oráculo que estava falando parece ter chegado ao fim de sua visão. Dou um tempo para que o ritmo do cântico se reafirme antes de perguntar novamente: "*Nach scél laut?* Você tem alguma história?" Dessa forma, continuaremos por algum tempo, mantendo o espaço de transe com firmeza enquanto os oráculos falam e depois se calam.

Quando parecer que a última visão foi falada e que não haverá mais nenhuma esta noite, diminuiremos suavemente a velocidade do cântico e o deixaremos cair no silêncio. Chamarei os oráculos de volta dos caminhos do Outromundo, pedindo às nossas Divindades orientadoras e aos espíritos protetores que os ajudem a encontrar o caminho de volta para nós. Nossos guardiões verificarão cada um deles, ajudando-os com água, sal, comida e talismãs para garantir que tenham se recuperado com segurança. Fecharemos cuidadosamente os caminhos para o Outromundo e agradeceremos a todos os nossos Deuses e espíritos por sua ajuda.

Para essas mensagens que nos foram dadas pelo Outromundo, cada um de nós dedicará um tempo para analisá-las. Nenhuma profecia é completa, final ou objetiva, portanto, verificaremos nosso entendimento delas usando adivinhação e obtendo segundas opiniões daqueles em quem confiamos.

capítulo 5

Sigilos, Sinais e Adivinhação

A adivinhação é um conjunto de habilidades fundamental na Bruxaria, pois nos permite consultar os espíritos para obter orientação e informações em um formato mais concreto do que apenas a intuição. Neste capítulo, examinarei os métodos e as abordagens de adivinhação para os praticantes de Bruxaria com base nas tradições celtas, incluindo augúrio, bem como conjuntos de símbolos lexicais. Também explorarei o uso desses conjuntos de símbolos como selos mágicos e a arte da criação de sigilos.

A adivinhação pode ser encontrada em um grande número de tradições espirituais. Na cultura Neopagã Contemporânca, ela é onipresente, talvez mais comumente na forma de Tarô e outros baralhos de cartas oraculares. Como acontece com muitas práticas culturais, o sistema de crenças subjacente ao seu uso geralmente não é articulado. As estruturas para entender como a adivinhação funciona, por que ela é consultada e de onde vêm seus insights variam. Alguns a entendem como um método de comunicação consagrado com Divindades de uma determinada tradição. Outros a descrevem em termos de acesso à sabedoria do "universo/arquétipos/mente coletiva". Outros ainda a veem simplesmente como uma ferramenta para articular o que sua própria mente subconsciente já sabe.

Para esta prática, minha intenção é desenvolver uma estrutura animista e baseada no espírito para uma prática de adivinhação. Nos paradigmas culturais celtas, o mundo é vivo e cheio de seres espirituais. A adivinhação existe para facilitar a comunicação e a comunhão com os poderes sagrados dos Deuses, espíritos e reinos vivos. Nos tempos pré-cristãos, a perícia divinatória era principalmente o domínio dos druidas, que, em parte, nas primeiras culturas celtas, parecem ter sido entendidos como filósofos naturais, estudando a natureza e o funcionamento do cosmos, da Terra, dos céus, do Outromundo e de tudo o que se movia dentro deles.[188] As técnicas de adivinhação enraizadas nessas tradições são, portanto, voltadas para o exterior e de natureza animista; são metodologias para acessar o conhecimento e a comunicação de Deuses e espíritos que se entende existirem tanto no mundo natural quanto no Outromundo.

Augúrio e presságios

O augúrio, ou a leitura de presságios por meio da observação de fenômenos no mundo natural, era uma tradição amplamente comprovada nas culturas celtas, algo que elas compartilhavam com muitas outras culturas antigas. Parece ter havido um foco especial no augúrio de pássaros, pelo menos nos registros que restaram.

Os primeiros monásticos irlandeses condenavam esse tipo de augúrio, especialmente com relação à leitura de presságios nas vozes dos pássaros, sugerindo conotações pagãs. Um poema *lorica* irlandês antigo atribuído a Columcille rejeita a prática e a associa à adivinhação: "Eu não adoro as vozes dos pássaros, nem espirros, nem sorte neste mundo, nem um menino, nem presságios, nem mulheres. Meu druida é Cristo, o Filho de Deus".[189] A maioria desses itens mencionados parece ser formas de adivinhação que um cristão correto da época teria abjurado: vozes de pássaros, espirros, sorteios, presságios, etc.

Corvos, em particular, parecem ter sido especialmente associados à adivinhação: um ramo do augúrio irlandês era chamado de *fiachairecht*, "sabedoria dos corvos", e registrado em um tratado medieval de adivinhação ao lado de outro que especificava o augúrio através do comportamento das aves. O texto

188. Koch and Carey, *The Celtic Heroic Age*, 18.

189. Best, *Prognostications from the Raven and the Wren, 120*

sobre a sabedoria dos corvos identifica augúrios baseados em comportamentos e chamados de "voo selvagem":

> Se o chamado for de uma pedra, são notícias de morte de um *aitheci* (camponês). Se o chamado for de uma árvore alta, então são as notícias de morte de um jovem senhor. Se for do topo da árvore, são as notícias de morte de um rei ou de um jovem de linhagem nobre. Se o acompanhar numa viagem ou à sua frente, e se estiver alegre, sua viagem será próspera e lhe será dada carne fresca. Se vier pela esquerda e o chamado vir antes de você, é um homem condenado a quem ele chama assim, ou é o ferimento de alguém da companhia. Se estiver diante de você quando estiver indo para uma assembleia, haverá um levante nela.[190]

Da mesma forma, o texto também especifica previsões sobre o comportamento do corvo em espaços domésticos:

> Se o chamado for por cima da cama do homem de bem, do lugar onde suas armas estão, e ele estiver de partida para uma viagem, não voltará são e salvo; mas se não houver o chamado, ele voltará bem. Se for a mulher que está prestes a morrer, é do travesseiro que vem o chamado. Se chamar do pé da cama do homem, seu filho, seu irmão ou seu genro virá à casa. Se ele chamar da beirada da dispensa onde os alimentos são guardados, haverá aumento de comida a partir do quadrante de onde for o chamado, isto é, carne ou a primeira ordenha das vacas.[191]

A suposição de que os corvos estariam pulando pela casa com frequência suficiente para desenvolver um sistema de adivinhação com base em seu comportamento aponta para a domesticação. Acredita-se que os corvos podem ter sido mantidos como animais parceiros para fins de adivinhação. Evidências arqueológicas sugerem uma prática semelhante na Grã-Bretanha da Idade do Ferro; os restos mortais de corvídeos idosos e aparentemente domesticados

190. Best, *Prognostications from the Raven and the Wren*, 124.
191. Best, *Prognostications from the Raven and the Wren*, 123–124.

foram encontrados em covas de sepultamento em contextos que sugerem uma deposição ritual intencional.[192]

O augúrio por meio do comportamento dos corvídeos também pode ter sido conhecido entre os celtas continentais. O historiador Lívio descreve um duelo entre um guerreiro gaulês e um tribuno romano em que o aparecimento de um corvo que voou e pousou na cabeça do romano durante a luta foi visto como um presságio de vitória.[193] Pode ser relevante mencionar aqui que a lenda da fundação da cidade galo-romana de Lugdunum atribui seu nome ao aparecimento de um bando de corvídeos, interpretado como uma mensagem de Lugos, associado aos corvos.[194]

Além do augúrio de pássaros, há referências a outros presságios de animais em uso nas primeiras culturas celtas. Diz-se que a rainha Boudica, na Grã-Bretanha celta, soltou uma lebre durante sua invocação antes da batalha. A corrida da lebre pelo campo de batalha foi interpretada como um presságio para a luta que se aproximava; acreditava-se que o exército para o qual ela corria era o favorito para a vitória.[195] Os cavalos sagrados eram mantidos em associação com os ritos da realeza em várias culturas antigas e observados em busca de presságios. Nos rituais para a realeza de Tara, na Irlanda, o comportamento dos cavalos sagrados era lido para se obter presságios sobre a virtude do rei e as perspectivas de seu reinado. A obra *Germania*, do historiador romano Tácito, descreve a manutenção de cavalos brancos sagrados em santuários, que eram considerados como tendo poderes divinatórios, cujos movimentos eram lidos para detectar presságios.[196]

O princípio operativo aqui é o dos animais que são particularmente sagrados ou que se considera estarem na comitiva das Divindades das quais se está buscando sinais. Seu comportamento, quando contextualizado corretamente, pode ser entendido como portador de mensagens dos reinos com os quais estão relacionados. O contexto é fundamental para colocar isso em prática. O comportamento comum, por exemplo, dos corvos – que povoam a maioria das cidades – enquanto realizam seu trabalho diário de vida corvídea, não é

192. Serjeantson and Morris, *Ravens and Crows*, 100.
193. Beck, *Goddesses in Celtic Religion*, 594-595.
194. Beck, *Goddesses in Celtic Religion*, 131.
195. Koch and Carey, *The Celtic Heroic Age*, 46-47.
196. Waddell, Archaeology and Celtic Myth, 108-109.

necessariamente uma mensagem dos Deuses só para você. O augúrio funciona quando ritualizamos e contextualizamos nossa busca por presságios. Isso pode significar iniciar a busca de presságios com uma oração ou outra ação de enquadramento ritual e, então, o próximo comportamento animal visto pode ser interpretado como um presságio. Em alguns casos, conforme observado, isso pode significar a contenção ou a liberação ritualizada de um animal e seu comportamento observado nesse contexto. Os presságios podem vir sem serem solicitados, mas geralmente não no comportamento diário normal dos animais; o sinal de que o comportamento do animal pode representar uma mensagem é quando ele é único e fora do comum para aquela espécie ou quando parece estar focado exclusivamente em você.

Feitiço em madeira

Outro tema recorrente é o uso de bastões de madeira ou peças de madeira inscritas, conhecidos como "sortes", para adivinhação. Relatos de vários tipos de adivinhação utilizando sinais inscritos em lotes de madeira são encontrados em todas as regiões celtas, desde a Irlanda até o Continente.

Alguns textos irlandeses antigos mencionam a adivinhação usando "chaves do conhecimento" feitas de madeira. Em *The Wooing of Étaíne* (*O Cortejo de Étaíne*), o druida Dalan usa quatro bastões de teixo inscritos com sinais Ogham para descobrir o paradeiro de Étaíne. "O druida pegou quatro varas de teixo e nelas escreveu Oghams, e por suas chaves de sabedoria poética e através de seu Ogham, ele adivinhou que Étaíne estava em Bri Leith com Midir."[197] O termo usado para essa prática é *crandchur*, literalmente "lançar na madeira", e também é um termo comum usado para adivinhação ou jogos – seu cognato no irlandês moderno é a palavra contemporânea para "loteria". Da mesma forma, *The Second Vision of Adomnán* (*A Segunda Visão de Adomnán*) menciona *fídlanna*, "adivinhação em madeira" como uma prática dos druidas e pagãos na Irlanda antiga, que é rejeitada pela Igreja.[198]

As referências ao Ogham são especificamente medievais, não pré-cristãs, visto que o uso mais antigo documentado do Ogham é por volta do século

197. Leahy, Heroic Romances, Vol. I, 21.
198. Volmering, "The Second Vision of Adomnán," 662-663

4 EC. Entretanto, o vínculo cultural entre o uso de sortes de madeira e o conhecimento divinatório é provavelmente muito mais antigo do que o Ogham como um conjunto de símbolos específicos para a construção dessas peças. Fontes medievais galesas também preservam essa associação de adivinhação com varas de madeira no termo *coelbren*, "vara de presságio".[199] Tácito descreve um rito entre as tribos continentais na Idade do Ferro: "Eles cortam o galho de uma árvore que dá nozes e o fatiam em tiras, que são marcadas com diferentes sinais e lançadas completamente ao acaso sobre um pano branco. Em seguida, o Sacerdote (...) faz uma oração aos Deuses e, olhando para o céu, pega três tiras, uma de cada vez, e lê o significado a partir dos sinais previamente marcados nelas."[200] A preferência aqui por uma madeira de árvores que produzem nozes pode ser um paralelo à crença tradicional irlandesa na aveleira como árvore do conhecimento.

Os artefatos de madeira sobrevivem mal no solo, portanto, a falta de qualquer conjunto de fundição de madeira reconhecível no registro arqueológico não é muito surpreendente. Ainda assim, a difusão desse conceito nas culturas celta e germânica parece refletir uma associação cultural bastante antiga.

Viduveletia

O *Viduveletia* é um sistema contemporâneo de adivinhação de letras celtas criado para atender à necessidade de uma ferramenta de adivinhação simbólica baseada em letras, semelhante às runas germânicas, mas adequada às práticas politeístas e mágicas celtas e enraizada em um léxico espiritual e mítico amplamente celta. Trata-se de uma inovação contemporânea, desenvolvida por mim em colaboração com *Viducus Brigantici Filius* e *Segomâros Widugeni*, a partir de 2015.

Esse sistema não tem a pretensão de ser histórico, mas tem como base a tradição. Conforme observado na seção anterior, a ideia de adivinhação com símbolos de letras é antiga, aparentemente tendo sido usada na Gália, na Germânia e no início da Irlanda. A adivinhação por meio de letras também é atestada na Grécia antiga. Entretanto, os detalhes do sistema gaulês foram perdidos. Para

199. Mees, Celtic Curses, 4520.
200. Waddell, Archaeology and Celtic Myth, 27.

preencher essa lacuna, de certa forma voltamos a criar um sistema usando um alfabeto atestado do período, a escrita lepônica.

Essa escrita, às vezes também chamada de "alfabeto de Lugano" (devido ao local na Suíça onde foi identificada pela primeira vez), foi usada para escrever o lepôntico, um idioma celta primitivo falado na região dos Alpes no último meio milênio AEC e, por fim, assimilada ao gaulês.[201] O lepôntico foi a primeira língua celta a ser escrita, acredita-se que as letras dessa escrita tenham se desenvolvido com base no alfabeto etrusco. Elas compartilham algumas letras e formas semelhantes com as escritas rúnicas, pois ambas são derivadas dos primeiros alfabetos itálicos. O lepôntico está extinto como língua viva, mas a escrita lepônica foi revivida por alguns praticantes modernos do politeísmo celta (incluindo eu mesmo) para uso na escrita, como sinais mágicos e na adivinhação.

O *Viduveletia* é composto por dezoito letras chamadas *prinni*, divididas em grupos com base no alinhamento com a cosmologia dos Três Mundos:

- Mundo Inferior, relacionado aos poderes ctônicos e ancestrais.
- Mundo Médio, relacionado às forças humanas e sociais e aos seres que compõem o mundo vivo.
- Mundo Superior, relacionado aos poderes celestiais e às Divindades.
- E o grupo Liminal, representando as forças que são liminares ou mediadoras entre os reinos.

201. Stifter, *Ancient Celtic Epigraphy and Its Interface with Classical Epigraphy*, 102–103.

O Mundo Inferior

Grupo do Mundo Inferior da Viduveletia			
Nome	**Símbolo**	**Letra**	**Significados Gerais**
Dubnos		D/Z	Escuridão, o profundo, os reinos abaixo. Poder druídico surgindo do Outromundo. Poderes e espíritos ctônicos.
Corios		C/K	Exército, grupo de guerreiros. Batalha, combate, conflito. Coragem, valor guerreiro. Regalias de guerra. Barulho de batalha. Poderes e divindades da batalha.
Lugion		L	Juramento, obrigação com o Outromundo. Locais aquáticos de oferenda votiva, lago, pântano, turfeira. Relâmpago – luz do Outromundo. Divindades do juramento.
Orbion		O	Herança, memória, transmissão da tradição. Antepassados e descendentes. Linhagem ancestral ou caminho. Inspiração dos antepassados. Heroicos. Divindades da eloquência, inspiração heroica.
Iugon		I	Junta, escravidão, trabalho árduo. Junta do tempo – ciclos do tempo. Obrigações transmitidas dos velhos aos jovens. Dureza, ligação, obstáculos, estase, condição fixa. Divindades e poderes do tempo, idade.

O Mundo Médio

Grupo do Mundo Médio da Viduveletia			
Nome	**Símbolo**	**Letra**	**Significados Gerais**
Bitu		B	Vida – o mundo vivo. Leite materno, nova vida, nutrição, renovação. Poesia – inspiração que jorra. Primavera – ritos de renovação. Divindades da renovação, inspiração.
Pritios		P	Criatividade – moldagem de coisas novas. Fogo na cabeça, sede de inspiração criativa. Caldeirão – lugar de criação e remodelação. Divindades poeta-herói, divindades do caldeirão e da criação.
Vlatos		W/V	O soberano. Banquete, generosidade como uma obrigação de liderança. Videntes visionários que orientam líderes. Divindades do conhecimento e da profecia. Divindades da riqueza e da soberania.
Gestlos		G/X	Obrigações de hóspede/anfitrião. Reciprocidade, contratos, troca de promessas. Refém, hóspede vinculado por promessa. Oração vinculativa, obrigação ritual, proibição. Obrigações e laços transmitidos através do parentesco.
Touta		T	A tribo – laços de comunidade. Habilidade, artesanato, tecnologias e artes que sustentam a tribo. Trovoada – barulho de martelos. Divindades e poderes do trovão e tempestade. Divindades da metalurgia/artesão. Divindades tutelares.

O Mundo Superior

Grupo do Mundo Superior da Viduveletia			
Nome	**Símbolo**	**Letra**	**Significados Gerais**
Albios		A	Céu, paraíso, reino celestial. Árvore do mundo que sustenta os céus. Guardiães das pessoas e dos recursos. Liderança; status conquistado através do serviço. Sacrifícios de um líder em serviço ao seu povo. Divindades da liderança e do sacrifício.
Sonnos		S	O sol, poder solar. Ciclos solares, sazonalidade, o ano. Verão – tempo do sol. Cura, purificação, fontes de cura. Divindades e poderes do fogo solar, calor, cura.
Nemetos		N	Santuário – recinto sagrado contendo poder. Mistério, o invisível, noite, escuridão. Mistérios iniciáticos, amarrações e vínculos. Isolamento, vulnerabilidade, nudez. Estrangeiro – alguém fora dos limites. Divindades do santuário.
Uros		U	Antepassados, seres elevados. Veneração e honra aos ancestrais. Touro primordial – primeiro ser cujo corpo forma a paisagem da criação. Força surgindo da terra. Divindades e poderes ancestrais. Divindades de lugares elevados.
Đira		Đ/TS	Estrela; rio de estrelas. Galáxia Via Láctea," o Caminho da Vaca Branca". Serpentes e regeneração. Deusa/vaca criadora. Divindades e poderes da criação, regeneração.

O Liminal

Grupo Liminal da Viduveletia			
Nome	**Símbolo**	**Letra**	**Significados Gerais**
Ratis		R	Rath, fortificação, proteção do sagrado. Aquilo que é guardado, secreto, oculto. Lei, governança correta, soberania. Carro, veículo liminar e símbolo de poder. Divindades da soberania e do poder do Outromundo. Divindades do carro.
Matir		M	Maternidade, linhagem materna. Liminaridade, mediação entre mundos, facções, poderes. Arquétipo da "Dama com uma taça de hidromel". O tecer do destino. Divindades maternas e matronais. Hidromel, soberania e divindades do tecer do destino.
Epos		E	Cavalo como símbolo de poder, riqueza e fertilidade. Cavalo como veículo do guerreiro, proteção de terras e territórios. Cavalo como psicopompo/veículo espiritual, viagem espiritual. Divindades e poderes do cavalo de marcialidade e proteção territorial.

Adivinhação

A adivinhação pode ser útil para verificar, corrigir ou aprofundar percepções obtidas por meio de qualquer outra forma de prática espiritual. Para o politeísta, a adivinhação tem a ver com relacionamento; é uma comunicação com uma Divindade, um espírito ou um grupo de espíritos. É útil trazer essa consciência de relacionamento para a prática da adivinhação. Assim, a adivinhação não é simplesmente uma busca vaga e aberta, mas uma linguagem para uma conversa articulada com os Deuses e espíritos. As perguntas a serem feitas para ajudar a desenvolver a prática podem incluir: quem você deseja consultar? Qual é o idioma nativo ou o contexto cultural e, com base nisso, quais ferramentas podem ajudar a traduzir a comunicação deles? Qual é o domínio de conhecimento ou influência deles? Como você pode convidar para conversar especificamente essa Divindade em vez de outras?

Essa abordagem politeísta pode ajudar a identificar ferramentas e métodos de adivinhação que sejam adequados. Às vezes, os espíritos e as Divindades acham útil ter ferramentas relacionadas ao idioma ou ao léxico cultural em que estão enraizados, o que lhes permite um vocabulário mais refinado para se comunicarem conosco. Por exemplo, os espíritos irlandeses podem reagir bem ao Ogham, como um léxico simbólico familiar. Entretanto, isso não significa que estamos limitados a métodos antigos ou tradicionais. Os antigos inovaram e adotaram novos métodos de outras culturas que contataram; nós também somos livres para fazer isso. O conjunto *Viduveletia* descrito na última seção é uma inovação desse tipo. Quase tudo pode ser eficaz como ferramenta de adivinhação, desde que seja aceitável para os Deuses ou espíritos com os quais você deseja se comunicar. Os sistemas de adivinhação são como modos de linguagem, sua utilidade é proporcional ao nível de conforto das partes que estão tentando se comunicar.

Também é útil considerar os diferentes tipos de comunicação que os métodos de adivinhação oferecem. A mensagem é sempre moldada pela linguagem – pela capacidade ou limitação que essa linguagem específica tem em expressar ideias. Costumo classificar os sistemas de adivinhação com base na maneira como os significados são transmitidos, dividindo-os em três categorias funcionais: visionário, simbólico ou verbal e binário.

Os modos visionários de adivinhação baseiam-se na entrada em um estado de receptividade, facilitando o surgimento de impressões, imagens ou visões. Nesse grupo, coloco métodos como a incubação tradicional de sonhos e os ritos de adivinhação visionária mencionados anteriormente. Os métodos de observação visual, como a vidência, e talvez algumas formas de augúrio visual, também se enquadrariam nesse grupo. A fonte da qual os significados são extraídos nesse tipo de método de adivinhação é a mente do vidente e os poderes com os quais ele está em comunhão espiritual. Os modos de adivinhação visionária oferecem a mais ampla flexibilidade em relação ao que os espíritos podem mostrar, sendo limitados apenas pelo que o vidente é capaz de perceber e articular. Entretanto, essa flexibilidade traz riscos, pois esses modos são especialmente vulneráveis à projeção e a serem filtrados pelas suposições e lentes culturais do vidente. É tentadoramente fácil ver exatamente aquilo que se está procurando ou que já se acredita ser verdade. Em parte, é por isso que o estado de transe ritualizado é importante; é ele que leva o vidente a um estado incomum de consciência no qual, espera-se, o conteúdo de sua visão possa ser proveniente não da própria personalidade, mas do Outromundo transpessoal para o qual ele se abriu.

Já os modos simbólicos ou verbais de adivinhação dependem do uso de um conjunto estruturado de símbolos ou léxico do qual as mensagens são extraídas e que orienta sua interpretação. Os métodos tradicionais, como o Ogham ou o sortilégio de runas, enquadram-se nesse grupo, assim como a "fundição em madeira" não especificada descrita em *The Wooing of Étaíne* (*O Cortejo de Étaíne*), ou os sinais inscritos em madeira de nogueira atribuídos a Druidas e Sacerdotes antigos, e também a moderna *Viduveletia*. Eu incluiria o Tarô e outros baralhos de cartas oraculares nesse grupo, bem como a adivinhação bibliomântica usando textos ou livros. O núcleo funcional aqui é um léxico de significados predeterminado e estruturado, dos quais se retiram interpretações por meio de algum tipo de ferramenta aleatória, como dados lançados, pedras, bastões, conchas ou cartas embaralhadas. O léxico estruturado ajuda a organizar a comunicação, fornecendo um vocabulário de significados e mensagens prontamente disponíveis e, muitas vezes, também alinhado culturalmente. É evidente que essa estrutura também limita o que pode ser transmitido com ela.

A adivinhação binária concentra-se no uso de itens que fornecem dois resultados possíveis e, portanto, podem produzir uma resposta do tipo SIM-NÃO. Esse binário também pode se expandir para representar um espectro de respostas, desde respostas fortemente positivas e fortemente negativas até as mais fracas, bem como redirecionamentos como "sem resposta" ou "pergunta errada". As práticas binárias tradicionais geralmente empregam objetos naturais, como de três a oito moedas, conchas, bastões ou outros objetos de dois lados, sendo que um lado representa o positivo e o outro o negativo. Como alternativa, o modo binário encontrado nas tradições folclóricas irlandesa e escocesa envolve o uso de três pedras de cores diferentes em vez de objetos idênticos com dois lados; aqui, as três cores podem representar *sim*, *não* e *talvez* (ou a terceira pode representar a ausência de resposta).[202] Modos binários como esses podem ser muito úteis para a clareza na resposta a perguntas diretas e também são inestimáveis para testar e confirmar o conhecimento obtido de outras fontes. Poder perguntar aos espíritos "Será que interpretei isso corretamente?" é uma ferramenta incrivelmente poderosa contra o viés de confirmação em todas as práticas espirituais.

Considerando que cada tipo de método de adivinhação tem seus pontos fortes e suas limitações, o ideal é que uma prática de adivinhação realmente robusta inclua ferramentas que representem todos os três modos – adivinhação visionária, simbólica e binária. É claro que uma abordagem politeísta também levará em conta quais métodos de adivinhação são favorecidos pelas Divindades específicas com as quais você está se consultando.

Isso me leva de volta àquela questão crucialmente importante: "A quem você está consultando quando usa a adivinhação?" Como já disse, a adivinhação é uma conversa com espíritos. Se você não especificar quais espíritos, o ato de adivinhação pode não ser muito mais do que o equivalente espiritual de ir a uma rua lotada e gritar suas perguntas para qualquer pessoa que queira responder. Você pode obter uma resposta útil, mas não é confiável. Alguns sistemas de adivinhação são um conjunto de espíritos em si mesmos, ou podem ter um espírito ou Divindade que os supervisiona ou governa como um coletivo. Por exemplo, os praticantes do Ogham o reconhecem não apenas como um conjunto de símbolos, mas como uma família de espíritos tradicionalmente criados e supervisionados pelo Deus Ogma[203]. Da mesma forma, os *Viduveletia* celtas são espíritos nomeados e supervisionados coletivamente por *Vidlua* (que foi apresentado no capítulo 4). Nesses casos, os espíritos da própria ferramenta de adivinhação podem ser quem você está consultando para a adivinhação ou podem agir como intermediários úteis com qualquer outra Divindade que você queira consultar. A utilidade e a precisão da adivinhação são proporcionais à inteligência com que ela é enfocada. Portanto, essa questão de quem você está consultando deve ser a principal, tanto na preparação das ferramentas de adivinhação quanto em cada vez que você as utiliza.

---

202. Stokes, *The Irish Ordeals, Cormac's Adventure in the Land of Promise, and the Decision as to Cormac's Sword, 191; Richardson-Read, Skyrie Stanes.*

203. Carey, "Ogmios and the Eternal Word," 3.

Kit de Ferramentas do Bruxo

Ritos de Adivinhação

Depois de obter sua ferramenta de adivinhação, ela precisa de preparação espiritual antes de começar a usá-la. Primeiro, é melhor limpar a ferramenta para garantir que todos os resíduos espirituais indesejados de como ela foi feita ou das mãos de qualquer pessoa pelas quais ela tenha passado sejam neutralizados. Em seguida, ela deve ser consagrada, abençoando-a para a adivinhação com as Divindades apropriadas a ela ou com as quais você esteja se relacionando. Essa prática permite especificar quais entidades podem falar por meio dela, colocando a ferramenta sob a tutela de Deuses ou espíritos em quem você confia. É o equivalente espiritual de instalar um cadeado ou uma senha, impedindo a interferência de espíritos aleatórios indesejados quando você se senta para divinizar com a ferramenta. Essa proteção também pode ser aprimorada mediante a inscrição dos nomes dos espíritos, sigilos ou outras marcas de proteção no recipiente.

Aqui está um modelo que você pode usar para preparar uma ferramenta de adivinhação recém-adquirida ou criada:

Ritual para consagrar uma ferramenta de adivinhação

Para este ritual, você vai precisar de:

- Ferramentas para limpeza, como água abençoada ou incenso
- Sua ferramenta de adivinhação
- Um recipiente para guardar a ferramenta
- Uma oferenda adequada aos espíritos para consagrar essa ferramenta
- Uma vela

Limpe a ferramenta, a si mesmo e o espaço em que está trabalhando, aspergindo a água abençoada ou soltando fumaça sagrada.

Invoque as Divindades às quais está consagrando a ferramenta. Acenda a vela e faça uma oração a elas. Peça para se aproximarem, abençoarem a ferramenta, habitarem ela e tomarem sua guarda. Se a ferramenta tiver seu próprio conjunto de espíritos, inclua-os nesta invocação.

Faça a oferenda, convidando os espíritos que você chamou para recebê-la e se alimentarem. Toque um pouco da oferenda na ferramenta também, para consagrá-la a eles. Deixe a ferramenta repousando na presença dos espíritos por algum tempo, para continuar absorvendo a presença e as bênçãos deles.

Ao concluir o ritual, guarde a ferramenta de adivinhação no recipiente preparado especialmente para ela. Isso assegura que a ferramenta seja mantida protegida espiritualmente quando não estiver em uso.

Da mesma forma, ao se preparar para realizar adivinhação, considere abordar a prática como um diálogo politeísta com os espíritos. Para assegurar uma conversa clara e articulada, organize o espaço de comunicação utilizando práticas espirituais, da mesma maneira que faria ao se preparar para orar ou meditar. Aqui está um modelo simples que pode ser usado em sua prática de adivinhação:

Ritual de adivinhação simples

Para este ritual, você vai precisar de:

- Sua ferramenta de adivinhação
- Uma ferramenta de limpeza, como a água abençoada
- Uma pequena oferenda para os espíritos que supervisionam sua ferramenta

Comece purificando a si mesmo e a sua ferramenta aspergindo água abençoada.

Faça uma oração aos espíritos aos quais sua ferramenta de adivinhação está consagrada. Peça a eles que falem por meio da ferramenta, que o ajudem a receber o conhecimento de que precisa e que impeçam a interferência de forças hostis na comunicação. Compartilhe um pouco de oferenda para alimentá-los.

Agora você pode começar a adivinhação. Durante o processo, pense nisso como uma conversa com os espíritos. Quando terminar, encerre a sessão com orações de gratidão. Não deixe de limpar suas ferramentas e a si mesmo novamente antes de guardá-las em seu recipiente consagrado.

Esse procedimento básico de adivinhação centrado no espírito é altamente adaptável e é possível desenvolvê-lo com base no que seus espíritos preferem ou no que funciona melhor para você. Vale a pena observar que uma abordagem ritualizada como essa não significa que a adivinhação não possa ser realizada rapidamente ou em tempo real quando a situação exigir. Adoro poder levar o ritual facilmente comigo, por isso guardo minhas ferramentas de adivinhação mais usadas em um pequeno kit, que também contém um pequeno frasco de spray com água abençoada e um pequeno pote de ervas que posso usar para oferendas. Então, onde quer que eu esteja, se quiser verificar algo, posso facilmente fazer uma rápida purificação com a água abençoada, sussurrar uma oração, e polvilhar uma pitada de ervas, e estou pronto para jogar meus bastões para uma resposta rápida.

Indo mais fundo com as ferramentas de adivinhação

A visão de mundo animista que sustenta a Magia Celta pode informar como nos adaptamos ao trabalho com ferramentas de adivinhação. Ela nos convida a uma conexão cada vez mais profunda, considerando a adivinhação como um modo de relacionamento. Pense em como, em amizades íntimas, as pessoas desenvolvem uma espécie de linguagem memética particular ao longo do tempo, em que significados condensados podem ser transmitidos com uma única palavra ou frase que evoca uma memória compartilhada e tudo o que está ligado a ela. À medida que nos aprofundamos no relacionamento com nossos espíritos, a adivinhação pode se tornar esse tipo de linguagem íntima e compartilhada que é específica desse relacionamento.

Para aprofundar essa forma de adivinhação como relacionamento, considere maneiras de explorar além dos usos e significados padrão de suas ferramentas de adivinhação. Você pode tentar entrevistar seus espíritos usando a ferramenta. Faça perguntas que possam revelar algo sobre como eles se comunicarão com você. Por exemplo, "Você pode me mostrar qual sinal usaria para sinalizar X?" e, em seguida, puxe uma carta, pedra, madeira, etc. para ver o sinal preferido. Dessa forma, é possível aprender com mais detalhes como os espíritos usam a linguagem da adivinhação para se comunicar. À medida que avança, você também pode fazer isso realizando a adivinhação da maneira usual e também empregando uma ferramenta de adivinhação binária para confirmar: "Estou lendo este sinal que puxei significando que você está dizendo X. Isso está correto?" Com o tempo, esse hábito o ajudará a calibrar a forma como interpreta as mensagens por meio da adivinhação.

Outra maneira de se aprofundar na adivinhação com sistemas simbólicos em particular é praticar a meditação devocional com eles. Recomenda-se com frequência que, ao aprender um novo léxico de símbolos (como Ogham, Runas, Tarô ou similares), você passe por um ciclo de estudo e contemple um símbolo de cada vez a cada dia ou semana. Essa técnica de aprendizado pode ser usada como um modo de aprendizado relacional com os espíritos. Pegando um símbolo de seu léxico de adivinhação de cada vez, inicie uma sessão devocional com oração e oferendas a eles. Em sua oração, peça que os espíritos revelem o que esse símbolo significa e o que eles gostariam que você visse nele quando o usarem para se comunicar. Passe algum tempo em meditação devocional e faça anotações sobre o que viu. Continue fazendo isso em todo o léxico de símbolos de seu sistema de adivinhação. Esse tipo de prática pode acrescentar grande profundidade e sensibilidade à forma como você entende o que os espíritos estão comunicando em sua prática de adivinhação.

As ferramentas de adivinhação também podem se tornar uma conversa de mão dupla entre você e seus espíritos. Em uma sessão de adivinhação ou oração, além de receber as mensagens deles por meio dos símbolos, você pode responder usando a mesma linguagem. Tente selecionar um símbolo que transmita o que sente, concentre-se nele e envie-o para fora como uma oração. Quando sentir que foi ouvido, sente-se e ouça meditativamente a resposta; ou faça outra extração de adivinhação para ver a resposta.

Por fim, a adivinhação pode ser uma ferramenta incrivelmente poderosa para orientar uma prática ritual. Uma maneira tradicional de implementar essa prática é a tomada de presságios associada a sacrifícios, em que se pergunta aos Deuses como as oferendas foram recebidas e se eles estão satisfeitos. Começar a empregar essa prática pode ajudá-lo a aprender muito sobre o que melhor agrada aos seus espíritos e, assim, aprofundar seus laços com eles. Você também pode usar a adivinhação para ajudar a articular práticas rituais com a orientação de seus espíritos. Considere perguntar coisas como: "Para que um ritual realize tal e tal coisa, quais ações são indicadas? Quais são os meus fatores de risco? Que tipo de proteções ou salvaguardas devo considerar?", etc. Para cada pergunta que puder refletir durante o planejamento de um feitiço ou ritual, uma orientação útil pode vir de seus espíritos. Os significados e as imagens associados aos símbolos que você desenha para essas perguntas não explicarão tudo necessariamente, mas podem oferecer ideias concretas para a preparação de seus ritos.

Sigilos: uma estrutura Animista

Como os conjuntos de símbolos e letras usados na adivinhação são espíritos, eles também são sigilos magicamente ativos por si mesmos. Um sigilo é um sinal ou símbolo que tem consideravelmente poder mágico. O nome vem do latim *sigillum*, "selo", e entra em uso mágico por meio do ocultismo cerimonialista ocidental, com raízes nas tradições medievais de grimórios que faziam uso intenso de textos e selos latinos para conjurar espíritos.[204] Entretanto, no sentido mais amplo, como sinais usados em operações mágicas ou espirituais, os sigilos apareceram em muitas culturas e por milhares de anos. No uso contemporâneo, quando as pessoas falam de sigilos, na maioria das vezes se referem a símbolos compostos feitos pela combinação de várias letras ou símbolos, geralmente usados em conjunto com rituais para invocar ou evocar um espírito, poder ou efeito.

Muitas abordagens ocultistas contemporâneas para a construção e uso de sigilos são fortemente influenciadas por métodos cerimonialistas, refletindo as mesmas raízes medievais dos grimórios que acabamos de mencionar. Um método amplamente difundido nos círculos ocultistas e pagãos contemporâneos é escrever um nome, frase ou desejo, reduzi-lo por meio da eliminação de letras duplicadas e/ ou do uso da numerologia e, em seguida, combinar o grupo reduzido de letras em um sigilo. Dessa forma, a frase original é "ocultada", ou seja, escondida e não mais legível conscientemente. Muitos praticantes que usam esse método talvez não saibam dar crédito a Austin Osman Spare, o ocultista britânico do início do século 20, mas esse método de redução de um nome ou encantamento por meio da ocultação foi concebido por ele.[205] Sua teoria e abordagem para a criação de sigilos baseiam-se em uma compreensão muito modernista da magia como sendo conduzida pela vontade e pela intenção; a ocultação ou disfarce da inscrição é entendida como uma forma de transferir a percepção da intenção da mente consciente para o subconsciente, onde ela envolve mais direta e primordialmente a vontade do Mago.

Compartilho essa parte da história para fornecer alguns antecedentes e para contrastá-la com a abordagem que adoto para o trabalho com sigilos, que é um pouco diferente disso. O ocultismo ocidental moderno funciona bem para aqueles que o escolhem, mas está enraizado em uma visão de mundo muito diferente da cosmologia em que estamos operando. Em vez de se concentrar na vontade e na mente do Mago solitário, as abordagens celtas à magia partem de uma visão de mundo animista e operam em um modelo relacional. Todo símbolo com que trabalhamos, inclusive as letras, é um ser ou, pelo menos, uma força com a qual interagimos. Em vez de condensar e ocultar a vontade do Mago, o processo de criação do sigilo consiste em convidar os espíritos a se relacionarem para formar

204. Merriam-Webster.com Dictionary, "s.v. 'sigil'."
205. Grant, *Austin Osman Spare: An Introduction to His Psycho-Magical Philosophy*.

uma aliança moldada que é codificada visualmente pelo sigilo. Por meio do uso do sigilo, podemos fazer contato e colaborar com essas forças ou espíritos para ativar esses relacionamentos. É uma magia de relacionamento, uma aliança.

Fontes de Símbolos

Qualquer léxico de letras, números ou símbolos podem ser usados para criar sigilos. Como politeísta celta, costumo trabalhar com alfabetos e conjuntos de símbolos que tenham alguma interface histórica com uma ou mais culturas celtas. Alguns praticantes acham útil se concentrar naqueles que têm espíritos estabelecidos que os habitam e tradições para trabalhar com eles. Entretanto, também há um trabalho divertido e frutífero a ser feito ao explorar léxicos menos estabelecidos. Em minha prática pessoal, costumo trabalhar com três escrituras primárias, acrescentando outras matrizes às vezes, quando acho útil.

O primeiro é o Ogham, que às vezes também pode ser visto em sua grafia mais antiga, *ogam*. Essa é uma escrita irlandesa que data aproximadamente do século 5 EC em diante.[206] As inscrições em Ogham também foram encontradas na Escócia, no País de Gales e no Oeste da Grã-Bretanha, bem como nas ilhas externas entre a Grã-Bretanha e a Escandinávia, incluindo Shetland e até mesmo na Islândia.[207] Grande parte de seu uso inicial, pelo menos para o qual existem evidências, foi para criar inscrições em pedras memoriais, principalmente em irlandês primitivo. No início do período medieval, ele passou a ser usado também como escrita para cifras, mensagens e registros. Vários sistemas de *kenningar*, ou significados individuais de letras, foram registrados nas primeiras versões de manuscritos irlandeses, juntamente com exemplos abrangentes de como a escrita poderia ser adaptada para codificar diferentes tipos de informações.

Em segundo lugar, também utilizo a escrita lepônica da Idade do Ferro, como visto no sistema de adivinhação *Viduveletia* apresentado anteriormente neste capítulo.

E em terceiro lugar, eu trabalho com as runas, um sistema alfabético germânico historicamente utilizado a partir do primeiro século EC em diante.[208] Originário do noroeste da Alemanha, provavelmente foi baseado em escritas

206. The Discovery Programme-Centre for Archaeology and Innovation Ireland, *Ogham in 3D.*
207. Institute of Archaeology-University College London, *Celtic Inscribed Stones Project.*
208. Museum of Cultural History-University of Oslo, *The Origin and Development of Runes.*

itálicas antigas trazidas para a região por meio do contato com os romanos. O alfabeto rúnico germânico primitivo se desenvolveu em diversas variantes, espalhando-se pela Escandinávia e sendo usado com a língua nórdica antiga, e continuando no período medieval com formas góticas e anglo-saxônicas. As primeiras evidências indicam que as runas eram usadas como sinais mágicos e também como uma escrita; seu uso histórico como sinais divinatórios antes do período moderno é uma questão de debate acadêmico.

É claro que há muitas outras fontes de símbolos que podem ser usadas na criação de sigilos para uma prática mágica celta. As letras gregas também foram usadas desde o início para escrever inscrições celtas e o alfabeto grego tem uma rica história própria como léxico para adivinhação e escrita mágica. E não estamos limitados aos alfabetos – há uma grande variedade de outros símbolos que podem fornecer material para a criação de sigilos. As formas pictográficas e abstratas encontradas na arte celta e pré-céltica também podem informar a prática: espirais, rodas, dispositivos de chave, marcas de copos e anéis e outros padrões. Os sigilos também podem incluir imagens representativas simples, e são muitos os exemplos disso na história: olhos, sóis ou estrelas, serpentes e animais, e muitos outros.

Vale a pena nos concentrarmos nos motivos das combinações de diversas origens culturais. Já mencionei a inclusão de sinais de fontes irlandesas, gaulesas, germânicas, escandinavas e gregas, e o entrelaçamento não precisa parar por aí. Esse entrelaçamento de culturas não é um fenômeno moderno. Historicamente, muitos exemplos de criação de sigilos ocorreram na interseção de culturas. Parece haver uma fertilidade que ocorre quando diferentes léxicos culturais são reunidos. De fato, ao analisar as histórias desses diferentes manuscritos e conjuntos de símbolos, fica claro que eles nunca existiram isoladamente.

Por exemplo, há exemplos fascinantes de criação de sigilos complexos na interseção de influências culturais gaélicas e nórdicas. Historicamente, a interseção dessas culturas é bem comprovada, resultante do amplo contato entre a Escandinávia, a Islândia e as ilhas ocidentais, incluindo a Irlanda, a Grã-Bretanha e as ilhas escocesas. Essa intersecção de culturas encontrou seu caminho nos padrões de uso de roteiros escritos e mágicos. O Ogham complexo aparece no *The Book of Ballymote*, incluindo versões que incorporam runas nórdicas, enquadradas como um tipo de cifra Ogham, *ogam lochlannach* ou "Ogham dos nórdicos".[209] Há inscrições combinadas de Ogham e pedras rúnicas, como a Pedra Killaloe no condado de Clare,

209. Royal Irish Academy, The Book of Ballymote.

Irlanda.[210] Da mesma forma, a Pedra de Bressay, em Shetland, apresenta entalhes no estilo picto com uma inscrição em Ogham que registra uma combinação da língua gaélica antiga e do nórdico antigo.[211] A Caverna do Paraíso, na Islândia, apresenta inscrições tanto em Ogham quanto em runas em suas paredes.[212] Esse entrelaçamento cultural floresce vividamente nos *galdrastafir bind-runes* encontrados nos grimórios islandeses medievais – complexos e belos sigilos mágicos que parecem incorporar influências tanto das tradições rúnicas quanto das ogâmicas.[213]

Alguns símbolos compostos interessantes também aparecem em inscrições de tábuas de maldição que são o produto da fusão cultural. Chamadas de *defixiones* em latim e *katadesmoi* em grego, essas petições mágicas inscritas e depositadas em locais energizados originaram-se como uma prática mágica nas culturas mediterrâneas da Grécia e Roma, mas a prática foi difundida por toda a área de expansão romana, incluindo o Egito e o Oriente Próximo, bem como a Gália e a Grã-Bretanha. Junto aos textos de maldição escritos, esses objetos inscritos geralmente apresentam desenhos, figuras e sigilos, frequentemente com simbolismo em camadas e entrelaçados, combinando Divindades, espíritos e iconografia locais com esse estilo mediterrâneo de magia.

Acho que o que é mais valioso aprender com essa rica história de tradições entrelaçadas é que as práticas mágicas são animadas por essas fertilizações cruzadas e que não precisamos nos limitar a um único léxico para a criação de símbolos por causa de um senso de pureza cultural ou para evitar cruzar riachos. Os praticantes antigos parecem ter se sentido livres para entrelaçar imagens e simbolismos das diferentes estruturas culturais com as quais estavam se relacionando, e essas fusões ofereceram algumas das formas mais inspiradoras de sigilos e sinais mágicos.

sigilos como motores mágicos

Na visão de um animista, entendo os sigilos não apenas como símbolos, mas como motores mágicos condensados, vivificados com um espírito próprio. Como qualquer organismo, eles são compostos de partes interconectadas que funcionam como um todo. Também como um organismo, eles vivem e agem em diferentes escalas ou níveis, desde seus componentes internos entrelaçados até o todo.

---

210. Moriarty, *An Unusual Ogham and Runic Inscription from Killaloe, Co. Clare.*

211. Institute of Archaeology, *Celtic Inscribed Stones*, BREAY/1.

212. Katla UNESCO Global Geopark, *Paradísarhellir.*

213. Museum of Icelandic Sorcery and Witchcraft, *Magical Staves.*

Há três (ou pelo menos três!) níveis de ação nos sigilos, cada um dos quais pode representar um espírito ou conjunto de espíritos distintos. Aqui eu os descrevo em sequência, desde o nível micro ou de componente até o macro, ou o nível do sigilo como um todo.

Primeiro, no nível da raiz, há os poderes das partes componentes individuais – as letras ou sinais que juntamos para construir o sigilo. A maioria dos ocidentais não têm o hábito de ver poderes distintos nas letras individuais do alfabeto romano, por exemplo. Entretanto, em muitos outros contextos culturais, as letras ou os sinais individuais do alfabeto ou do léxico geralmente representam espíritos ou poderes distintos em seu próprio direito. Esse é certamente o caso das runas germânicas/nórdicas, do Ogham irlandês e de muitos outros. Independentemente de terem sido vistas como possuidoras desses poderes em seu contexto histórico original, certamente agora elas são, após gerações de praticantes modernos trabalharem com elas em uma capacidade espiritual. Quando você constrói um sigilo, está tecendo cada um desses poderes componentes no todo – como peças em um motor ou órgãos em um corpo, seus poderes individuais são concentrados no funcionamento do todo.

Em segundo lugar, um sigilo pode obter seu poder da palavra, do nome ou da frase que ele foi criado para transmitir. Esse pode não ser o caso de todos os sigilos, é claro. Alguns podem ser construídos selecionando letras ou runas individuais e tecendo-as diretamente em uma forma sem levar em consideração o que elas soletram juntas. O modo ocultista ocidental convencional de criação de sigilos começa nesse nível com a intenção escrita. Para um sigilo devocional, pode ser o nome do ser que se pretende invocar. Para um sigilo de magia operacional, pode ser uma palavra de poder, uma frase mágica ou um encantamento.

No terceiro nível está a forma dada ao sigilo como um todo – o padrão no qual suas partes componentes são unidas. Em minha abordagem de criação de sigilos, esse nível é decisivo. É aqui que a dinâmica que alimenta o sigilo é gerada, com base na forma e no formato que lhe são dados. Ou seja, não se trata apenas de colar as partes componentes de qualquer maneira. Para agir como um símbolo, ele precisa ter um impacto espiritual e emocional, tanto na pessoa que o usa quanto nas outras pessoas que o veem, bem como nos espíritos. Sua forma visível precisa conjurar o significado e o impacto pretendidos. Para atuar como um motor mágico, ele precisa ter suas partes unidas em uma estrutura que lhe permita mover e moldar as forças espirituais de uma determinada maneira. O que você quer que ele seja capaz de fazer e que estrutura o ajudará a fazer isso?

A maneira como ele é construído e a forma que assume determinarão como ele, por sua vez, molda e move as forças espirituais.

Funções do sigilo

A título de exemplo, aqui estão algumas das muitas funções diferentes para as quais um sigilo pode ser criado e os tipos de estruturas que o ajudam a funcionar:

Sigilos de escudo podem criar barreiras para deter ou dispersar forças espirituais. Eles podem imitar visualmente um escudo físico ou empregar uma estrutura que reúna poder e o espalhe em um campo ou barreira.

Sigilos de armadilha espiritual podem usar a complexidade para prender, emaranhar ou amarrar. Pode haver uma parte da estrutura que atrai e outra que prende. Pode haver farpas ou partes armadas do sigilo que empregam força direcionada para ferir ou neutralizar o que foi aprisionado.

Sigilos de armas podem ser feitos para concentrar e compor a força em uma forma que possa perfurar, ferir ou cortar. Eles podem ser projetados para direcionar e enviar forças para um alvo, como um projétil.

Sigilos de portas e caminhos podem ser moldados para criar aberturas ou portais, traçar caminhos para movimento e retorno ou simplesmente para sinalização e direcionamento.

Sigilos de vasos, contêineres ou poços podem ser direcionados para receber, reunir ou manter energia. Sua forma pode ser projetada para atrair forças para o interior, contenção, intensificação ou ampliação.

Sigilos para visão e percepção podem seguir a forma de um olho, pupila ou lente – abrindo, focalizando, atraindo a luz. Da mesma forma, os sigilos para afastar o mau-olhado geralmente assumem uma forma como essa.

Sigilos para crescimento e expansão podem assumir a forma do brotamento e da propagação das plantas, do surgimento da luz ou de uma abordagem mais abstrata com uma forma que se amplia no espaço e se projeta para fora.

Sigilos devocionais podem ter o objetivo de ajudar a fixar um espírito ou uma Divindade em um local ou em um objeto. Seu design pode se concentrar em representações visuais de símbolos dessa Divindade, colocados em uma forma orientada para a estrutura e a estase.

Esses são apenas alguns exemplos, não uma lista exaustiva. Estamos limitados aqui apenas por nossa criatividade e visão espiritual.

os sigilos são subjetivos

A estrutura e a modelagem dos sigilos para o movimento e a modelagem de forças são naturalmente subjetivas, ou seja, as opiniões variam sobre como uma determinada forma afeta a energia. Por exemplo, na escola dos bastões islandeses de *galdrastafir*, existem visões conflitantes sobre como as estruturas dentro dos bastões moldam as dinâmicas mágicas. Uma barra transversal na extremidade de um bastão indica um bloqueio de força ou um redirecionamento? Se ela tiver marcas de *hash* apontando para trás, isso indica intensificação da energia ou dispersão? A maioria das fontes históricas de sigilos mágicos não explica como eles foram construídos, então nos resta fazer hipóteses. Praticantes diversos reconstroem esses métodos de maneiras distintas.

Minha abordagem é aceitar essa subjetividade como um dado e trabalhar com ela. Do ponto de vista de um trabalhador espiritual animista, isso tem a ver com relacionamento, assim como toda magia baseada no animismo. Quando crio um sigilo, estou conjurando uma entidade espiritual ou tecendo um coletivo espiritual em operação a partir dos espíritos dos símbolos que estão sendo usados. Ou, em alguns casos, posso estar criando uma forma como expressão de um espírito ou Divindade preexistente. Quaisquer que sejam as especificidades, o trabalho com sigilos está enraizado na comunicação com um espírito ou grupo de espíritos, e é essa comunicação que orienta como o sigilo deve ser feito. Isso significa que, quando se trata de questões sobre como uma determinada forma afeta ou molda as forças mágicas, somos livres para trabalhar com nossos próprios instintos e com as diretrizes dos poderes com os quais estamos trabalhando.

Os sigilos também podem codificar gestos rituais em sua forma. Esse pode ser um método alternativo de design. Ele começa com uma estrutura visual fixa, na qual as letras do alfabeto ou do léxico são dispostas – isso geralmente é feito colocando-as em torno de um anel ou quadrado ou de várias formas concêntricas. A palavra ou encantamento é então soletrada movendo-se de letra em letra ao redor da estrutura, e o caminho percorrido para soletrar a palavra é registrado como uma forma. Esse mesmo caminho pode ser traçado no ar como um gesto ritual usando as mãos ou outra parte do corpo para invocar o espírito codificado no sigilo. Muitos dos sigilos goéticos das tradições dos grimórios são criados a partir do método do gesto ritual. Alguns praticantes contemporâneos usam o *Finn's Window*, uma estrutura medieval de anéis concêntricos para as letras Ogham encontradas no Livro de Ballymote, para gerar sigilos Ogham gestuais.[214]

Independentemente de um método gestual ser usado ou não para construir o sigilo, qualquer sigilo pode ser convertido em um gesto ritual para invocação e conjuração. Quanto mais complexo for um sigilo, mais desafiador será traduzi-lo em um gesto ritual coerente. Pode ser necessário converter as linhas rígidas em formas mais fluidas e cursivas que se ajustem à maneira como a mão se move no espaço. De uma perspectiva animista, não importa se o gesto do sigilo pode ser lido literalmente como uma imitação precisa do gesto escrito. O que importa é que o espírito ou espíritos codificados no sigilo possam reconhecer o gesto e responder.

Kit de Ferramentas do Bruxo

Criação de sigilos

Há milhares de maneiras de trabalhar com sigilos. Aqui, oferecerei apenas um caminho para criar e energizar um sigilo, com base em minha prática e maneira de trabalhar. Você pode experimentar e se basear nisso para desenvolver suas próprias formas de trabalho.

Criação de um sigilo

Identifique os componentes que formarão o sigilo. Medite sobre o seu propósito e consulte as Divindades ou os espíritos com os quais está trabalhando. Perguntas a serem consideradas: há uma fonte de alfabeto ou símbolo com a qual você deseja trabalhar? Há uma palavra, frase ou nome que está sendo codificado no sigilo? Existem letras ou símbolos apropriados para o seu sigilo com base em seus significados e poderes individuais?

Identifique a forma que o sigilo deve ter. Que impacto visual você quer que esse sigilo tenha? Há algum ser que ele deva representar e, em caso afirmativo, que imagem servirá para ele? Se o sigilo tiver o objetivo de produzir um efeito

214. Royal Irish Academy, *Book of Ballymote*, MS 23 P 12, f. 170r.

mágico, que forma lhe dará esse impacto? Para ter ideias, consulte a lista de formas sugeridas na seção anterior.

Tecendo o sigilo. Comece com uma oração ou invocação às Divindades que supervisionam seu trabalho, para que elas estejam com você na criação do sigilo. Comece a esboçar livremente maneiras de combinar as partes em um sigilo, enquanto ouve a orientação dos espíritos. Tente manter em mente a forma geral que você identificou e busque esse formato. Se não se encaixar imediatamente, continue tentando configurações diferentes. Em um determinado momento, as peças geralmente se encaixarão. Você pode sentir que uma determinada configuração esboçada parece se destacar com uma sensação de poder ou presença. Se isso não acontecer, ou se você tiver várias versões que acredita poder funcionar, poderá usar a adivinhação para consultar os espíritos sobre qual delas é a melhor.

Dedique um pouco mais de tempo para refinar a forma de modo que ela seja tão graciosa, bonita ou marcante quanto possível. Brinque com as proporções e o peso das linhas, ou experimente floreios decorativos, se isso parecer adequado. Seu sigilo não deve apenas combinar suas partes de forma eficiente, mas também parecer artístico e vivo.

Quando o sigilo estiver pronto, é hora de colocá-lo em ação, dando-lhe vida e consagrando-o ao seu propósito. A aparência disso varia muito, dependendo da finalidade para a qual criou esse sigilo. Aqui está um modelo simples de ritual que pode desenvolver de forma criativa.

Rito para energizar um sigilo

Para este ritual, você vai precisar de:

- Caneta, tinta ou uma ferramenta afiada para inscrever o sigilo
- Ferramentas para limpeza
- Uma oferenda para alimentar o sigilo, como bebidas alcoólicas, vinho, leite ou óleo
- Uma superfície para inscrever seu sigilo, como papel, madeira, metal macio ou outra superfície

Como sempre, comece com a purificação de si mesmo, dos materiais e do espaço usando água abençoada ou outro método.

Chame os espíritos que estão conectados ao seu sigilo ou ao trabalho a que ele se destina com uma oração invocatória. Peça que estejam presentes e entrem no sigilo que você criou para eles.

Inscreva, esculpa ou pinte o sigilo nos materiais que você escolher. Enquanto faz isso, pode dar vida ao sigilo. Se ele codificar um encantamento ou um nome, cante ou recite. Se o sigilo estiver associado a uma função mágica específica, fale as instruções destinadas a essa função enquanto trabalha.

Depois de inscrito, desperte o sigilo e dê vida a ele. Respire nele, traçando-o com os dedos, enquanto diz: "Eu lhe dou vida".

Alimente o sigilo com espíritos ou com uma oferenda que seja adequada à sua natureza. Você pode borrifar gotas sobre ele ou mergulhar o dedo na oferenda e usá-lo para traçar o sigilo.

capítulo 6

necromancia e trabalho com os antepassados

Neste capítulo, abordarei uma área fundamental em muitas tradições politeístas, que é proeminentemente representada nas culturas celtas: o trabalho espiritual com os mortos abrangendo os domínios da veneração dos antepassados e da necromancia.

Praticantes de magia podem querer incluir os mortos em suas relações espirituais por uma variedade de motivos. Em primeiro lugar, acho que vale a pena considerar que os mortos estão ao nosso redor, quer nos dirijamos a eles ou não. Esse não é o caso apenas dos lugares considerados mal-assombrados. Estamos cercados pelos espíritos dos mortos em todos os lugares, como parte da ecologia geral do mundo espiritual, mesmo que muitas pessoas só tomem conhecimento deles quando há um distúrbio espiritual. Isso se torna ainda mais evidente quando estamos envolvidos em uma prática mágica ativa, pois essas atividades podem despertar, agitar ou atrair todos os tipos de espíritos. É muito benéfico para nós estarmos em contato e em termos amigáveis com os espíritos ao nosso redor.

O trabalho com os antepassados e a comunicação com os mortos também podem ser uma fonte rica de benefícios mútuos tanto para os vivos quanto para os mortos. Os mortos são guardiões de um vasto poço de conhecimento – a experiência coletiva vivida e a sabedoria de centenas de gerações – e, em geral, eles querem compartilhar essa sabedoria conosco. E por terem estado vivos, geralmente estão mais próximos de nossas experiências e podem entender nossas necessidades melhor do que os Deuses ou outros seres espirituais não humanos. Os antepassados que estão conectados a você por meio da família, linhagem, luta comum ou outros tipos de parentesco tendem a ter um forte interesse no seu bem-estar e, portanto, podem ser extremamente úteis.

Por fim, e talvez o mais importante, somos responsáveis pelos mortos, especialmente por nossos próprios antepassados, cuja herança, fardos e privilégios muitas vezes carregamos. Podemos ter ancestrais que sofreram danos e opressão, deixando-nos um legado de traumas geracionais. Em muitos casos, esses antepassados podem estar tão necessitados de cura quanto nós, e somente os vivos podem ajudá-los a ter acesso a essa cura. Também somos responsáveis perante nossos ancestrais em termos do que fazemos com nossos privilégios. Por exemplo, sou de ascendência majoritariamente europeia e pessoas como eu são herdeiras dos privilégios e benefícios geracionais da branquitude, que, por sua vez, é o produto de séculos de participação de meus antepassados em sistemas opressivos. Tenho a responsabilidade de usar esse privilégio para desmantelar essas opressões e, na medida do possível, corrigir os erros de meus antepassados. Isso também pode fazer parte de uma prática de ancestralidade.

A jornada dos mortos

Muitas das histórias relacionadas aos mortos estão centradas em rituais de sacralização ou elevação. Esse é o meio pelo qual os espíritos dos mortos são ajudados a fazer a transição do status liminar e potencialmente perigoso de recém-mortos para o status coletivo, estável e sagrado de ancestrais.

Esse domínio do trabalho espiritual se concentra na compreensão de que os espíritos recém-mortos estão potencialmente em um estado vulnerável e que há diferentes caminhos para os mortos, dependendo de como esse período de transição é tratado. Idealmente, os mortos devem completar uma transição para um estado estável, sagrado e empoderado como ancestral; essa transição pode ser entendida como uma viagem para um reino ancestral, auxiliada por Divindades Psicopompo, e/ou um processo de elevação a um reino sagrado. Muitas tradições folclóricas contemporâneas, especialmente onde a diáspora africana, o catolicismo latino ou as influências espiritualistas estão presentes, enquadram esse processo em termos de elevação do espírito ou elevação do ancestral, refletindo em parte a ideia de que os ancestrais sagrados residiriam em um reino celestial. As culturas celtas tendem a ver os ancestrais como residentes no Outromundo, que geralmente é mais provável de estar situado dentro da Terra (como no Outromundo irlandês) ou no Submundo (como na cosmologia gaulesa). Portanto, em um contexto celta, esses ritos tendem a se concentrar mais na heroificação do que na elevação vertical, embora elementos de elevação também possam estar presentes.

A vulnerabilidade dos mortos, especialmente daqueles cujas mortes foram moldadas por trauma ou injustiça, significa que há o risco de se perderem, ficarem presos ou instáveis. Muitas vezes, os mortos do campo de batalha e aqueles associados de forma semelhante à violência são enquadrados na tradição como fantasmas ou vingadores ambulantes. Por exemplo, *The Adventure of Nera* (*A Aventura de Nera*) descreve o cadáver falante de um criminoso enforcado que aprisiona Nera, fazendo-o carregá-lo por um longo e desastroso conjunto de aventuras.[215] Da mesma forma, *The Boyhood Deeds of Cú Chulainn* (*Os Feitos de Juventude de Cú Chulainn*), *na Táin Bó Cúailnge* descreve um *revenant* "aquele que retorna" sem metade da cabeça, que surge do campo de batalha para atacar o garoto.[216] As hostes de espectros e horrores que acompanham as Deusas da Guerra, como Badb, podem ser entendidas como compostas por esses espíritos inquietos que se transformam em entidades aterrorizantes.

Em minha opinião, parte da função das tradições funerárias é realizar a transição adequada dos mortos para que eles possam alcançar o status de ancestrais e evitar que se tornem fantasmas ou seres aterrorizantes. Essa transição depende, em parte, do fato de os vivos oferecerem ritos de sacralização adequados para ajudá-los. Podemos identificar vários elementos distintos nesses ritos, muitos dos quais são compartilhados com outras abordagens culturais para a elevação de ancestrais: separação ou limpeza do trauma da morte, nutrição e cura, rituais de lembrança e louvor e coletivização.

Separação

A primeira fase é a separação do trauma ou da confusão do estado de morte inicial. Isso geralmente inclui a limpeza. Quando esse trabalho é integrado ao tratamento funerário do corpo, isso pode incluir sua lavagem física. Em casos em que a prática é voltada ao espírito após o funeral, pode-se optar por purificar objetos que foram do falecido ou que o representam. Alternativamente, o ritual

215. Meyer, *The Adventures of Nera*, 215-217.

216. O'Rahilly, *Táin Bó Cúalnge Recension 1*, 138-139.

pode se concentrar em locais específicos que, acredita-se, reterem ou estarem ligados ao espírito, necessitando de uma libertação.

A separação também pode envolver rituais de luto e lamentação, a exemplo das tradições de pranto da Irlanda, que atuam tanto como catarse para os vivos quanto por um meio de exorcizar e transformar o trauma dos mortos. Portanto, uma pessoa falecida que não recebeu o luto adequado, pode necessitar de pranto ou de outra forma de lamento vocal para ser libertada de seu estado liminar e prosseguir em sua trajetória. Esta fase pode também envolver a ajuda de Divindades Psicopompo, para realocar o espírito a um lugar seguro e apropriado no reino ancestral. É por essa razão que as imagens de pássaros e cavalos são frequentemente associadas a locais de veneração ancestral em contextos celtas – essas Divindades eram entendidas como literalmente transportando os espíritos dos mortos para os reinos ancestrais.

Nutrição

A próxima fase do processo de sacralização se concentra em fornecer nutrição e cura aos espíritos. Aqui, as oferendas e os sacrifícios são normalmente incluídos para alimentar os espíritos dos mortos e dar força, entendendo que, embora os mortos possam não ter corpos vivos, seus espíritos ainda precisam de sustento. A presença de alimentos – geralmente grandes pedaços de carne ou animais inteiros abatidos – em túmulos celtas, atesta a importância de alimentar os mortos. Essas oferendas podem tanto alimentar quanto curar. A tradição irlandesa destaca a conexão entre a cura e a nutrição por meio dos alimentos; muitos de seus ritos de cura associados à morte e ao renascimento envolvem alimentos, como o banho de carne bovina e bacon no qual Fraoch é imerso para a cura.[217] Ao lado dessas oferendas de comida e bebida, o fogo está sempre presente, oferecendo calor e luz ao espaço no qual os mortos caminham e também ajudando a iluminar o caminho para o reino ancestral.

Lembrança

Lembranças e louvores também são importantes nos ritos de sacralização ancestral. Podem ser relatadas as ações dos mortos ou as histórias de suas vidas. Historicamente, para indivíduos de alto status, esse era o papel dos poetas que compunham poemas de louvor narrando as grandes ações dos mortos. Para o

217. Waddell, *Archaeology and Celtic Myth*, 137.

povo comum, isso pode ter assumido a forma de algo mais parecido com o costume em um velório de contar histórias sobre os mortos. Os costumes de lamentação também ilustram isso, pois algumas das canções cantadas pelos pranteadores incluíam louvores aos mortos. Essas litanias de lembrança não se referem apenas a exaltar e louvar os mortos; elas também são uma parte importante do processo de transição. Contar as histórias dos mortos garante que as ações de suas vidas não sejam esquecidas, o que os ajuda a serem totalmente libertados e, portanto, a não permanecerem como *revenants*. Além disso, essas ladainhas são frequentemente compostas de modo a ajudar a posicionar os mortos na linhagem de outros ancestrais que vieram e já se foram. A recitação dessas ladainhas, portanto, ajuda a entrelaçar os mortos no relacionamento com os antepassados. Ladainhas para os mortos podem tecer uma espécie de ponte de poesia ou história por meio da qual os mortos podem encontrar seu caminho para a lembrança coletiva como um dos ancestrais.

Coletivização

Esses ritos geralmente incluem petições e oferendas aos ancestrais, para garantir que eles recebam os mortos em seu reino e para ajudar a estabelecê-los no corpo dos ancestrais como um coletivo. Em certo sentido, eles realizam uma mudança ou elevação tanto da identidade quanto da relação com o tempo, de pessoa morta recém-falecida para ancestral reverenciado e eterno. Esses ritos também ajudam a estabelecer uma estrutura espiritual estável para o relacionamento contínuo entre os vivos e os ancestrais, e entre os ancestrais e outras Divindades no reino espiritual. Essa estrutura espiritual possibilita a reciprocidade entre os vivos e os mortos: a capacidade de os ancestrais serem ouvidos e compartilharem sabedoria com os vivos por meio de ritos oraculares e de oferecerem ajuda e apoio aos vivos. Essa reciprocidade é ilustrada nas histórias do chefe oracular que orienta as comunidades por meio de discursos de sabedoria e dos centros de culto ancestral onde os vivos se reuniam para celebrar com os mortos.

Lamentação e a Jornada Espiritual

As apresentações rituais de lamentação, também conhecidas como *keening*, ocupam um lugar de destaque nas tradições funerárias das regiões de língua celta. Essa prática de lamentação é uma linha central na tradição do ritual funerário, desde os primeiros textos até os tempos históricos. Textos antigos tendem a descrever a lamentação vocal como uma função dos membros da família, com poetas profissionais também compondo poemas elegíacos para honrar os mortos. Em tempos históricos, o lamento ritual era frequentemente realizado por mulheres profissionais. É notável que os lamentos na tradição *keening* empreguem um padrão estruturado, que muitas vezes inclui formas semelhantes às da poesia *rosc* – destacando sua antiguidade e seu papel no ritual. A pesquisadora musical Narelle McCoy descreve a estrutura dos lamentos de *keening* da seguinte forma:

> O uso do estilo recitativo com uma inflexão decrescente no final de cada linha; o emprego da métrica *rosc*, que tinha linhas curtas com duas ou três articulações ligadas por rimas finais e dispostas em estrofes de comprimento desigual, o que dava ao *caoineadh* um estilo acelerado e ofegante; e a estrutura de três partes de uma *keen*, que consistia na saudação, no discurso ou súplica e, finalmente, o lamento ou choro, que era assumido pelos enlutados.[218]

A lamentação abre uma dimensão do ritual funerário que tem uma função social e espiritual. Sua função social óbvia é canalizar e vocalizar o luto da comunidade e abrir um espaço de permissão para o luto expressivo e corporificado. Ele também tem uma função espiritual de abertura de caminhos, sendo entendido como uma forma de ajudar o espírito da pessoa falecida a completar sua transição. Entende-se que o som do *keening* ou "lamento" abre portas, estradas ou caminhos no mundo espiritual e auxilia na orientação do movimento do espírito. A *bean chaointe*, ou "mulher que faz o *keening*", "habitava um estado liminar entre os vivos e o mundo dos mortos durante o período de luto", permitindo-lhe mediar entre os mundos e ajudar os mortos a fazerem a travessia.[219] As crenças populares sobre a necessidade do *keening* sugerem que uma pessoa que não tenha sido devidamente lamentada pode correr o risco de se tornar um espírito perdido ou perturbado, em vez de fazer a transição como deveria.

A função espiritual do *keening* é enfatizada por sua associação com seres espirituais na tradição irlandesa. Diz-se que o lamento foi estabelecido por Brigid quando ela começou a lamentar por seu filho Ruadán; também é realizado por

218. McCoy, *Madwoman, Banshee, Shaman: Gender, Changing Performance Contexts and the Irish Wake Ritual*, 211.
219. McCoy, *Madwoman, Banshee, Shaman: Gender, Changing Performance Contexts and the Irish Wake Ritual*, 214.

Badb e outros seres espirituais que, segundo se diz, gritam e choram, especialmente para alertar sobre uma morte iminente.[220] Além disso, é claro, há o folclore do famoso *banshee*. O termo é anglicizado do irlandês antigo *ban síd* ou do irlandês moderno *beansidhe*, "mulher fada", um epíteto comum para mulheres e Deusas do Outromundo nas sagas irlandesas. Parece que, a partir dessa tradição mitológica, durante o final do período medieval e o início do período moderno, o folclore se desenvolveu em torno dessa crença em espíritos femininos do Outromundo que apareciam lamentando e chorando para avisar sobre uma morte iminente. No início dos períodos moderno e atual, esses seres estavam ligados a linhagens familiares específicas. Às vezes também chamados de *bodhbh*, "corvo" ou *bodhbh chaointe*, "corvo que lamenta", especialmente no sudeste do país, esses seres mostram uma continuidade de crenças desde as antigas Deusas irlandesas até a noção contemporânea de um ser que desempenha um papel de luto semelhante ao de um lamentador humano.[221]

Kit de Ferramentas do Bruxo

Sacralização de Ancestrais

Existem muitas maneiras de abordar os ritos de sacralização ou elevação dos mortos. Aqui, apresentarei um ciclo ritual simplificado que pode ser usado em suas práticas. Construiremos um ritual para os mortos seguindo as quatro etapas identificadas na seção anterior: separação, nutrição, lembrança e coletivização.

Para este ritual inicial, vamos imaginar que você deseja oferecer sacralização a uma pessoa falecida recentemente. Talvez seja um membro da família ou alguém da sua comunidade, ou simplesmente alguém cujo espírito você sinta que possa precisar de assistência. Talvez o funeral oficial organizado pela família sobrevivente seja secular ou de uma tradição religiosa diferente da pessoa falecida e, portanto, não atenda às necessidades do espírito. Para este caso, vamos presumir que você não está lidando diretamente com o corpo, pois as considerações para esse tipo de trabalho estão além do escopo deste livro.

---

220. Gray, *Cath Maige Tuired: The Second Battle of Mag Tuired,* 57; Henry, *The Goblin Group*, 408.
221. Lysaght, *Aspects of the Earth-Goddess in the Traditions of the Banshee in Ireland,* 154–157

Para este ritual, você vai precisar de:

- Ferramentas de purificação, como água abençoada e incenso
- Ofertas de alimentos e bebidas
- Um espaço consagrado, como um altar com imagens dos antepassados
- Uma imagem da pessoa falecida ou algo que possa representá-la.
- Velas para iluminar e aquecer

Limpe a si mesmo e ao seu espaço de trabalho com a água abençoada. Faça orações de invocação aos antepassados e a todas as Divindades em quem você confia como psicopompo para auxiliar e receber o espírito da pessoa falecida. Acenda velas para os antepassados e as Divindades e coloque algumas das oferendas para eles.

Separação e purificação. Pegue o objeto ou imagem que representa a pessoa falecida e diga o nome dela. Fale diretamente para que ela saiba que está sendo vista e honrada e para que você possa comunicar o que está fazendo pelo espírito dela. Diga: "Dou-lhe as boas-vindas a [nome] e ofereço-lhe a purificação da água abençoada e da fumaça sagrada, para que seu espírito seja aliviado", ou palavras semelhantes. Lave ou borrife água sobre o objeto e, em seguida, passe-o pela fumaça de incenso.

Talvez você queira cantar um lamento ou prantear uma saudação para pessoa. Isso pode começar com uma música ou um cântico que pareça apropriado ou simplesmente cantando o nome dela. Ao cantar, permita-se se abrir para a emoção do luto, não apenas o seu, mas tudo o que o mundo perdeu ao perder essa pessoa. Permita que seu canto mude naturalmente para o lamento, deixe-o tão sem forma e emotivo quanto desejar. Se você se sentir confortável, e com a ajuda das Divindades que invocou para auxiliá-lo, estenda seu coração até o Outromundo e deixe sua voz abrir um caminho que o espírito possa atravessar. Continue lamentando até sentir uma mudança e o espírito da pessoa falecida parecer mais livre, ou até sentir que atingiu seus próprios limites espirituais.

Para obter nutrição, acenda uma vela para a pessoa falecida ao lado de sua imagem ou objeto. Dedique as oferendas de comida e bebida e coloque-as diante dela. Você pode dizer palavras como: "[nome], eu lhe ofereço comida e bebida, luz e calor. Que este fogo ilumine seu caminho para o reino dos ancestrais, que você seja nutrido e alimentado e que a nutrição cure seu espírito."

Nessa etapa do ritual, a lembrança, honre os mortos contando a história deles. Você pode falar em voz alta sobre lembranças queridas ou anedotas de sua vida; o que eles fizeram de importante, o que valorizavam e como esses valores serão levados adiante por outras pessoas. A lembrança é mais eficaz quando é coletiva e duradoura. Se estiver realizando este ritual sozinho, considere a possibilidade de escrever uma lembrança que possa ser publicada ou postada posteriormente onde outras pessoas possam vê-la. Compromissos assumidos em nome dos mortos também servem como memoriais duradouros. O que você pode fazer para oferecer aos mortos a garantia de uma memória duradoura?

Coletivização. Agora, reúna a pessoa falecida nos braços dos ancestrais. Dirija-se aos antepassados em oração e peça a eles que recebam o recém-falecido. Você pode usar esta oração como modelo ou criar a sua própria:

> *Honrados ancestrais, peço que abram os braços e recebam ________ [nome]. Levem-no para seus salões e deem-lhe descanso e renovação; permitam que ele seja reunido em sua gloriosa companhia e ocupe seu lugar como um ancestral honrado. Ajudem-nos a conhecer a sabedoria e a compartilhá-la com os vivos e com aqueles que virão depois. Que possamos sempre conhecer a bênção de sua orientação e parentesco.*

Levante o objeto que representa a pessoa falecida e coloque-o fisicamente ao lado das imagens de seus ancestrais, visualizando o espírito encontrando o caminho até os antepassados e sendo recebido em seus braços enquanto faz isso. Coloque também a vela da pessoa falecida ao lado deles.

Agradeça a todos os espíritos e Divindades que auxiliaram neste rito antes de encerrar o ritual.

Lembre-se de se purificar novamente após o encerramento.

Em alguns casos, especialmente quando há trauma, dano ou problemas ancestrais profundos, a sacralização dos antepassados pode ser um processo muito mais complexo que não pode ser realizado em um único ritual. Pode ser necessário realizá-la durante um longo período de tempo e pode exigir outras oferendas, bem como trabalho espiritual e social para atender às necessidades específicas dos espíritos. Às vezes, a cura de que os mortos precisam é a justiça pelos erros cometidos contra eles ou por eles, e nossas oferendas podem incluir trabalho, doações, ativismo, reparações ou outros atos de restituição e restauração. Essas situações mais complexas estão além do escopo deste capítulo, mas espero que ele forneça um modelo que você possa usar como base ao desenvolver suas habilidades neste trabalho.

História

Keening - um Lamento

Eu não busquei a prática do *keening*; os espíritos a ensinaram para mim. Minha prática de lamentação começou com uma ferida na paisagem.

Estou participando de um encontro espiritual no Canadá que acontece ao lado de um lago glacial profundo. É noite, depois que os rituais programados foram concluídos, estou sentada ao lado da fogueira comunitária. Ao meu redor, as pessoas do festival estão dançando, cantando, bebendo e aproveitando a noite. Mas estou distraída – não consigo me concentrar no que está acontecendo ao meu redor. Meu olhar continua se desviando para além da luz da fogueira, para as águas escuras do lago. Algo está me chamando lá fora.

Eu me afasto da fogueira e vou até a margem da água; preta e profunda, brilhante como um espelho. Uma Lua pesada e branca se derrama sobre a superfície da água como um pilar de luz. Ouço sussurros, sussurros, os sussurros estão me levando a um transe profundo. Eu os sigo, tropeçando pelo caminho da margem, procurando um lugar tranquilo, longe da fogueira e do barulho da festa.

Mais adiante, ao longo da margem do lago, o caminho me leva a um afloramento rochoso que se projeta para dentro do lago. Eu me arrasto para fora e encontro um lugar para me empoleirar entre as rochas. O sussurro está puxando meu espírito em transe para fora do meu corpo. Estou deslizando para longe, sobre as águas negras, afundando profundamente. A superfície espelhada do lago está tão imóvel e transparente quanto um vidro, de modo que posso ver o mundo dos espíritos através dela. Milhares de espíritos fervilham nas profundezas, sussurrando, chamando por mim. Algo aconteceu aqui. Há tantos mortos e, de repente, eu posso ouvi-los – eles estão me contando suas histórias, suas mortes, suas perdas. Agora entendo o que eles querem de mim. Eles estão me pedindo para lamentar por eles. O que quer que tenha acontecido aqui os prendeu e eles precisam de um *keening* para ajudá-los a atravessar.

Eu não sei como lamentar, então simplesmente começo. Um lamento baixinho que se eleva e ganha força à medida que o peso de toda a dor deles começa a fluir através de mim, primeiro em riachos, depois em fluxo corrente e então em uma torrente. Minha voz está subindo de tom, minha boca se abre, o zumbido se torna uma canção sem palavras e, em seguida, vem um lamento crescente. A superfície de vidro do lago tornou-se negra e clara. De repente, é como se a superfície de vidro tivesse desaparecido e o lago tivesse se tornado um vasto e abissal portal. O lamento agora tomou todo o meu corpo, estou balançando com sua força enquanto o som rasga através de mim; longos e penetrantes lamentos que se elevam incessantemente para ecoar sobre o lago. Não sei por quanto tempo estou lamentando. O tempo parece parar e tudo o que posso sentir é esse profundo portal que o luto rasgou no vazio do lago. Sinto os espíritos passando por ele como um vento poderoso. Eu canto até sentir eles se elevando, livres.

Por fim, minha voz fica mais lenta e baixa, e então fico apenas balançando no silêncio ao lado da água. Meu parceiro, que esteve calmamente ao meu lado durante todo esse tempo, toca em meu ombro.

"Você está vendo isso? Olhe para a água..."

Percebo que meus olhos ficaram fechados por um tempo. Ao abri-los, vejo o que ele está apontando. A superfície do lago não é mais lisa e imóvel como vidro; ondas estão cruzando-a constantemente, trazendo pequenas cristas em nossa direção, impulsionadas por um vento que aumentou enquanto eu lamentava. Aquele vento que eu havia sentido, mas que pensei ser apenas a sensação dos espíritos em movimento, agora está se movendo por toda a superfície do lago, agitando-a em ondas.

Fico sentada por mais algum tempo, orando silenciosamente aos Deuses com quem me relaciono e aos Deuses da Terra para que ajudem esses espíritos a encontrarem seu caminho em segurança, para que abençoem e curem a fenda no lago onde os mortos estiveram.

Depois disso, passo algum tempo lendo sobre as tradições de *keening* e ouvindo os espíritos. Comecei a fazer *keening* ocasionalmente em alguns rituais ou para pessoas que morreram. Cada vez que sou chamada para fazer lamentação para alguém, aprendo um pouco mais sobre como o *keening* funciona para abrir um portal para o Outromundo, para que os espíritos possam atravessar. Começa a fazer sentido para mim como ela funciona em um contexto funerário, por que os *keeners*, os lamentadores profissionais, adotaram a prática e como ela servia aos vivos para facilitar o luto e, ao mesmo tempo, abria o caminho para os mortos. Aprendi a moldar minha lamentação, a usar minha voz não apenas para abrir um portal, mas para construir uma estrada para os espíritos e para fechar os caminhos novamente após sua travessia.

Celebrações Ancestrais

Ricas tradições de veneração aos ancestrais são abundantes nas culturas celtas. O cuidado com os mortos não termina com os ritos funerários, mas continua como veneração viva aos ancestrais. Além do estágio inicial de transição representado pelo ritual funerário, os ritos devocionais para o cuidado contínuo dos mortos ancestrais são refletidos na arqueologia, na literatura e na tradição popular.

Essas tradições remontam à herança das civilizações pré-celtas, com seus grandes montes de passagem Neolíticos. Esses montes são frequentemente chamados de "túmulos", mas talvez seja mais correto pensar neles como "templos ancestrais". Atualmente, os arqueólogos acreditam que esses montes com câmaras foram construídos para um envolvimento ritual contínuo e teriam sido abertos para ocasiões cerimoniais.[222] Reuniões sazonais provavelmente realizadas nesses locais teriam servido tanto para homenagear os ancestrais quanto para cumprir funções sociais comunitárias para os vivos. Assim, esses montes de templos serviam não apenas como túmulos, mas como centros da vida ritual da comunidade.

Na Irlanda, bem como na Grã-Bretanha e no Continente, a maioria desses montes de templos foi construída nos períodos pré-celta do Neolítico à Idade do Bronze, mas muitos deles mostram contínuos sepultamentos dos mortos e a deposição ritual de oferendas (como alimentos, moedas, ferramentas, joias e outros objetos de valor) em períodos posteriores.[223] Os mortos originalmente enterrados nesses templos podem ou não ter sido ancestrais genéticos dos povos celtas, mas está claro que esses montes-templos foram absorvidos pelas mitologias e práticas de veneração ancestral no período celta. Os montes megalíticos continuaram a funcionar como centros de rituais e comunidades sagradas na Idade do Ferro e no início do período medieval.

A feira real ou *óenach*, em muitos aspectos era um rito de veneração aos ancestrais, realizada dentro dos reinos anualmente ou em intervalos mais longos, e geralmente localizada nos principais centros rituais que continham esses montes-templos ou sítios funerários. O nome *óenach* significa "jogos funerários" e a maioria dos sítios *óenach* tinha uma importante lenda funerária sobre um ancestral ou uma Deusa. Festas, jogos e apresentações rituais no *óenach* eram dedicados e considerados benéficos para as almas dos mortos ancestrais. Esse festival teria

---

222. Waddell, Archaeology and Celtic Myth, 15–19.

223. Swift, *The Gods of Newgrange in Irish Literature & Romano-Celtic Tradition*, 58–60.

sido uma celebração vibrante da vida comunitária. O fato de ser realizado à vista dos ancestrais em seus antigos montes significava que essa vibração e riqueza poderiam animar esses ancestrais e ajudar a elevar sua memória.

Kit de Ferramentas do Bruxo

Santuários Espirituais

Comecei a fazer santuários espirituais há alguns anos, como uma espécie de analogia particular dos templos e montes funerários. Uma casa espiritual oferece um lar para ancorar espíritos ancestrais em nosso mundo físico e um lugar para se conectar com eles. Um lugar para alimentá-los, honrá-los e ouvir suas vozes. Aqui, oferecerei um modelo simples que você pode usar para criar casas espirituais.

Preparação

Existem três elementos que compõem a casa espiritual que você precisará preparar antes do ritual.

Recipiente: pode ser feito em todos os tipos de formas, mas a abordagem mais simples seria um jarro, uma urna ou uma bacia. Do ponto de vista histórico, você pode pensar em objetos como os vasos de pedra esculpidos encontrados em algumas tumbas Neolíticas com câmaras, nas quais as cinzas cremadas dos antepassados eram armazenadas. Da mesma forma, em sepulturas individuais, os restos cremados eram frequentemente colocados em urnas. Para este modelo de ritual, vamos assumir que estamos usando uma urna, mas já fiz casas espirituais com caixas, latas, casas de pássaros e até com lanternas.

Material de ancoragem: um volume de terra, seixos ou outro material natural que é colocado dentro do recipiente. Esse material serve como uma espécie de corpo substituto para o espírito ocupar quando desejar, dando-lhe um lar e ajudando a ancorá-lo no mundo material. De preferência, esses materiais devem ser coletados de lugares conectados ao espírito a quem o santuário é dedicado, como sua área de moradia ou um lugar que ele amava ou onde passou algum tempo. Isso ajuda o espírito a identificar o santuário como um possível lar.

Objetos ligados ao antepassado: se você tiver acesso a eles, cinzas cremadas ou ossos oferecem um vínculo ideal. Objetos que pertenceram ao antepassado também são úteis, especialmente se foram usados no corpo ou manuseados com frequência. Na ausência de vínculos pessoais tão próximos, qualquer coisa que seja identificada com a pessoa pode ser útil: algo de sua casa, um pouco de caligrafia, algo inscrito com seu nome ou até mesmo um retrato.

Ritual do Santuário Espiritual

Para este ritual, você vai precisar de:

- Alimentos e bebidas preferidos pelo antepassado
- Ferramentas de limpeza, como água abençoada
- Material de ancoragem
- Objetos ligados ao antepassado
- Uma urna ou recipiente
- Uma vela

Primeiro, limpe os materiais com os quais vai trabalhar e a si mesmo, aspergindo um pouco da água abençoada sobre tudo.

Pegue a urna e sopre uma oração sobre ela, pedindo para que cuide, abrigue e proteja o seu antepassado que nela irá residir. Coloque-a à sua frente.

Pegue o material de ancoragem (terra, seixos ou o que você tiver para isso). Visualize o local de onde ela veio da forma mais clara possível, pensando na conexão do antepassado com esse lugar. Quando conseguir ver e sentir esse lugar com clareza, comece a despejar ou colocar esse material na urna. Você está atraindo a essência desse lugar para a casa dos espíritos para que o antepassado se sinta em casa.

Pegue os objetos ou materiais que tenham conexão direta com o antepassado. Segurando-os nas mãos, fale com eles diretamente e com o coração, como se a pessoa estivesse sentada bem à sua frente. Convide o antepassado a se instalar na casa espiritual. Você pode dizer algo assim: "Amado [nome], por favor, esteja aqui comigo. Fiz este lar para você, com o solo de [o que quer que você tenha usado]. Sinta-se em casa aqui, descanse neste local, nutra-se e alimente-se na companhia de alguém que o ama", ou palavras semelhantes. Quando puder sentir o antepassado com você, coloque os objetos dele na casa espiritual.

Acenda uma vela ao lado da casa dos espíritos para dar-lhes luz e calor. Faça oferendas de comida e bebida que sejam adequadas ao antepassado e convide-o a comer, beber e se nutrir. Se sentir vontade, pode comer um pouco da comida para que possam compartilhar uma refeição juntos.

Passe algum tempo em comunhão com o antepassado enquanto ele se acomoda em sua casa espiritual.

Quando estiver pronto para encerrar o ritual, agradeça aos antepassados e lembre-se de se purificar novamente.

História

Um rito de santuário espiritual para o espírito ancestral

Quando meu tio Rhett morreu, eu quis fazer um santuário espiritual para ele. Não cresci tendo muito contato com meus parentes dos Apalaches. Mas eu tinha Rhett, um tio que havia se mudado para o Oeste e se tornado parte do meu mundo.

Ele trouxe um pouco da Appalachia para minha vida na Califórnia e eu valorizava isso. Rhett adorava pescar e passava muito tempo pescando no Rio McKenzie, onde morava no final de sua vida. Em uma noite no início de julho de 2017, como minha tia Nancy descreveu, "ele se sentou na grama perto do rio mais bonito que existe, no dia de verão mais bonito que se poderia desejar, e morreu". Eles o encontraram pela manhã, parecendo que ele havia adormecido ao lado de seu amado rio. Gosto de imaginar que ele saiu do rio e se sentou na margem para observar a água se transformar em ouro líquido ao anoitecer, com seu espírito deslizando para a corrente radiante que desce para o Oeste em direção ao Sol poente.

Quando viajei para o Oregon para participar de seu memorial, caminhei ao longo da margem daquele rio e escolhi uma pedra preta redonda e lisa para levar comigo – um pequeno pedaço daquele belo lugar onde seu espírito deixou o corpo e foi para o rio.

Alguns anos depois, fiz uma viagem para as Blue Ridge Mountains, de onde meus parentes eram. Decidi que gostaria de fortalecer minha conexão com meus antepassados, então localizei um pequeno cemitério onde alguns deles estão enterrados. Visitei o local em um dia fresco de junho, subindo até o pequeno terreno na encosta, onde há um punhado de túmulos com nomes conhecidos, a maioria do século 19. Sento-me ao lado de um deles, olhando para as colinas. Derramo um pouco de água fresca nas raízes da árvore que se curva sobre mim, para os espíritos da terra, e um pouco no túmulo ao lado do qual estou sentado, para meus antepassados. Falo com eles sobre ser sua descendente, sobre ser parte deles, mas também ser diferente deles. Conto-lhes sobre como alguns deles eram soldados confederados e participaram do sistema que escravizou pessoas negras e arrancou os nativos das terras daqui; digo a eles que, como descendente deles, passarei minha vida lutando para corrigir isso. Para restaurar nossa relação correta com a terra e as pessoas com quem a compartilhamos.

O Sol parece brilhar um pouco mais forte e a colina fica quieta ao meu redor por um momento; sinto que um acordo foi aceito. Pego uma pequena quantidade de terra próximo à árvore, um galho de seus ramos e os levo comigo. Antes de deixarmos as montanhas, paramos em uma vila de vida folclórica e assistimos a um artesão local demonstrando técnicas de cerâmica, usando argila local e uma técnica de queima que utiliza pelos de cavalos de fazendas locais para queimar padrões fantásticos na superfície. É exatamente o que eu preciso para o meu santuário espiritual, então compro um lindo vaso e o envolvo cuidadosamente em camadas de roupas para protegê-lo no voo de volta para casa.

Em casa, na sala de santuário, as velas estão acesas e eu borrifo um pouco de água abençoada sobre mim e sobre todas as coisas que juntei para fazer meu santuário espiritual de antepassados. Pego o pequeno vaso de cerâmica e peço que seja uma casa para meus antepassados, que guarde e proteja o espaço deles aqui, que sirva como uma fronteira liminar que os contenha, abrindo-se para permitir que eu comungue com eles enquanto os mantenho separados dos vivos. Despejando a terra da sepultura no vaso, convido meus antepassados a entrar no santuário e fazer dele seu lar, consciente dos acordos que fizemos. O pedaço de galho é enfiado no solo para que fique como uma pequena árvore, uma ponte entre os mundos dos mortos e dos vivos para eles viajarem. Por último, eu pego a pedra do local de morte do tio Rhett e a seguro em minhas mãos por um momento, dando-lhe uma bênção sussurrada, rezando para que ele entre no recipiente com o círculo de nossos ancestrais.

Colocando a casa espiritual diante de mim em seu lugar, peço aos meus antepassados que compartilhem uma refeição comigo. Coloco água, café e alimentos simples que acredito que eles reconheceriam e apreciariam: salmão defumado, queijo, pão de milho caseiro com manteiga e mel. Ofereço-lhes em um pratinho e me sento para comer com eles.

Esta casa espiritual parece muito diferente dos montes com câmaras e templos funerários que vemos nos lugares de onde vêm nossas tradições espirituais. Para mim, no entanto, não é tão diferente assim; é uma casa para os mortos que pode ser ritualmente aberta, onde podemos fazer oferendas e passar um tempo em comunhão com os ancestrais, restabelecendo a continuidade entre os vivos e os mortos.

Encontrando os Ancestrais Heroicos

Entre os incontáveis mortos que nos antecederam, muitas vezes há aqueles que são homenageados de forma especial. Eu chamo esses ancestrais especiais que nos orientam e nos lideram de "Ancestrais Heroicos".

O que quero dizer com heroico? Na cultura popular moderna, a palavra "herói" tende a evocar super-heróis com capas ou uma imagem moralista do herói como alguém que é admirado; uma mistura confusa de modelo a seguir, celebridade e fantasia. No entanto, em seu contexto mítico original, enraizado nas culturas guerreiras da Idade do Ferro e nos mitos e sagas que as memorizavam, o herói era entendido de forma bastante diferente. As características que definiam os heróis nesse contexto eram, em primeiro lugar, o fato de serem semidivinos; às vezes, por terem um pai Divino e outro mortal, ou por serem a reencarnação de um Deus em forma mortal, ou ainda, por às vezes serem mortais que são favorecidos por Deuses ou passam por apoteose para se tornarem Divinos. Em segundo lugar, os heróis tendem a ser indivíduos cujas vidas se concentram na realização de ações raras ou extraordinárias para serem lembrados após a morte, especialmente ao morrerem como heróis.[224] Há um sentido no qual, ao passar por esse tipo de morte especialmente energizada, os personagens heroicos criam um elo entre o mortal e o Divino, os mundos da humanidade e os domínios do Outromundo dos Deuses e ancestrais.

Embora as sagas da Idade do Ferro e dos períodos medievais tendem a se concentrar em heróis guerreiros, o culto ao herói pode se concentrar em qualquer pessoa que incorpore essas qualidades: cujos feitos são dignos de serem

224. Haeussler, *From Tomb to Temple: On the Rôle of Hero Cults in Local Religions in Gaul and Britain in the Iron Age and the Roman Period*, 201–202.

memorizados, especialmente se tocados pela Divindade ou que se tornem, na morte, uma ponte entre humanos e Deuses. Antepassados da luta podem ser Ancestrais Heroicos, como grandes ativistas, libertadores ou pessoas de coragem especial, cujas ações ou modos de viver suas vidas criam caminhos que percorremos em nossas próprias vidas. Da mesma forma, indivíduos que foram especialmente devotados ou próximos a uma Divindade em vida e sente que caminham com essa Deidade ou se identificam com ela na morte, podem ser vistos como um ancestral heroico.

Enquanto viajava pela França e visitava sítios arqueológicos gauleses em 2019, passei muito tempo pensando sobre os ancestrais heroicos e comecei a desenvolver o conceito de seu sigilo. Vi algumas obras de arte escultóricas profundamente impressionantes de santuários gauleses da Idade do Ferro, como Roquepertuse e Entremont, que apresentavam estátuas impressionantes de guerreiros sentados, maiores do que a vida. Essas estátuas são representadas usando armaduras, mas em vez de qualquer postura marcial, estão sentadas em uma posição de pernas cruzadas, o que transmite uma presença profundamente meditativa. É possível imaginar-se sentado em um ritual de meditação diante dessas estátuas, comungando com os Ancestrais Heroicos e ouvindo suas vozes. Os santuários também apresentavam figuras com duas cabeças olhando em direções opostas, sugerindo seres que podem enxergar os dois mundos ao mesmo tempo, o humano e o Outromundo, o mortal e o Divino.

Ancestrais Heroicos são um coletivo espiritual que nos conectar à sabedoria reunida das muitas gerações que nos precederam. Eles são os mortos poderosos e heroicos, aqueles que foram tocados pelos Deuses ou que venceram lutas épicas. São fontes de conhecimento, orientação e apoio do Outromundo. Seu sigilo foi criado a partir das letras gaulesas *Orbion*, para sabedoria e memória ancestral; *Ualos*, para os mortos elevados, e *Dubnos*, para o Outromundo Ctônico; bem como os sinais das letras irlandesas *Onn*, por sua associação com legiões de guerreiros, e *Úr*, para o túmulo e os mortos. O sigilo tem forma circular com uma figura estilizada em pé, uma linha representando um bastão ou uma lança e dois pequenos círculos para as duas cabeças que olham para os dois mundos.

Ilustração do sigilo dos Ancestrais Heroicos

Cabeças e cultos a heróis

Dentro das diversas tradições celtas, muitos mitos, contos e rituais giram em torno de cabeças, um fenômeno ao qual alguns estudiosos se referem como "o culto à cabeça decepada", embora esse termo tenda a obscurecer uma grande variedade de expressões culturais. As práticas relacionadas às cabeças variam desde a marcação de status social até a veneração religiosa, e exploram uma rica veia de rituais necromânticos.

É um clichê frequentemente repetido que os celtas tinham o hábito de levar cabeças decepadas como troféus de guerras. Contemporâneos dos gauleses descrevem como as cabeças dos adversários capturados seriam exibidas em equipamentos de guerra, preservadas em óleo de cedro ou decoradas e usadas como taças. Trabalhos arqueológicos recentes puderam comprovar a preservação de cabeças em óleo aromático, portanto, isso parece ser mais do que apenas propaganda sensacionalista.[225] As sagas irlandesas também descrevem a coleta de cabeças como indicadores de status e domínio sobre os inimigos, e que essas cabeças poderiam ser exibidas na carruagem de um guerreiro ou diante das muralhas de uma fortaleza. Troféus eram aparentemente feitos com os cérebros de um adversário, extraindo-os, misturando-os com cal e secando-os para formar uma bola de cimento endurecido que era mantida como troféu ou podia ser usada como arma.[226]

No entanto, o interesse por essas cabeças parece ser mais complexo do que simplesmente colecionar troféus. Não era apenas a cabeça do adversário que interessava preservar. A contínua veneração religiosa aos mortos honrados muitas vezes também era realizada por meio do tratamento ritualístico das cabeças desses indivíduos ou de Ancestrais Heroicos.[227] Na Grã-Bretanha e na Irlanda, crânios preservados foram encontrados embaixo casas, em poços cerimoniais, perto ou dentro de águas sagradas e em sítios de sepultamento da Idade do Ferro e dos períodos medievais.[228] Vários santuários gauleses incluíam estruturas com nichos para exibição de cabeças preservadas, bem como decoração figurativa centrada em cabeças. Entremont e Roquepertuse, ambos santuários gauleses construídos em pedra nas proximidades da colônia grega de Massília, são conhecidos por esse

---

225. Ghezal, et al, *Embalmed Heads of the Celtic Iron Age in the South of France*, 12.
226. Sayers, *Extraordinary Weapons, Heroic Ethics, and Royal Justice in Early Irish Literature,* 10.
227. Aldhouse-Green, *Caesar's Druids*, 132–133.
228. Hoggard, Magical House Protection, 157; O'Sullivan, *Magic in Medieval Ireland*, 109–110.

motivo. Em Entremont, pedras esculpidas com nichos para a exibição de cabeças foram encontradas ao lado de estátuas de guerreiros heroicos exibidas com grupos de cabeças decepadas.[229] Em Roquepertuse, um imenso pórtico de pedra maciça também continha nichos para a exibição de cabeças decepadas, e seus nichos foram esculpidos especificamente para encaixar uma coleção preexistente de cabeças, o que claramente tinha grande significado para o povo daquele lugar. Alguns desses crânios foram encontrados decorados de maneira contígua com a alvenaria na qual estavam embutidos, tornando as cabeças parte da estrutura do próprio santuário.[230] Esses locais também associam motivos de cabeças decepadas com cavalos e aves de rapina, destacando o conceito de transição dos mortos, talvez com a ajuda de Divindades Psicopompos em forma de cavalo ou ave.

Esse amplo padrão de elevação e exibição de cabeças ou crânios decepados, variando em muitos detalhes entre culturas e locais, parece sempre apontar para a facilitação do contato entre os vivos e os mortos heroicos. Mitologicamente, esse motivo é refletido no onipresente tema mítico da cabeça decepada oracular que continua falando após a morte, que aparece em textos do mundo de língua celta.

Em muitos casos, cabeças decepadas de líderes ou figuras que detêm alguma forma de autoridade, social ou espiritual, podem falar após a morte. Brân, uma Divindade chefe galesa que aparece no *Mabinogion*, é morto e tem sua cabeça cortada enquanto lidera seu povo em uma longa jornada.[231] Sua cabeça continua a falar depois disso, então ela é colocada em um escudo e carregada junto para que ele possa continuar a guiar seu povo na morte. Há também uma história sobre o pai de Cú Chulainn, Súaltaim mac Roích, cuja cabeça foi cortada enquanto tentava entregar avisos para despertar os habitantes de Ulster da maldição de Macha no *Táin Bó Cúailnge*; tão urgente era sua necessidade de transmitir a mensagem que sua cabeça continuou a gritar o aviso até que os guerreiros de Ulster se levantassem e viessem para a batalha.[232]

Outro texto irlandês, *The Battle of Allen* (*A Batalha de Allen*), estende esse motivo com um conjunto detalhado de rituais para uma cabeça que fala após a morte. Duas partes da história contêm variações desse tema. Primeiro, um

229. Armit, Headhunting and the Body, 145.

230. Armit, *Porticos, Pillars and Severed Heads: The Display and Curation of Human Remains in the Southern French Iron Age*, 95.

231. Ross, *Pagan Celtic Britain*, 156.

232. O'Rahilly, *Táin Bó Cúalnge Recension 1*, 217.

poeta chamado Donn Bó, que foi morto na batalha, é encontrado falando após a morte, porque ele havia prometido ao seu rei Fergal cantar para ele naquela noite após a batalha, e ele precisa cumprir essa promessa.[233] As forças de Leinster, que o mataram, trazem a cabeça de Donn Bó para o salão de festas onde estão celebrando a vitória, e a cabeça canta um lamentoso canto de guerreiro, o que faz todos os guerreiros no salão chorarem, cumprindo, assim, a promessa feita ao seu senhor. Esse motivo lembra a história de Sualtaim, na medida em que a cabeça parece reter sua fala como parte da necessidade de completar um compromisso não cumprido.

Na segunda vinheta de cabeça decepada de *A Batalha de Allen*, a cabeça de um chefe chamado Fergal mac Maile Duin é recolhida após a batalha como um troféu pelas forças vitoriosas de Leinster.[234] A cabeça é carregada por um contingente de guerreiros até o salão de seu chefe, Cathal mac Finguini, onde recebe o que parecem ser honras funerárias. A cabeça é lavada e seu cabelo é penteado e trançado. Ela é envolvida em um tecido de veludo fino e colocada no salão com um grande banquete oferecido a ela. A cabeça fala, agradecendo por essas honras, e então a comida é distribuída e a cabeça é devolvida ao povo de Fergal para ser enterrada. No contexto da história, isso parece ser uma reparação, já que a batalha violou um acordo de paz que Cathal havia feito e, assim, ele ordena essa homenagem à cabeça de Fergal, aparentemente em uma tentativa de reparar a paz. Ao mesmo tempo, isso demonstra o que os autores da história entendiam ser a veneração adequada de um herói morto.

Esse ritual retoma elementos que aparecem em rituais fúnebres, cumprindo uma série de importantes objetivos espirituais. Ele separa o morto da violência e do caos do campo de batalha, levando-o a um lugar de acolhimento com os vivos. Limpeza e embelezamento são fornecidos, demonstrando reverência e elevando o herói morto. O ritual provê a alimentação de seu espírito, preparando um banquete para ele. É após a conclusão de todos esses elementos que a cabeça abre a boca para falar. Esses elementos rituais – a transição do campo de batalha para o local de honra, a limpeza, o embelezamento e a alimentação – servem para estabelecer a comunicação entre os vivos e os mortos, elevando a pessoa morta ao seu papel de Ancestral Heroico e consagrando a cabeça como porta-voz oracular.

233. Stokes, *The Battle of Allen*, 59–63.
234. Stokes, *The Battle of Allen*, 63–65.

Kit de Ferramentas do Bruxo

Rito do crânio oracular

Aqui, gostaria de oferecer algumas considerações e um modelo de ritual para a consagração de um crânio oracular. Em primeiro lugar, qualquer discussão sobre o trabalho com ossos humanos precisa começar com algumas considerações éticas. Dependendo de onde você mora, pode haver restrições legais quanto à obtenção e posse de restos humanos. Nos Estados Unidos, atualmente é legal comprar e possuir ossos humanos, exceto aqueles cobertos pela lei de repatriação e sepulturas de nativos americanos; embora alguns estados tenham restrições sobre a venda e o envio de ossos. Entretanto, a maioria dos ossos humanos que você pode acessar é extremamente problemática do ponto de vista ético. A maioria dos anúncios comerciais em sites de vendas on-line não fornece informações específicas sobre a origem, mas geralmente são provenientes de saques, roubos de túmulos e outras práticas de exploração, muitas vezes de sepulturas de nativos americanos ou de países explorados no exterior. Outros podem ser provenientes de esqueletos ou coleções médicas ou educacionais antigas, e a maioria deles foi originalmente obtida de forma altamente colonialista, racista e exploradora. Algumas empresas fornecem ossos certificados designados para doação.

Tudo isso ilustra as complexas questões éticas em torno da obtenção de crânios, e acho que, quando se trata de uma prática animista como essa, os padrões éticos mais altos possíveis devem ser aplicados. Reforçar a exploração é uma maneira terrível de iniciar um relacionamento espiritual. Portanto, para muitos praticantes, provavelmente será mais razoável substituir o crânio humano por outra coisa. Réplicas de cerâmica, esculpidas, fundidas ou criadas de outra forma podem funcionar. Dependendo dos espíritos envolvidos, um crânio de animal de origem ética pode servir. Independentemente do que for usado, ele deve ter, no mínimo, um rosto discernível; isso se torna importante no processo ritual de abrir a boca para que ele possa falar.

Preparação

Assim que tiver o recipiente de crânio, é aconselhável preparar-se por meio de uma divinação para obter orientação dos espíritos para o seu ritual.

Se estiver usando um crânio que já foi de um ser vivo, humano ou animal, o espírito residente deve ser respeitosamente solicitado a consentir em se envolver com o crânio como um oráculo. Você precisa que esse espírito seja um aliado e talvez seja necessário trabalhar para estabelecer essa confiança. É recomendável usar ferramentas de adivinhação para obter respostas claras sobre o consentimento. Algumas perguntas a serem feitas: "você está disposto a ser um oráculo para eu me comunicar com os espíritos?", "você está disposto a ter outro espírito ou Divindade instalado em seu interior que falará comigo?", "você deseja ser liberado deste crânio e ir para o mundo espiritual?", "como posso honrá-lo e que tipo de reciprocidade posso lhe oferecer em agradecimento?"

Se estiver usando um crânio ou cabeça artificial, ele pode ou não ter um espírito, dependendo de sua procedência. É aconselhável verificar com a divinação.

As fases restantes do ritual apresentadas aqui são modeladas a partir do ritual da cabeça oracular na literatura irlandesa antiga e nas evidências dos santuários gauleses. O objetivo é ser um modelo que você possa adaptar e desenvolver para estabelecer comunicação e abrir a boca do crânio oracular.

Rito da Cabeça Oracular

Para este ritual, você vai precisar de:

- Ferramentas de limpeza, como água abençoada e fumaça sagrada
- Itens para embelezar e inscrever a cabeça, como tinta, pigmentos ou canetas
- Oferendas de comida e bebida
- Tecido fino
- Um escudo ou bandeja para carregar a cabeça
- Um óleo aromático, como o de cedro
- Velas

Comece limpando a si mesmo e o espaço de trabalho, aspergindo a água abençoada. Invoque os ancestrais e os Deuses de sua confiança para ajudar na comunicação necromântica, com orações de louvor, pedindo-lhes que o apoiem nesse rito e que guiem os espíritos envolvidos no ritual. Acenda velas para eles e apresente algumas das oferendas.

Receba a cabeça com honra. Na história irlandesa, a cabeça é levada em procissão para o salão de festas em um escudo. Pense criativamente em como criar uma chegada honorífica para o seu ritual. Coloque a cabeça em um escudo, em uma bandeja decorativa ou até mesmo em uma almofada fina e leve-a até o local onde será consagrada. Você pode, se desejar, cantar ou tocar música enquanto a carrega até o local.

Lavagem e purificação. Lave o crânio com água abençoada e passe-o pela fumaça do incenso para limpar quaisquer influências indesejadas que ele possa ter adquirido em sua jornada até você. Se houver um espírito no crânio que esteja com você, fale com ele enquanto o limpa, convidando-o a ficar e ser purificado e assegurando-lhe que você não está tentando bani-lo. Se houver um espírito no crânio que você acredita preferir ser liberado, fale com ele enquanto limpa o crânio, convidando-o a encontrar um novo lar no mundo espiritual.

Embelezamento e bênção. Você pode querer adornar o crânio com ornamentos pintados para aumentar sua beleza. Se desejar, pode inscrevê-lo com sigilos ou inscrições que vão ajudar a identificá-lo com os espíritos que falarão através dele e protegê-lo de ser acessado por espíritos indesejados. Por exemplo, para consagrá-lo aos Ancestrais Heroicos, você pode usar o sigilo dado neste capítulo para eles. Após decorar e inscrever o crânio, unja-o com um óleo aromático, como o de cedro. Pegue um pedaço de tecido fino, dobrado como um xale, e envolva-o de modo que acomode o crânio, mas deixe o rosto visível.

Consagração e alimentação. Acomode o crânio em seu lugar no santuário. Fale com ele, convidando o espírito a ser consagrado aqui e a receber honras de você. Ofereça luz e calor acendendo velas ao lado dele. Ofereça comida e bebidas para alimentar o espírito. Considere cantar músicas ou cânticos honoríficos para agradá-lo.

Abertura da boca. Dirija-se ao espírito e peça-lhe que fale. Você pode dizer: "você é a voz de [nome do espírito]. Fale, fale, fale: eu abro sua boca para o poder da fala. Que você fale a verdade e cumpra esse vínculo", ou palavras semelhantes. Se for um crânio com uma mandíbula que possa ser aberta, faça isso fisicamente. Unja a boca ou a mandíbula com bebidas alcoólicas, como uísque, ou use outra gota de óleo aromático.

Passe algum tempo em comunhão com os espíritos através do crânio. Quando terminar, agradeça e feche o espaço do santuário. Você pode querer cobrir o crânio quando não estiver consultando-o ativamente, usando uma dobra de tecido ou uma cobertura. Lembre-se de se limpar novamente após concluir o ritual.

comunicação necromântica

O termo "necromancia" pode ter conotações assustadoras, mas quer dizer simplesmente adivinhação por meio do contato com os mortos. Isso significa que qualquer forma de adivinhação pode ser necromântica, na medida em que pode ser funcional para a comunicação com os mortos ou é consagrada a eles. Tradição e experiência fornecem algumas abordagens específicas.

A tradição irlandesa sugere uma conexão do Ogham com os mortos. O Ogham é referido como "o testemunho dos mortos" em *The Judgment of Cormac's Sword (O Julgamento da Espada de Cormac)*. No conto, uma reivindicação de herança sobre uma espada que pertenceu a Cú Chulainn é anulada por meio do Ogham escrito em sua lâmina. Essa evidência escrita em Ogham é apresentada em um poema como uma maneira pela qual a voz ou o testemunho dos mortos pode ser ouvido entre os vivos: "É então que os mortos corrigem os vivos, no puro testemunho do ogam a respeito deles".[235] O contexto da história parece estar explorando as tensões em torno da transição de uma sociedade não alfabetizada para uma sociedade que usa a escrita; a ideia de que a própria palavra escrita pode ser vista como um tipo de tecnologia necromântica que preserva as vozes dos mortos silenciosos. John Carey, o proeminente celticista, sugere que a inscrição na espada parece estar tomando o lugar do antigo costume dos espíritos de serem ouvidos vocalmente nas espadas.[236] De forma mais ampla, os objetos inscritos com Ogham parecem ser vistos de forma semelhante como representantes do testemunho dos mortos, possivelmente devido à sua presença em pedras-pilar utilizadas como marcadores de limites e pilares funerários, associados aos mortos.

Os métodos de adivinhação que utilizam ossos também são especialmente adequados para a comunicação necromântica. Métodos contemporâneos de jogar os ossos, na forma de adivinhação usando coleções de ossos diferentes, geralmente parecem ter suas origens nas tradições de conjuração do Novo Mundo, Hoodoo e da Diáspora Africana e não parecem ter muita interseção com as tradições celtas. Entretanto, o uso de dados ou *knucklebones* (ossos de junta) para adivinhação era muito difundido em toda a Europa, inclusive em muitos dos países de língua celta, possivelmente como uma herança da influência de Roma.[237] Esse costume tem origem no uso de pequenos ossos astrágalos dos

235. Carey, *The Testimony of the Dead*, 10.
236. Carey, *The Testimony of the Dead*, 4
237. Budd, *Knuckle-Bones: An Old Game of Skill*, 10.

tornozelos de mamíferos, tipicamente ovelhas, que começou na Grécia antiga e se espalhou por todo o Continente Europeu na Idade do Ferro pelas legiões romanas. Os ossos dos tornozelos eram usados tanto para adivinhação quanto em jogos de dados, que foram herdados no período moderno como jogos infantis. Adivinhação com osso de oráculo ou "osso de lança" é outro modo que emprega ossos de animais para divinação; mais conhecida como prática nas culturas chinesas desde a antiguidade, também documentada na Escócia e em alguns outros locais europeus e normalmente usa uma escápula de mamíferos grandes ou um osso plano semelhante.[238]

Fontes antigas também falam sobre a prática de cultivar sonhos necromânticos em túmulos ou sepulturas. Parece ter sido compreendido que o espírito sonhador pode entrar no Outromundo e lá ter acesso ao conhecimento de eventos futuros ou realidades invisíveis por meio da comunicação com os mortos. No século 2 EC, o poeta e médico Nicandro de Colofão descreveu a prática entre os povos gauleses de incubação de sonhos dormindo nos túmulos dos ancestrais familiares ou heróis, a fim de receber sonhos proféticos.[239]

Uma prática compatível é descrita de forma mais completa na Irlanda medieval, como um método para recuperar o conhecimento cultural perdido da memória ancestral. Foi por meio desse método que o grande épico heroico, o *Táin Bó Cúailnge*, foi recuperado depois de ter sido perdido na memória. Um poeta chamado Muirgen o recuperou realizando um ritual no túmulo de Fergus, um dos heróis do *Táin*: "Muirgen cantou um poema para a lápide como se fosse o próprio Fergus".[240] De uma névoa, Fergus aparece e recita o *Táin* para ele, de modo que ele o aprenda e o devolva à memória dos vivos.

Para praticantes contemporâneos, nem sempre é viável ir aos túmulos dos ancestrais que desejamos contatar para realizar sonhos necromânticos. Entretanto, até certo ponto, podemos trazê-los até nós por meio do uso de santuários espirituais como condutos locais para os mortos. Crânios, vasos espirituais ou santuários, ícones, imagens, fotos ou outros talismãs ligados à veneração necromântica podem ser colocados perto de onde dormimos. As práticas que auxiliam no cultivo de sonhos proféticos de maneira geral também são úteis aqui, como o uso de ervas e práticas de transe antes de entrar no sono.

---

238. Campbell, *Superstitions of the Highlands & Islands of Scotland*, 263–266.
239. Koch and Carey, *The Celtic Heroic Age*, 10.
240. Kinsella, *The Táin: Translated from the Irish Epic Táin Bó Cúailnge*, 1.

capítulo 7

magia de amarração, juramentos e orações geis

Magias de amarração compreendem um gênero muito amplo da Bruxaria. Sua ação ilumina e baseia-se num quadro cultural e metafísico sobre o funcionamento do destino e os métodos de interação com ele. As magias de amarração são frequentemente associadas à proteção; com a mesma frequência são associados à maldição, seja para fins de justiça, seja para fins maléficos. Além desses usos funcionais, seu estudo abrirá caminho para narrativas culturais mais profundas sobre destino e identidade e as relações entre juramentos, magias de amarração e proibições rituais.

Ao nos aprofundarmos no estudo da magia de amarração, é importante lembrar a estrutura ética que sustenta todas essas técnicas abordada aqui na introdução. Antes de realizar qualquer trabalho que vincule, restrinja ou infrinja o arbítrio de outra pessoa, lembre-se de reservar algum tempo para avaliar os impactos éticos e os riscos potenciais da ação que estiver considerando. Você pode usar o modelo apresentado na introdução ou desenvolver o seu próprio.

tecendo e amarrando encantamentos

Temas relacionados à fiação, tecelagem e artes com fibras se entrelaçam na tradição da magia de amarração. Pessoas que estiveram na presença da fiação e da tecelagem observam prontamente um simbolismo intuitivo de fixação do destino que é inerente às artes têxteis. Fibras brutas são transformadas a partir de um estado de caos orgânico solto; passando pelas mãos do fiandeiro, sua aleatoriedade espirala suavemente em um fio singular e liso, que se enrola infinitamente no fuso. A seu critério, pode ser medido, cortado, torcido, amarrado. Muitas Deusas antigas e alguns Deuses foram imaginados enrolando a matéria-prima da vida nos fios que se tornam as histórias de vida da humanidade, tecendo esses diferentes cordões humanos em uma tapeçaria de destino e cortando-os no final da vida. Ao entrar nesta arte, o praticante humano foi visto assumindo os cordões da vida e acessando o poder de amarrar o destino. As práticas têxteis tradicionais incluíam frequentemente canções que eram cantadas enquanto o trabalho era realizado; é fácil ver como isso se presta a um ritual mágico.

Muitos dos artefatos das práticas têxteis são utilizados em encantamentos de amarração através do princípio da Magia Simpática. O verticilo do fuso – o peso redondo preso à haste de um fuso de suspensão – tem sido frequentemente associado a magias de tecer o destino. Verticilos de fuso decorados do início da Escócia e da Irlanda, incluindo exemplos inscritos com bênçãos em Ogham, atestam a crença nas propriedades espirituais inerentes a esses objetos.[241] Essas bênçãos inscritas no verticilo podem ser entendidas como ativadas cada vez que ele gira – semelhante ao conceito de uma roda de orações. Costumes populares frequentemente empregam tais artefatos em ritos mágicos. Por exemplo, um costume escocês detalhado em uma coleção de folclore do início da Era Moderna descreve um encantamento de bênção no qual um fio de lã vermelho é passado pelo furo de um fuso, e esse amuleto é mergulhado três vezes em água retirada de um poço sagrado enquanto uma rima é dita sobre ele em gaélico para consagrá-lo.[242]

A Magia Simpática também favorece os objetos associados à manipulação e controle de animais como veículos poderosos para a magia de amarração. A literatura irlandesa antiga parece associar itens como o chicote ao poder de amarração. Em *The Wasting-Sickness of Cú Chulainn* (*A Doença Debilitante de Cú Chulainn*), a fada Fand o açoita com um chicote, o que causa uma doença debilitante, uma ligação de sua vitalidade e habilidades.[243] Isto foi interpretado por alguns estudiosos, como Bernard Mees, como decorrente de uma ambiguidade linguística semelhante à forma como a frase inglesa *to lash* pode significar tanto "chicotear" como "amarrar

---

241. Black, *Scottish Charms and Amulets*, 473–474; Forsyth, *The Ogham-Inscribed Spindle-Whorl from Buckquoy: Evidence for the Irish Language in Pre-Viking Orkney?* 679.

242. Black, *Scottish Charms and Amulets*, 473.

243. O' Curry, The Sick-Bed of Cuchulainn and the Only Jealousy of Emer, 3

com uma corda".[244] Em qualquer caso, a história ilustra a associação dos chicotes e cordas usados para controlar os animais com o poder mágico de amarrar e controlar a vitalidade de alguém.

Outro conto irlandês antigo, *The Adventures of Nera* (*As Aventuras de Nera*), mostra o guerreiro Nera colocando um cordão ao redor dos pés de um criminoso executado pendurado em uma forca.[245] Isso ocorre no Samhain e parece ser um esforço para impedir que o cadáver ou seu espírito ande e coloque os vivos em perigo. (*Spoiler*... não funciona muito bem para Nera; ele se atrapalha com o fecho e o morto coloca os braços em volta do seu pescoço, forçando-o a carregá-lo a noite toda.) Muitos encantamentos aparecem entre costumes irlandeses e britânicos que empregam tais cordas ou *spancels* – vários tipos de algemas ou manilhas, normalmente tecidas de vime ou couro e usadas para amarrar as patas de cavalos e gado para impedir que vagueiem. No conto de Nera, a palavra irlandesa é *id*, definida como "um objeto em forma de arco, um cordão (amarrado em torno de algum objeto)" e também "um grilhão, uma corrente, um *spancel*".[246]

Um tipo semelhante de magia de amarração é usada por Cú Chulainn no *Táin Bó Cúailnge*, onde ele faz um anel de vime (novamente *id*, em irlandês) a partir de uma muda de carvalho, esculpe uma inscrição Ogham nele e o coloca sobre uma pedra vertical.[247] Isso serve para impedir os adversários de Cú Chulainn de prosseguirem além da pedra, sob a ameaça de sua ira. Uma versão dessa história fornece detalhes adicionais de como o cordão é preparado ritualisticamente: ele adota a postura ritual de ficar em pé sobre uma perna, usando uma das mãos e olhando através de um olho enquanto o prepara.[248]

Essa mesma palavra *id* aparece num antigo texto da lei irlandesa sobre constrição, uma prática pela qual um requerente poderia confiscar os bens de uma pessoa acusada para forçá-la a cumprir a justiça. Em alguns casos de penhora, um grilhão seria colocado em torno da propriedade do acusado para notificar que ela havia sido penhorada. Por exemplo, alguém poderia distrair um ferreiro amarrando um fio em volta de sua bigorna; para um médico, sua maleta de remédios, etc.[249] O cordão em si não impede fisicamente o uso; é um

244. Mees, *Celtic Curses*, 4164.
245. Meyer, *The Adventures of Nera*, 215.
246. Royal Irish Academy, "EDIL 2019, s.v. 1 *id* dil.ie/27166."
247. O'Rahilly, *Táin Recension* 1, 131–132.
248. O'Rahilly, "Táin Leinster," 150.
249. Kelly, Early Irish Law, 181.

símbolo da exigência social e legal de respeitar o ato de constrição. Esse peso simbólico carrega tanto poder social quanto mágico, que pode ser utilizado para fazer cumprir a lei, controlar animais e pessoas ou para impedir que os mortos andem. Naturalmente, um objeto tão poderoso não escapa à atenção dos costumes populares.

Kit de Ferramentas do Bruxo

Amarração com Cordão

Para fazer uma amarração com cordão, ou *id*, existem vários métodos. Aqui, vou oferecer três maneiras de fazer um ritual de amarração com um modelo que você pode usar como ponto de partida para explorar e construir sua prática.

Preparando um Cordão

Para esse tipo de cordão, basta um pouco de fio. Qualquer fio serve. Uma escolha melhor seria um fio de fibra natural fiado à mão, pois ele terá passado pelas mãos de um fiandeiro experiente e suas fibras serão torcidas por meio da antiga técnica de fiação. Se você puder fiar seu próprio fio ou obtê-lo de um fiandeiro com habilidade mágica, ainda melhor. Eu recomendo trançar ou dar nós em vários pedaços de fio para fazer um cordão que seja mais forte do que um único fio seria.

Corte três pedaços de fio, cerca de um terço mais longo do que o comprimento necessário para o cordão acabado.

Pegue os três comprimentos e alinhe-os para que as pontas fiquem uniformes. Dê um nó nas três pontas. Ao dar o nó, sopre sobre ele para animá-lo, com uma instrução para o cordão sobre o que deseja que ele faça por você. "Eu faço de você um cordão de amarração, com poder para amarrar o destino do meu inimigo" ou palavras nesse sentido.

Comece a trançar pegando o fio da direita e passando-o sobre o fio central, depois pegue o fio da esquerda e passe-o sobre o fio central. Continue nesse padrão, direita sobre o centro, esquerda sobre o centro e alternando. Você pode continuar sussurrando instruções para o cordão enquanto faz isso. Quando chegar perto do final dos fios, amarre os três novamente com um nó final, completando a instrução para o cordão com um sopro sobre o nó.

Preparando um Cordão para Gado

Para esse tipo de uso, você reaproveitará um pedaço de equipamento feito para o controle do gado. Esses itens são encontrados em lojas rurais de rações, fornecedores de gado e de arreios para cavalos. Os cabresto de vaca ou cavalo podem ser utilizadas; elas são muitas vezes feitas de náilon flexível ou tira de couro, que passa por argolas em cada extremidade para formar punhos para as pernas do animal. Rédeas de cavalo feitas de pedaços estreitos de couro também podem ser utilizadas. Se conseguir encontrar mancais ou arreios usados, melhor ainda, pois eles já foram usados para controlar um animal e terão muito mais poder como ferramentas de amarração. Ao escolher que tipo de item usar, você deve pensar com antecedência sobre as limitações físicas do objeto alvo ao qual irá amarrá-lo; couro pesado ou barras largas de náilon podem não ser flexíveis o suficiente para serem usadas com um objeto alvo pequeno. Você pode cortar um pedaço da correia se sua forma original for muito volumosa, larga ou longa para fazer uma amarração.

Conforme prepara o equipamento para transformá-lo em algo que possa usar como amarração, sopre sobre ele para animá-lo, dando-lhe instruções sobre o que deseja que ele faça por você. "Eu faço de você um cordão de amarração, com o poder de amarrar os membros e as ações do meu inimigo" ou palavras semelhantes.

Preparando um Cordão para Amarração

Para esse tipo de cordão, você vai precisar de um barbante e de um pedaço de material vegetal que seja flexível o suficiente para amarrar e enrolar, e resistente o suficiente para não quebrar. Os galhos finos e flexíveis do salgueiro-chorão são ideais, assim como os comprimentos da videira. Se o material for muito fino e correr risco de se dividir ou quebrar, você pode torcer vários comprimentos juntos. Reúna uma seção longa o suficiente para enrolar várias vezes ao redor do objeto alvo, com um pouco mais de comprimento extra para amarrar.

Como você está retirando material de uma planta viva para isso, certifique-se de fazer uma oferenda em agradecimento quando coletar o material vegetal.

Prepare o material vegetal removendo quaisquer folhas ou galhos laterais que estejam presos. Ao fazer isso, sopre sobre o material vegetal para animá-lo, dando-lhe suas instruções. "Eu faço de você um vínculo, com o poder de amarrar a vontade do meu inimigo" ou palavras semelhantes.

Preparando o Objeto Alvo

Uma vez que essa abordagem à magia de amarração envolve um fio físico que é enrolado e amarrado, você precisa de algo para enrolá-lo – um objeto alvo. Este objeto alvo representará a pessoa ou grupo que você está vinculado, de modo que, por meio de Magia Simpática, eles sejam tão presos quanto o objeto amarrado. É útil pensar antecipadamente sobre o que irá usar como objeto alvo, pois é bom considerar a interação física entre o cordão e o alvo. Aqui estão algumas abordagens possíveis para trabalhar:

- Uma efígie ou boneco feito em forma humana para representar a pessoa. Abordarei a construção de bonecos com mais detalhes no próximo capítulo, pois eles podem ser feitos de diversas maneiras.
- Um objeto que pertence à pessoa ou que contém de alguma forma um elo com ela.
- Um objeto que representa o aspecto específico da pessoa que você deseja amarrar. Por exemplo, digamos que esteja tentando amarrar alguém que causou danos profissionais; você poderia usar um objeto com a marca comercial ou logotipo profissional deles.

Rito de Amarração com Cordão

Para este ritual, você vai precisar de:

- Ferramentas de purificação, como água abençoada
- Fio
- Oferendas para seus espíritos protetores e quaisquer outras Divindades que você possa estar invocando
- Seu objeto alvo
- Seu cordão preparado

Comece limpando a si mesmo e a todos os seus materiais, aspergindo a água abençoada.

Faça uma oração de proteção *lorica* ou *caim* para garantir sua segurança.

Chame seus espíritos protetores e quaisquer outras Divindades em quem confia para ajudá-lo neste trabalho de amarração. Apresente oferendas enquanto pedir ajuda e proteção.

Pegue o objeto alvo. Segure-o e visualize a pessoa a quem você está amarrando. Fale com ele, nomeando-o para essa pessoa, para que ela se torne aquela pessoa espiritualmente: "Eu o nomeio [nome], você é [nome] em corpo e espírito. Seu corpo é o corpo de [nome]. Suas ações são as ações de [nome]. O que acontece com você acontece com [nome]. O que prende e segura você, prende e segura [nome].

Você também pode enumerar quais ações essa pessoa realizou que merecem ser submetidas a essa amarração, para que todos os espíritos saibam que você está agindo em alinhamento com o *cóir* (justiça, retidão).

Pegue o cordão. Segurando o objeto alvo com uma das mãos, segure a ponta do fio contra o objeto alvo, deixando uma ponta que você possa amarrar. Comece a enrolar o fio ao redor do objeto. Enquanto enrola, fale em voz alta a amarração. É útil nomear cada aspecto da pessoa que está sendo amarrada, com foco especial nas capacidades que ela possa ter usado para causar danos. Você pode ser poético, mas também tente ser específico Diga algo como: "Eu amarro seus membros, amarro seu corpo, amarro seu espírito. Amarro suas mãos para não cometer violência, amarro seus pés contra a fuga, amarro sua boca para não falar mentiras, amarro seu coração para não fazer magia, amarro seu poder para não fazer o mal" ou palavras semelhantes, conforme apropriado.

Quando chegar ao fim do fio, prepare-se para amarrá-lo para que ele não possa se desenrolar. Se o fio for flexível o suficiente, como no caso de fio trançado ou couro estreito e flexível, poderá simplesmente dar um nó juntando-o à primeira extremidade. Se for muito rígido para dar um nó no próprio material, use barbante para amarrar as duas pontas do fio ou amarre a ponta solta contra o próprio objeto. Este nó sela a amarração – portanto, deixe-o firme e forte. Você pode até triplicá-lo para obter um efeito extra. Enquanto estiver amarrando, sopre profundamente no nó e diga suas palavras finais de amarração. "Assim você está amarrado e assim permanecerá amarrado para sempre ou a menos que eu o desamarre" ou em quaisquer termos apropriados para o seu trabalho.

Após a conclusão, você poderá implantar a amarração onde ela tiver maior efeito. Se possível, esconda perto da casa ou no local de trabalho do seu alvo, ou em algum lugar onde ele se aproxime. Alternativamente, você pode depositá-lo num local onde os espíritos que o ajudam tenham sua presença mais forte. Cemitérios, encruzilhadas e espaços liminares, como lugares aquáticos, são locais tradicionais para a implantação de magia.

Lembre-se de sempre finalizar com uma limpeza completa de si mesmo e do espaço onde realizou o trabalho.

História

Um Ritual de Amarração com Cordas

Estou auxiliando uma amiga que me procurou em busca de ajuda mágica em um processo judicial. Ela está assustada: no meio do divórcio, o ex pediu a guarda total dos filhos e tentou acusá-la de ser incapaz de cuidar das crianças por causa de uma deficiência que limita sua mobilidade. "Você pode me ajudar a restringi-lo? Pelo menos, impedir que mentiras sejam usadas contra mim?" Nós decidimos por um rito de amarração; ela não quer machucar o pai dos seus filhos, apenas limitar o poder dele no tribunal.

É um bom momento para começar; a Lua está escura. Ao entardecer, vou coletar vimes de salgueiros ao lado de um riacho onde eles crescem. Escolhendo o local cuidadosamente, caminho pela margem em busca do espaço mais liminar que consigo encontrar: ao lado de uma encruzilhada, onde o riacho entra em um bueiro para atravessar a estrada subterrânea. Aqui. Disponho de algumas oferendas e falo com os salgueiros: "Quem vai me ajudar? Busco justiça protetora através da amarração; quem vai me ajudar a amarrar esse agressor?" Então espero um pouco, ouvindo meditativamente. Às vezes, os sinais dos espíritos são muito sutis, mas hoje não. Uma leve agitação no ar da noite se transformou em uma brisa que faz os salgueiros balançarem. Concentro-me naquele que está se movendo mais, seus galhos parecem acenar como se alguém levantasse a mão e dissesse "Eu vou lhe ajudar". Eu corto uma ponta de vime fino e flexível da extremidade estreita de um galho e levo para casa.

Ela fez uma pequena efígie no qual podemos realizar a amarração. Depois de nos abençoarmos, invocarmos e alimentarmos nossos aliados espirituais, seus Deuses e ancestrais, começamos a trabalhar. Eu arranco as folhas do vime e abençoo; então, enquanto faço mais orações ao seu espírito, eu trabalho um pouco com ele em minhas mãos, dobrando-o para um lado e para o outro para torná-lo ainda mais flexível, de modo que possa ser enrolado adequadamente e com firmeza na efígie. Agora estamos prontas para amarrar.

Convido minha amiga para falar o encantamento enquanto faço a amarração. Ela estende as mãos sobre as minhas, adicionando poder à amarração enquanto eu trabalho e ela começa a falar. A princípio hesitante, depois com mais confiança à medida que ela se enraíza na injustiça, no medo e na raiva de sua situação, as palavras começam a jorrar dela. Eu pressiono o fio ao longo da efígie para que a extremidade grossa fique livre e o enrolo ao redor do pequeno corpo, tão firmemente quanto a tensão do salgueiro me permite, tecendo por baixo e ao redor para que não possa se desenrolar. Ela está quase sibilando com fúria protetora quando chego ao final do cordão. Agora peço que ela segure todo o enrolamento no lugar enquanto pego um pedaço de barbante para amarrar as pontas.

"Preparada? Aqui está o barbante." Pego a efígie de volta e entrego-lhe o barbante para que ela mesma possa dar o último nó.

"E assim será, por todos os Deuses e espíritos que estão aqui comigo", ela sibila e puxa o nó rapidamente.

Minha amiga carregará a efígie escondida com ela quando caminhar orgulhosamente com sua bengala até o tribunal para defender sua parentalidade, sabendo que tem a ajuda de seus Deuses e espíritos e o poder da amarração para ajudá-la.

CONHECENDO MONGACH

Mongach é um monstro em forma de enguia que aparece no conto medieval irlandês chamado *The Siege of Knocklong* (*O Cerco de Knocklong*). Eu já o apresentei no capítulo sobre como trabalhar com espíritos. Essa enguia está conectada com magias de amarração e agressivas.

Seu nome completo é Mongach Maoth Ramhar (que significa "juba longa, molhada, elegante"). Ela é descrita como uma enguia marinha fêmea gigante, grande o suficiente para enrolar-se pelo menos nove vezes ao redor do corpo de um homem, forte o suficiente para arremessar violentamente o corpo de um homem com um golpe de cauda, liberando veneno com a mordida de seus dentes.[250] A literatura usa uma variedade de metáforas poéticas para esse espírito – cobra d'água vermelha, enguia marinha, abutre, víbora, réptil com cabeça de lança, dragão de fogo. Ela é aliada ao druida Mug Roith, que ensina seu aluno como conjurá-la para lutar em seu nome em uma guerra entre as forças de Munster e as do Alto Rei Cormac Mac Airt.

Mongach personifica uma veia de tradições um tanto obscuras sobre enguias e magia relacionadas a elas. Sua ação de atacar, amarrar e enredar é semelhante à forma como Morrígan ataca na forma de uma enguia quando

250. Ó Duinn, *The Siege of Knocklong*, 82–87.

desafia Cú Chulainn. Existem algumas conexões linguísticas interessantes entre as enguias e a linguagem usada sobre amarração mágica. As enguias também são predadores fascinantes e estranhos, que podem parecer sobreviventes de uma era primordial: por exemplo, algumas espécies têm uma mandíbula secundária, chamada de "mandíbula faríngea", que sai de sua boca como os alienígenas de James Cameron para agarrar a presa e arrastá-la goela abaixo.

As tradições do folclore irlandês sobre enguias também preservam uma riqueza material sobre essas criaturas misteriosas e muitas vezes assustadoras, e sua forma parece discernível desses contos. O nome de Mongach remete a histórias folclóricas com grandes enguias descritas como tendo uma juba ou às vezes chamadas de "peludas". Esses contos muitas vezes lembram lendas de monstros aquáticos ou cavalos d'água; monstruosas enguias do Outromundo que habitam lagos e podem ser invocadas afundando uma crina de cavalo na água.[251] Dizem também que elas saltam agressivamente e se lançam para fora da água para atacar as pessoas e podem atravessar a terra formando-se em um aro, com sua cauda na boca, para viajar como uma roda. Frequentemente, diz-se que existe uma "enguia mestre" ou "rei das enguias", especialmente poderosa ou grande, que pode mudar de forma e comandar todas as outras enguias.[252] Esses temas de histórias e muitos outros parecem apoiar a ideia de que um grande espírito de enguia, como Mongach, lideraria um séquito generalizado de espíritos de enguia.

Na minha prática, eu honro as enguias como um dos séquitos espirituais da Morrígan, liderados por Mongach. Ela e os espíritos da enguia trazem poderes de amarrar, amaldiçoar, emaranhar e devorar. Emergindo do Outromundo aquático, ela pode atacar, aprisionar e arrastar as vítimas para baixo. Seu sigilo incorpora um sinal-nome, ou seja, seu nome escrito em Ogham, com letras celtas *Nemetos* para enguias, amarração e poder sagrado; Ratis e Morrígan para o Outromundo e Lugion para reinos subaquáticos. Tudo entrelaçado numa forma que evoca o movimento sinuoso da enguia. Ela é ilustrada como uma enguia musculosa, com juba, em uma postura feroz enrolada debaixo d'água e emoldurada por plantas aquáticas.

251. Butler, *Water Monsters in Irish Folklore*, 8.
252. National Folklore Collection UCD, "Dúchas, Volume 0095," 302–306; Volume 0200," 184–185.

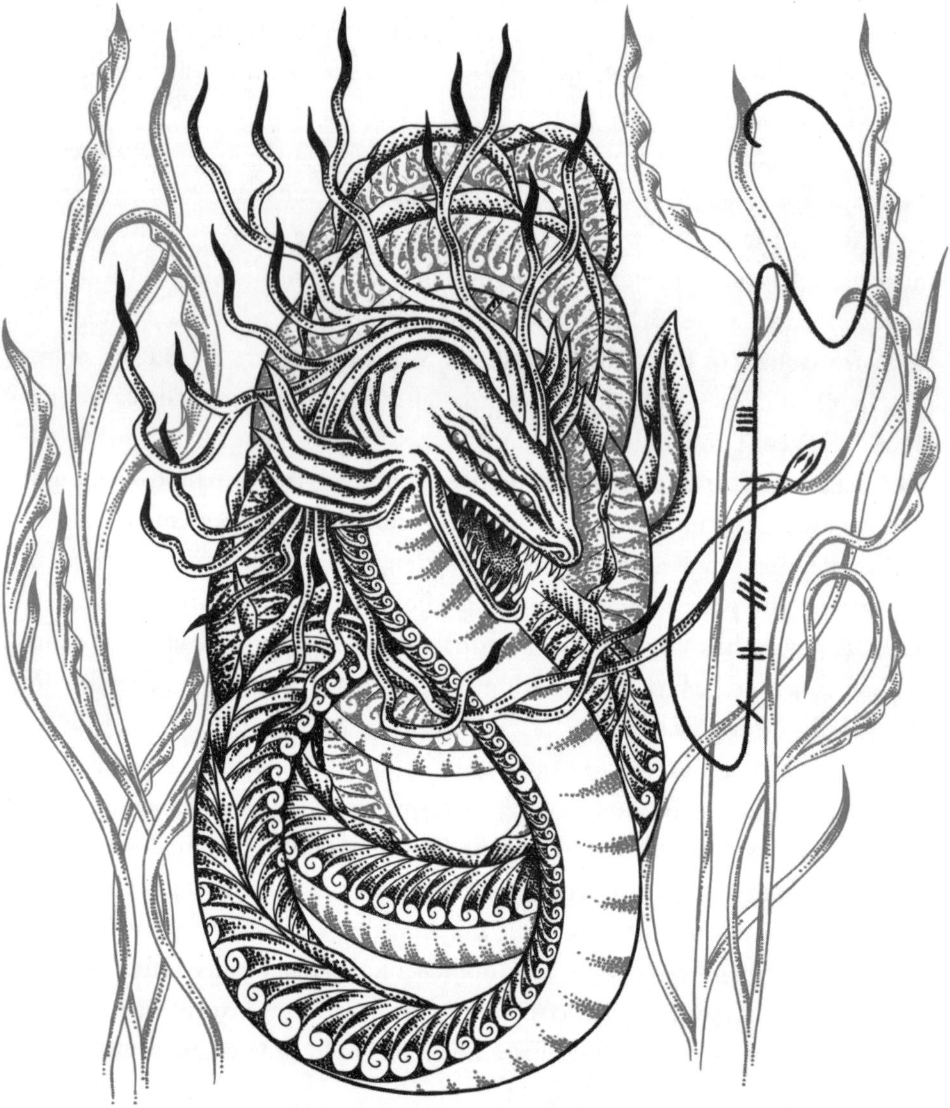

Ilustração do sigilo para Mongach

Juramentos

A primeira coisa a ser dita sobre juramentos é que devemos diferenciá-los de promessas ou simples compromissos. Isso é importante para estabelecer a lente através da qual os juramentos podem ser entendidos como uma forma de magia de amarração. Promessas operam num nível de compromisso social e emocional e são aplicadas através de mecanismos interpessoais e sociais, tais como honra pessoal, confiabilidade e status de grupo. Juramentos, por outro lado, são amarrações carregadas magicamente que operam em um nível espiritual e são aplicadas por espíritos ou mecanismos mágicos. Esse aspecto espiritual dos juramentos nem sempre é visível numa cultura ostensivamente secular como a das sociedades ocidentais contemporâneas, mas é muito aparente nas visões de mundo celtas animistas e mágicas. Nesta estrutura, os juramentos são mantidos por entidades espirituais, reforçados por poderes do Outromundo e aplicados por meios mágicos

A tradição reconhece os juramentos investidos com a agência espiritual do Outromundo, que atua por meio deles. Essa agência espiritual é vividamente ilustrada em exemplos da literatura irlandesa, como esta descrição de juramentos de guerreiros em *The Wasting Sickness of Cú Chulainn* (*A Doença Debilitante de Cú Chulainn*): "Eles colocaram suas espadas sobre as coxas quando declararam as lutas, e suas próprias espadas costumavam se voltar contra eles quando a contenda que declaravam era falsa."[253] Da mesma forma, o poema *Reicne Fothad Canainne* menciona um escudo "pelo qual costumavam fazer juramentos vinculativos".[254] Esta prática com armas inspiradas foi examinada com mais detalhes no capítulo 3 sobre trabalho espiritual. Aqui, quero destacar a ação do juramento, que é testemunhado, mantido, realizado e executado por um ser espiritual. Nas palavras de Jacqueline Borsje: "O falso juramento suscita uma sanção sobrenatural. A espada como garantia da verdade será o instrumento por meio do qual esta sanção será implementada. O que temos aqui é uma referência ao julgamento da batalha: a próxima batalha travada pelo jactancioso mentiroso terminará em sua derrota, pois sua espada não mais o servirá."[255]

Uma anedota relacionada em *The Judgment of Cormac's Sword* (*O Julgamento da Espada de Cormac*), refere-se a um juramento feito sobre uma espada e reforçado por meio da recitação de um encantamento de um feitiço (*bricht*):

253. Leahy, *Heroic Romances*, Vol I, 57.
254. Meyer, Fianaigecht, 15.
255. Borsje, *Omens, Ordeals and Oracles*, 227.

"O vínculo do juramento que o filho do verdadeiro Fithal amarrou, com um feitiço, ao redor da espada que estava em sua mão."[256] Parece que a prática de juramentos ritualizados feitos na presença de uma espada, que se acreditava ter arbítrio espiritual para fazer cumprir o juramento era generalizada. A este respeito, juramentos e magias de amarração estão conectados; o poder do Outromundo é o que lhes dá força e é a agência que atua dentro deles.

proibições rituais

A agência espiritual do juramento também se reflete na tradição relacionada ao *geis* (plural *gessi* ou *geasa*). *Geasa* pode ser mais bem descrito como proibições ou injunções rituais e, como tal, estão intimamente relacionados aos juramentos. Conforme apresentado nos primeiros contos irlandeses, o termo foi frequentemente traduzido como "tabu", embora este não seja um termo ideal para usar, uma vez que é impreciso e retirado da cultura polinésia. O *geis* é uma amarração espiritualmente carregada que geralmente exige que um personagem evite fazer certas coisas proibidas, sob o risco de vida e força. Embora esta amarração negativa e proscritiva seja o tipo mais comum, existem exemplos de *geasa* que são de natureza prescritiva – exigindo que o personagem cumpra uma ação em vez de evitá-la.

Em algumas instâncias, os *geasa* funcionam como comportamentos rituais de demarcação de limites que agem para preservar a santidade das coisas sagradas. Essa dimensão é ilustrada por um exemplo de observância ritual em torno de carruagens em *The Wooing of Emer* (*O Cortejo de Emer*): "Um potro é a ruína de uma carruagem até ao fim de três semanas... E há um *geis* numa carruagem até ao fim de três semanas para qualquer homem entrar nele depois de ter comido carne de cavalo pela última vez. Pois é o cavalo que sustenta a carruagem."[257] Aqui o *geis* atua para proteger a carruagem, claramente um item muito valioso e importante do equipamento guerreiro, contra danos espirituais através do contato com a carne de cavalo. O cavalo é sagrado para a carruagem; portanto, quando carne de cavalo é consumida, este *geis* entra em vigor como um limite ritual que requer três semanas antes que a carruagem possa ser adentrada sem causar danos espirituais.

256. Carey, *The Testimony of the Dead*, 9–10.
257. Meyer, Wooing of Emer, 152.

Mais comumente, o *geis* protege e estabelece limites para os indivíduos. Bernard Mees descreve os *geasa* como "contratos pessoais fatídicos" – isto é, contratos com forças do Outromundo.[258] O vínculo concede benefícios desde que a pessoa esteja em correta relação com o contrato espiritual. Essa relação correta é codificada no termo *sogeis*, uma palavra arcaica que denota virtude, mas que significa literalmente "*geis-bom*", ou seja, ser bom ou estar alinhado com o próprio *geasa*.[259] Usado nas Instruções de Cormac em uma lista de qualidades adequadas a um rei.[260]

A tradição mítica irlandesa sugere que tal contrato espiritual, quando alguém está "*geis-bom*" e tem um relacionamento correto, confere não apenas proteção, mas também certos dons ou poderes. Esses poderes são chamados na tradição de *búada*, "presentes", particularmente associados a indivíduos poderosos no léxico mítico, como reis, druidas ou heróis.[261] Assim, embora a representação mais comum de um *geis* na literatura seja como uma proibição, essas proibições são algo como a ponta de um iceberg. Subjacente a estas injunções visíveis a um nível mais profundo, está o contrato ou vínculo espiritual com os seus dons e proteções heroicos, mantidos através da adesão aos termos do vínculo. Quando o *geis* é quebrado, ele retira os poderes e proteções que havia concedido e normalmente se liberta como uma maldição.

Um dos exemplos mais bem detalhados de *geasa* são os do herói Cú Chulainn. Como guerreiro heroico, ele está sujeito a diversas injunções rituais, e por isso não pode tocar ou comer carne de cachorro, já que o cão é seu nome-animal e, portanto, sagrado para ele.[262] Ele também tem um *geis* que exige que aceite comida de uma lareira para onde for convidado. Os *geasa* são um pouco como a arma de Chekhov na literatura irlandesa – se um *geis* for mencionado na história, você pode ter a certeza razoável de que ele machucará alguém antes do final. Certamente, eles são sua ruína. A caminho de uma batalha, Cú Chulainn encontra três Bruxas que cozinharam um cachorro em estacas de sorveira e o ofereceram a ele. Como para ele é um *geis* tanto comer a carne quanto recusar comer na lareira delas, ele não pode escapar da maldição. Cú Chulainn faz o possível para acomodar os dois *geasa* aceitando a carne sem comê-la, mas perde

---

258. Mees, *Celtic Curses*, 4057.
259. Mees, *Celtic Curses*, 4272.
260. Meyer, *The Instructions of King Cormac Mac Airt: Tecosca Cormaic*, 12.
261. Charles-Edwards, *Geis, Prophecy, Omen, and Oath*, 42.
262. Tymoczko, *Two Death Tales from the Ulster Cycle: The Death of Cu Roi & The Death of Cu Chulainn*, 49-50.

as forças simplesmente ao tocá-la. Isso permite que seus inimigos o vençam e provoca sua morte.

Aqui, sua destruição é possibilitada por uma inversão dos poderes heroicos que lhe foram concedidos pela *búada*, dádivas de seu *geasa*. A história de Cú Chulainn estabelece claramente a conexão entre os *geasa* e esses dons heroicos. A razão pela qual o cão é *geis* é porque é sagrado para ele em sua identidade e papel como guerreiro. Essa identidade canina era mais coletiva do que pessoal, e era transportada pelos guerreiros na sociedade irlandesa em geral, como refletido pelos muitos guerreiros nas sagas com nomes relacionados com cães ou lobos (como também era verdade para outras culturas da época, como a nórdica). Suas habilidades marciais heroicas – a Luz do Herói, o salto do salmão, os feitos especiais com lanças mortais – são a *búada* conferida por esta identidade canina.[263] Eles refletem as bênçãos de um vínculo espiritual assumido em ritual no momento em que recebeu seu nome de guerreiro. De fato, no texto original irlandês, o nome é formalmente atribuído a ele pelo druida Cathbad em uma atmosfera ritualizada, pouco antes do momento em que ele empunha as armas.[264] Seu papel e os poderes espirituais que o acompanham são o que está vinculado ao *geis*, e é esse relacionamento, a força e a proteção que ela lhe confere que são desfeitos pela quebra do *geis*.

Outra história que ilustra ricamente o funcionamento dos *geasa* é a do Rei Conaire Mór, em *The Destruction of Dá Derga's Hostel* (*A Destruição da Estalagem de Dá Derga*). Conaire tem um *geis* pronunciado para ele em seu nascimento contra matar pássaros, devido ao seu parentesco familiar com uma tribo de pássaros do Outromundo.[265] Esses mesmos parentes pássaros são responsáveis por organizar sua ascensão à realeza em um contrato espiritual que põe em vigor *geasa* adicionais. Aqui, os *búada* trazidos são os poderes da própria realeza, e muitos dos *geasa* estão relacionados aos papéis do rei na justiça, na hospitalidade e na proteção da terra.[266] Tal como aconteceu com Cú Chulainn, estes *geasa* foram conferidos em ritos de ascensão a um novo status – a realeza, no caso de Conaire. Isso ilustra a função dos druidas em conferir ritualmente um papel e seus *geasa* acompanhantes, reforçando a ideia de que é necessário um papel de autoridade ou uma posição de relacionamento próximo para poder colocar um *geis* em alguém.

---

263. O'Rahilly, *Táin Bó Cúalnge from the Book of Leinster*, 152.
264. O'Rahilly, *Táin Bó Cúalnge from the Book of Leinster*, 163.
265. *Stokes, The Destruction of Da Derga's Hostel, 170.*
266. O'Connor, *Da Derga's Hostel*, 75-76.

De forma semelhante ao exemplo anterior, após fazer um julgamento falso e assim violar sua obrigação, os aliados do Outromundo de Conaire o prendem a uma armadilha para quebrar ainda mais seus *geasa*, fazendo com que os poderes concedidos a ele através do contrato espiritual sejam retirados.

Um elemento importante a destacar aqui é que esses *geasa* entram em vigor por meio de um ritual, que vincula o participante a um contrato espiritual com poderes do Outromundo. Estudar isso mais a fundo produzirá insights aplicáveis à magia de amarração.

Orações Geis e Amarração ao Destino

Como aponta aqui o historiador Bernard Mees, o *geis* tem sua origem como uma espécie de encantamento:

> *Geases* são claramente descritos nos primeiros contos irlandeses em termos que os conectam ao destino – como os destinos irlandeses, muitas vezes eles são expressos como se fossem aquisições passivas de heróis e reis. Não é apenas a maneira como os *geases* eram obviamente considerados obrigatórios que os torna tão reminiscentes de antigas maldições celtas, no entanto: um *geas* parece literalmente ter sido uma "oração" – o termo parece estar relacionado ao verbo *uediiumi* usado no *defixio de Chamalières*.[267]

É essa raiz que me interessa seguir. Os contos irlandeses tendem a apresentar o *geis* em termos de suas consequências para os personagens dos enredos das histórias – proibições e maldições que surgem ao serem quebradas. Subjacente a essas consequências está um contrato espiritual celebrado por meio de magia ritual. Além de ser usado como uma proibição, tanto no irlandês antigo quanto no moderno, *geis* também mantém o significado adicional de feitiço ou encantamento.[268] A palavra *geis* surge da mesma raiz do verbo irlandês antigo *guidid*, "orar, invocar", e também aparece em gaulês no verbo *uediiu-* "invocar", aparecendo em tábuas de feitiços.[269]

---

267. Mees, *Celtic Curses*, 4264.

268. Royal Irish Academy, "EDIL 2019: An Electronic Dictionary of the Irish Language, Based on the Contributions to a Dictionary of the Irish Language, s.v. *geis*."

269. Royal Irish Academy, "EDIL 2019: An Electronic Dictionary of the Irish Language, Based on the Contributions to a Dictionary of the Irish Language, s.v. *guided*."; Delamarre, *Dictionnaire Gauloise*, 309-310.

Essas ligações etimológicas relacionam *geasa* com a antiga tradição de magia ritual versificada encontrada em todas as culturas celtas e indicam que, na sua essência, é um encantamento de amarração fatídico aplicado por meio de oração invocatória. Assim, o *geis* refere-se tanto ao contrato com os poderes do Outromundo, quanto ao ritual de amarração usado para selá-lo. Tal oração *geis* provavelmente teria sido entoada em forma métrica. A poesia ritual irlandesa fornece modelos de como poderia soar esse encantamento vinculativo.

Um poema que aborda vividamente a amarração é o encantamento de Mug Roith para invocar uma enguia para amarrar e restringir seu inimigo. A linguagem e o teor do encantamento lembram esse gênero de orações de ligação, descrevendo a ação de amarração da enguia, semelhante a um laço:

Ai daquele em torno de quem ela se enrola,
Entre as ondas crescentes...
Seja uma víbora de nove voltas,
Ao redor do corpo do gigantesco Colpa,
do chão à cabeça,
O réptil liso com cabeça de lança...
Os laços que ela amarra,
São como a madressilva em volta da árvore...[270]

Observe a linguagem vinculativa: "os laços que ela amarra". O tradutor aqui simplificou esta parte do texto em uma linha. No original, essa linguagem de amarração torna-se um encantamento rimado enfático próprio, repetindo a amarração de três maneiras diferentes:

em trascradh nos trascrann
é fasdar não fastann
é nascad nos nascann

Cada uma dessas frases apresenta outra maneira de descrever uma amarração: *trascrann* significa "derruba, abate, prostra"; *fastann* significa "para, retém, detém, impede" e *nascann* significa "amarra, fixa".[271] Esta parte do encantamento, com sua elaboração enfática e repetição aliterativa, vem diretamente da mesma tradição

270. Ó Duinn, *The Siege of Knocklong*, 79-77

271. Royal Irish Academy, "EDIL 2019: An Electronic Dictionary of the Irish Language, Based on the Contributions to a Dictionary of the Irish Language, s.v. *trascrad*, s.v. *fostad*, s.v. *nascad*."

de magia métrica que produziu os encantamentos de amarração gauleses. É fácil imaginar o canto apaixonado de um encantamento tão vinculativo em um ritual.

Outro exemplo importante de um encantamento de ligação ou destino é encontrado no justificadamente famoso texto de feitiço gaulês conhecido como *defixio de Chamalières*. Um *defixio* é uma antiga tecnologia mágica pela qual orações mágicas (muitas vezes maldições) eram inscritas em objetos como tabuletas de chumbo e depositadas em locais magicamente carregados. O *defixio de Chamalières*, encontrado numa fonte termal no centro da França, data do período galo-romano e a sua inscrição riscada em minúscula letra cursiva latina fornece uma rica visão sobre a prática mágica do período. Examinarei isso mais detalhadamente no capítulo sobre maldições. Por enquanto, a frase-chave que me interessa é: *Etic segoui toncnaman toncsiiontio*, traduzida como "é o destino do vencedor ao qual eles serão destinados", ou alternativamente "é o juramento do vencedor que eles farão".[272]

A ambiguidade sobre se essa frase *toncnaman toncsiiontio* deve ser interpretada como "fixar um destino" ou "fazer um juramento" não é simplesmente uma questão de discordância entre os tradutores; essa ambiguidade aponta para um conceito fundamental sobre a conexão entre a magia fatídica e o ato de prestar juramentos. É claro que isso aponta para algo realmente muito profundo, porque essa ambiguidade existe em todo o complexo de frases relacionadas a destino, fado, juramentos e magia de amarração nas diferentes culturas celtas. O cognato da frase gaulesa *toncnaman toncsiiontio* é encontrado no mito galês na frase *tynghaf tynghet*, traduzida de várias maneiras como "Eu destino um destino" ou "Eu juro um juramento". Isso é, por exemplo, usado em *The Mabinogion* (*O Quarto Ramo*) do *Mabinogion*, por Arianrhod, ao impor um destino a seu filho: "Eu juro um destino sobre ele, que ele não receberá um nome até que o obtenha de mim". Também é encontrado em cognato na antiga fórmula de juramento irlandesa *tongu a toingend*, tipicamente aparecendo em juramentos como "Eu juro pelos Deuses que meu povo jura".[273]

A raiz indo-europeia *tenk-* está na raiz de cada uma dessas frases, significando "tornar-se sólido, manifesto, fixo".[274] Esse conceito de fixação desenvolveu-se em frases no contexto de vários rituais para fixar o destino, fazer juramentos ou lançar um *geis* ou uma maldição de amarração. O fato de essa frase aparecer intacta

272. Koch and Carey, The Celtic Heroic Age, 2; Delamarre, Dictionnaire Gauloise, 298.
273. Koch, *Further to Tongu Do Dia Toinges Mo Thuath*, &c, 249-250.
274. Koch, "Further to Tongu Do Dia," 256.

nessas diferentes culturas celtas, abrangendo a separação das línguas goidélicas, britônicas e continentais, indica que ela vem de uma raiz cultural muito antiga, que dá frutos neste complexo de palavras relacionadas para oração, invocação, ligação, vinculação, amarração, juramentos e feitiços. Cada um desses modos de magia de fixação do destino parece estar associado a um uso semelhante de linguagem contratual, similar à linguagem encantatória de "vincular um vínculo".

Aqui está uma janela para uma camada profunda da visão de mundo celta sobre a concepção de destino: que ele pode ser invocado e pode ser fixado ou manipulado através de tecnologias rituais encantatórias, e que o modo ritual e a agência moldam a forma e o impacto dessa ligação. Cada um desses tipos de magia – juramentos, *geasa*, fixação de destino e maldições de amarração ou vinculativas – pode ser entendido como um tipo de invocação fatídica. A diferença entre esses modos rituais e o tipo de consequência fatídica que eles invocam parecem depender da ação do invocador. Fazer um juramento é assumir a vinculação do próprio destino de forma autônoma. Em um caso em que a agência é exterior, onde uma pessoa faz uma invocação fatídica sobre outra pessoa, isso seria entendido como um *geis* ou feitiço de amarração.

Kit de Ferramentas do Bruxo

Invocação Fatídica

Conforme mencionado na seção anterior, os *geasa* são tradicionalmente realizados por indivíduos que possuem uma posição de autoridade espiritual, como um Druida ou um Sacerdote, ou que têm um vínculo ou ligação com a pessoa que recebe o *geis*, como um membro da família ou um amante, por exemplo. De maneira mais geral, o que isso ilustra é que, para realizar com sucesso uma oração de amarração ao destino, você precisa se posicionar de tal maneira que o mundo espiritual reconheça a sua autoridade para acessar o destino daquela pessoa. Existem algumas maneiras de realizar esse acesso sem a necessidade de atuar em caráter oficial.

Primeiro, você pode ser capaz de falar a partir de uma conexão com seu alvo. Isso pode ser uma conexão pessoal, como de alguém que você conhece pessoalmente. Quanto mais próxima for a ligação, mais acesso direto você terá para afetar o destino deles.

Segundo, influência também é conexão. Na medida em que alguém tem a capacidade de impactar as condições da sua vida, você está dentro da esfera de influência dessa pessoa. Isso também se aplica a qualquer relação de poder – social, política, institucional ou espiritual. Ser parte de relações de poder significa que seus destinos já estão entrelaçados, mesmo que apenas ligeiramente. Essas conexões podem ser utilizadas para posicioná-lo a ter acesso à vinculação do destino.

O terceiro ponto de acesso sobre o qual quero falar são os juramentos de cargo e os juramentos profissionais. Quando funcionários em posições de poder públicos ou institucionais prestam juramentos, isso pode se tornar um ponto de acesso à vinculação do destino. Podemos não pensar nesses juramentos como *geasa*, mas eles são pactos vinculativos ritualizados e muitas vezes são feitos na presença de imagens de Divindades que mantêm seu cumprimento. Por exemplo, estas Deidades podem ser aquelas relacionadas com a justiça, no caso de instituições governamentais e jurídicas; ou Deuses da cura, em domínios relacionados com os cuidados de saúde. A questão é que, mesmo que sejam realizados em contextos ostensivamente seculares, os juramentos de posse ainda são ritualizados e mantidos por certos poderes. Tais juramentos podem ser instrumentalizados para vincular os indivíduos sujeitos a eles. Além disso, se esses juramentos forem violados, isso o posicionará para invocar as consequências fatídicas da quebra do juramento e invocar a autoridade dos poderes que supervisionaram a promessa feita.

Rito de Invocação Vinculativa

Embora este ritual possa assumir uma infinidade de formas dependendo da situação, como ponto de partida apresentarei este modelo na forma que poderá ser usado para uma invocação vinculativa feita contra um funcionário público. Você pode adaptar este modelo e desenvolvê-lo para se adequar a outros contextos de vinculação do destino.

Este ritual não requer muita preparação material, pois consiste basicamente em petições devocionais e ações espirituais.

Para este ritual, você vai precisar de:

- Ferramentas de purificação, como água abençoada
- Oferendas para seus espíritos protetores e para os poderes e Divindades aos quais fará sua petição

Comece purificando a si mesmo e ao seu local de trabalho, usando água abençoada ou outras ferramentas de limpeza.

Faça uma oração de proteção *lorica* ou *caim* para garantir sua segurança.

Invoque seus espíritos protetores; apresente ofertas e peça a eles que o acompanhem com segurança.

Chame as Divindades em quem confia para auxiliar com poder vinculativo e com a justiça; apresente oferendas e peça a elas que emprestem seu poder à sua ação, para tornar a vinculação firme e para que a justiça seja feita.

Invoque quaisquer poderes que possam estar associados à instituição que seu alvo representa, ou que teria supervisionado seu juramento (como a Senhora da Justiça, etc.). Diga seu nome e declare sua conexão com o funcionário que você está almejando; identifique o que lhe dá legitimidade para invocar o juramento e para vincular o funcionário ao seu cumprimento. Fale sobre como você é impactado por ele para que seu direito de vinculação ao destino dele seja claro.

Declare os termos da vinculação contra o funcionário. É útil nomear cada aspecto dos poderes que exercem, concentrando-se nas suas capacidades ou poderes institucionais que podem impactar você e vinculando cada um deles em termos específicos. Você também pode invocar os detalhes de seu juramento de posse para obrigá-los a obedecê-lo da maneira que você precisa.

Por exemplo: "Eu vinculo você a agir com justiça e governar de maneira justa comigo. Amarro sua autoridade, amarro sua palavra, amarro sua fala, amarro sua escrita, amarro suas mãos, amarro sua língua, amarro seu trabalho, amarro seu destino sob juramento. Seu juramento de oferecer justiça igual a ricos e pobres o vincula. Seu juramento sob a balança da Justiça o vincula. O poder da Justiça prende você" ou palavras semelhantes que sejam adaptadas à sua situação.

Continue a proferir esta vinculação até sentir que declarou todos os termos com clareza suficiente. Se sentir que pode esquecer alguma coisa, também pode escrever tudo isso com antecedência e recitá-lo olhando em uma página durante o ritual.

Execute o encantamento de ligação. Agora que já declarou os termos da amarração, você irá entoá-lo para entrar em vigor. Para o encantamento, escolha algo que possa entoar repetidamente ao entrar em um estado espiritualmente ativado, para entrar em contato com o Outromundo e reunir o poder dos espíritos para a amarração. Sou a favor deste encantamento do *defixio de Chamalières*: *luge dessumíis luge dessumíis luge dessumíis luge* (Eu o comprometo ao juramento.).[275]

---

275. Mees, *Celtic Curses*, 653.

Ao entoar seu encantamento de ligação, concentre-se na necessidade da amarração. Deixe o canto se tornar feroz e urgente com a necessidade deste vínculo. Enquanto canta, alcance seu coração e espírito entre os mundos, estendendo a mão até que possa sentir e ver seu alvo com os olhos da mente. Ainda entoando, veja-se assumindo o controle do destino dele e, com a ajuda das Divindades que chamou, imagine-se vinculando-o ao seu juramento.

Quando sentir que está completo, descanse, pare o canto e encerre o ritual. Lembre-se de agradecer aos espíritos e Divindades que o ajudaram. Purifique-se novamente, assim como o seu espaço.

Você pode adaptar essa abordagem à invocação vinculativa, ao destino e às necessidades da sua situação. Esse tipo de invocação vinculativa também pode ser combinada com ritos de ligação física, como encantamentos de amarração com ramos (descritos anteriormente neste capítulo), assim como com a Magia de Bonecos ou Maldições de Tábuas, que serão abordadas no próximo capítulo.

capítulo 8

justiça, maldições e magia transgressora

No início deste livro, apresentei o conceito de *cóir* – retidão e justiça. A Magia da Justiça em seus fundamentos é uma magia direcionada a um erro que precisa ser corrigido. Mais do que isso, ela é potencializada pela existência de um erro. Este imperativo moral é o motor que alimenta a Magia da Justiça.

Neste capítulo, explorarei o funcionamento do *cóir* com mais detalhes, especialmente no que diz respeito ao que acontece quando ele é violado e na magia de correção da injustiça. Explorarei as formas pelas quais o poder que foi abusado pode ser invertido contra o transgressor e as técnicas que nos permitem retomar o poder e trazer ativamente justiça aos poderosos. Este capítulo também inclui métodos de magias de maldições agressivas, que são melhores quando usadas para fins de justiça e libertação. Assim como acontece com qualquer trabalho que possa implicar a interferência na agência de outra pessoa, é imperativo situar essas magias dentro de uma estrutura ética cuidadosamente considerada. Encorajo o leitor a fazer uso da ética e das ferramentas de avaliação de risco apresentadas na introdução como parte de sua preparação para qualquer trabalho que realizar.

cóir e transgressão

Na literatura irlandesa antiga, uma das encarnações de Macha fornece um conto didático com ricas lições para a prática da Magia da Justiça. Macha, uma mulher do Outromundo, torna-se esposa de um fazendeiro chamado Cruinn. Insensatamente e contra as advertências dela, ele se vangloria diante do rei do Ulster de que sua esposa pode vencer os cavalos reais. Macha então é injustamente forçada a correr com os cavalos do rei, enquanto está grávida, para provar o orgulho de seu marido. Ela vence a corrida, mas morre devido ao trauma do parto na linha de chegada, dando à luz gêmeos. Com seus gritos agonizantes, ela amaldiçoa os homens do Ulster com a dor e a fraqueza do parto sempre que forem mais necessários para defender sua província.

O conto de Macha contém muitas camadas de narrativa mítica e social. Para este estudo da Magia da Justiça, talvez o mais significativo seja a forma como a história representa um conflito entre o código de honra marcial e a justiça natural, ou *cóir*.

Macha pediu compaixão e justiça, que fosse permitido a ela esperar até dar à luz antes de ter que correr com os cavalos, e esse pedido justo lhe foi negado pelo rei. Ao negar a ela o que é justo, ele quebra seu contrato com o Outromundo e perturba a justiça de sua sociedade e a ordem natural do *cóir*. A maldição de Macha é a retribuição do Outromundo por esta transgressão.

A maldição em si parece operar por meio do poder da liminaridade, bem como da justiça do seu caso. Ela está em um estado liminal durante o parto, uma condição que supostamente a coloca em contato com o Outromundo. Essa crença é refletida nas Tríades da Irlanda, onde o juramento de uma mulher que dá à luz é descrito como um dos três juramentos que não exigem juramentos contrários (o que significa que a palavra de tal pessoa carrega a força da verdade e pode ser considerada um testemunho legal), sem exigir testemunhas adicionais). Esses três juramentos que são considerados como portadores da força da verdade são "o juramento de uma mulher em dores de parto; o juramento de um homem morto; o juramento de um homem sem terra".[276] Cada uma dessas classes de pessoas tem um status liminar ou do Outromundo, ou ambos. Assim, devido ao estado liminar de Macha, sua palavra e sua maldição carregam a força do Outromundo.

---

276. Meyer, *The Triads of Ireland*, 23.

O conto de Macha existe em múltiplas versões, e cada uma oferece insights ligeiramente diferentes sobre como a maldição funciona. Algumas dessas narrativas indicam que a maldição entra em vigor por meio de sua vergonha; que a exposição à vergonha que lhe foi infligida trouxe uma maldição sobre os homens que a testemunharam (e que tacitamente a permitiram).[277] Algumas versões se concentram no som do grito de parto de Macha, ou mesmo nos gritos dos gêmeos recém-nascidos, como a força que carrega a maldição, ao invés de suas palavras; diz-se que todos os homens que puderam ouvir o grito caíram sob a maldição.[278] Esta é uma imagem vívida e evocativa: a força do *cóir*, o poder e a indignação do Outromundo, são canalizados através de seu corpo e de sua voz. Em cada uma dessas versões, no entanto, por mais que a maldição inicial seja recebida pelos homens do Ulster, ela é transmitida aos seus descendentes até a nona geração.

A maldição de Macha, em todas as suas variações, é um exemplo de magia transgressora. Ela é impulsionada por uma transgressão. A injustiça feita a Macha, a violação de seu direito a um tratamento justo e seguro e a vergonha infligida a ela são as forças motrizes por trás da maldição. Seu grito ou invocação de maldição verbal pode ser pensado como o veículo de implantação, onde a vergonha da transgressão é infligida de volta àqueles que a causaram. A maldição inverte sua vergonha e sofrimento contra os transgressores. Com isso, a maldição transgride as divisões sociais de identidade de gênero, infligindo uma forma de sofrimento que era identificada pelas mulheres na sociedade irlandesa aos homens que são considerados responsáveis por esse sofrimento. Assim, ela transgride a ordem social ao privar esses homens dos poderes que estão ligados às suas identidades masculinas e marciais, e essa transgressão repara a transgressão original.

Uma maneira de pensar sobre isso é que a transgressão do *cóir* criou uma tensão na ordem natural, e essa tensão é como uma mola enrolada ou um arco tensionado. Essa tensão pode ser transformada em arma para redirecionar o seu poder contra os responsáveis pela transgressão. Ao empregar uma transgressão correspondente da ordem social e ao canalizar e vocalizar a indignação dessa injustiça, a maldição de Macha captura a tensão da transgressão e a redireciona contra o rei e os homens do Ulster que permaneceram ao lado e permitiram seu sofrimento, restaurando, assim, o equilíbrio do *cóir*.

277. Toner, *Macha and the Invention of Myth*, 95.

278. Gwynn, *Metrical Dindshenchas* Vol. 4, 308-311.

Isto é altamente instrutivo para pensar sobre a Magia da Justiça. O conto de Macha demonstra vários recursos que podemos adaptar à prática mágica:

- O uso da liminaridade para entrar em contato com as forças do Outromundo.
- Concentrar o poder emotivo da indignação através dos gritos, para canalizar visceralmente o poder.
- Transgredir o status de alvo da maldição, equivalente à injustiça que a motivou e, assim, transformar o *cóir* em arma.

Veremos alguns desses temas se repetirem em outros exemplos adiante.

A Fúria do Outromundo

A tradição irlandesa articula o conceito de obrigações sagradas como *geasa*. Discuti os *geasa* no capítulo 7, abordando como eles funcionam tanto como juramentos quanto como amarras espirituais. Devido à sua relação com poderes especiais, como a autoridade exercida pelos soberanos, os *geasa* têm uma forte intersecção com as magias da justiça.

No mitologia e na literatura, as posições de poder são frequentemente limitadas por *geasa*, que são as proibições e requisitos ritualizados vinculados por juramento impostos a alguém que é elevado a uma posição de poder, como a de um soberano ou de um guerreiro de força marcial especial. A conexão entre esses poderes (*búada*) e as proibições (*geasa*) não é acidental – é crucial. Os *geasa* servem como controles e limites que contêm os impactos potenciais dos poderes que uma pessoa detém e, quando necessário, podem funcionar como uma espécie de interruptor, removendo esses poderes caso tenham sido mal utilizados. É a cláusula de dissolução de um contrato espiritual na qual os poderes especiais só podem ser mantidos dentro dos limites da responsabilidade.

O que acontece quando os *geasa* estão quebrados? A agência espiritual do Outromundo os ativa e eles se tornam maldições. Isto tende a ser um processo em cascata com estágios progressivos de presságios cada vez mais severos à medida que a maldição *geis* entra em vigor. Este modelo pode ser particularmente útil para pensar sobre magias de justiça relacionadas com abusos de poder por parte de pessoas em posições de autoridade, especialmente quando há um juramento de posse ou outros compromissos legais ou éticos juramentados.

The Destruction of Dá Derga's Hostel (*A Destruição da Estalagem de Dá Derga*) ilustra vividamente esse processo. Conaire quebra sua obrigação central de fazer justiça, e a história segue o rei cada vez mais condenado à medida que os presságios de sua destruição se acumulam. Uma vez que o primeiro de seus *geasa* tenha sido violado, os demais parecem entrar em ação, caçando-o ativamente para prendê-lo em situações no qual quebrará o resto deles. O próprio Conaire comenta sobre essa sensação de que seus juramentos ganharam vida: "Todos os meus *geasa* me prenderam esta noite".[279] Primeiro, um grupo de animais misteriosos aparece enquanto ele e sua comitiva estão caçando; tarde demais, ele percebe que esses animais são *geasa* para ele caçar. Em seguida, cavaleiros vermelhos, que são *geasa* para Conaire seguir na estrada, aparecem à frente de sua companhia enquanto viajam. Por fim, uma velha hostil que se autodenomina Cailb ("Velada"), mas que é identificada como a Deusa Badb, personifica seus *geasa* contra recusar hospitalidade ou receber uma mulher solitária em sua companhia à noite.[280] Assim, ela prende Conaire por meio de um dilema no qual, independentemente de ele o receber ou recusar, o *geis* será quebrado. (Conforme discutido no capítulo 7, esse motivo do dilema é clássico, aparecendo também no conto da morte de Cú Chulainn. Um dilema semelhante entre imperativos morais conflitantes aparece frequentemente na tragédia clássica.)

Essa história ilustra a sequência em cascata da maldição *geis*. Ela se concentra em uma pessoa que detinha o poder por meio de um contrato espiritual. Uma vez que ele viola esse contrato, os poderes do Outromundo que o apoiam se tornam hostis e seus dons e proteções, aos poucos, são retirados, alcançando, assim, o seu fim. A agência espiritual por trás dos juramentos se torna progressivamente mais personificada ao longo da história: primeiro os animais, depois as pessoas, finalmente uma mulher identificada com uma Deusa hostil. Cada um dos seres que aparecem nesta sequência, os animais misteriosos, os estranhos cavaleiros vermelhos e a própria Cailb, representam manifestações cada vez mais poderosas da malevolência do Outromundo, ativadas e promovidas pela quebra dos *geasa*.

Vale a pena refletir um pouco sobre a natureza dos seres envolvidos. Nessa história, Badb aparece como uma velha amaldiçoada que atua como um catalisador para quebrar o *geis* e como agente de destruição para a remoção de um rei. Ralph O'Connor destaca como a sua aparição está fortemente enraizada na linguagem mítica da Soberania, já que muitas histórias antigas irlandesas se preocupam com este conceito.[281]

---

279. Stokes, *The Destruction of Da Derga's Hostel*, 40.
280. O'Connor, *Da Derga's Hostel*, 208.
281. O'Connor, *Da Derga's Hostel*, 148-150.

A noção de *fír flathemon*, a verdade e a justiça do governante refletidas na realidade material da terra, aparece aqui como visões espectrais de devastação durante sua queda. Elementos rituais extraídos do mito da Soberania aparecem na história: os adversários de Conaire infligem a ele uma sede violenta no meio da batalha final, mas nenhuma água é encontrada – as águas da Irlanda se escondem dele, refletindo o simbolismo tradicional do reinado irlandês, a bebida da Soberania sendo recusada a ele.

Nesse cenário rico em simbolismo de Soberania, Badb pode ser vista como uma Deusa hostil que protege a terra dessa perda de prosperidade que se acreditava resultar de um governante injusto. De fato, o texto destaca fortemente o seu papel como a face malévola da Soberania. Ela é intencionalmente espelhada e contrastada com Étaíne, a Deusa da Soberania que concedeu realeza à linhagem de Conaire. Enquanto Étaíne é brilhante e justa, cercada por imagens de fertilidade e beleza naturais, Badb está vestida de preto, é severa e aparece cercada por imagens assustadoras, sombrias e desoladas.

Essa associação de Badb com as consequências destrutivas da quebra de juramentos não é exclusiva desta história. Um trio de velhas muito semelhantes a Badb em descrição também aparece no conto da morte de Cú Chulainn como aquelas que o enlaçam na quebra do *geis*[282] Os estudiosos irlandeses primitivos às vezes tendiam a equiparar Badb e Morrígan às fúrias gregas, ou Erínias, espíritos vingativos ou Deusas envolvidas na punição de violadores de juramentos ou perjuros; o nome pode derivar de uma raiz que significa "conflito". A versão medieval irlandesa da Guerra Civil de Lucano é intitulada de *Civil War calls* (*A Badb da batalha Erinys*).[283] Isso indica que para os irlandeses medievais, ao contemplarem uma Divindade clássica ativa contra quebradores de juramentos, a Deusa nativa com a qual eles identificaram com tal papel era Badb. Para eles, ela parece ter sido associada à justiça exigida dos líderes e às consequências que deveriam recair sobre aqueles que perpetraram injustiças ou violaram juramentos.

A descrição da *maldição-geis* de Badb no *Dá Derga's Hostel* (*Estalagem de Dá Derga*) é rica em elementos rituais que podem servir de inspiração na Magia da Justiça, então vale a pena reproduzi-la em detalhes:

> Ela veio e apoiou um ombro no batente da porta da casa, lançando mau-olhado sobre o rei e jovens que estavam ao seu redor.

282. Tymoczko, *Two Death Tales*, 49-50.
283. Stokes, *In Cath Catharda: The Civil War of the Romans*, 71.

> Ele mesmo a interpelou da casa: "Pois bem, mulher, o que você vê para nós, se é uma vidente?"
>
> "Na verdade, vejo para você", ela disse, "que nem verruga nem carne sua escaparão da casa para onde você veio, exceto o que os pássaros carregam em suas garras".[284]

Ela então é questionada sobre seu nome e responde entoando uma ladainha de seus nomes, enquanto assume uma postura ritual: "Ela cantou tudo isso para eles da porta da casa, apoiada em uma perna e de uma só vez". A ladainha de seus nomes também é instrutiva:

> *Samain, Sinand, Seiscleand, Sodb, Saiglend, Samlocht, Caill, Coll, Díchoem, Dichuil, Dichim, Dichuimne, Díchuinne, Dairne, Dairine, Der Uaine, Egem, Agam, Ethamne, Gnim, Cluichi, Cethardam, Nith, Nemain, Noenden , Badb, Blosc, Bloar, Huaet, Mede, Mod.*
>
> Tradução:
>
> *Samhain (ou Véspera de Todos os Santos), Tempestuosa, Terra Desolada, Cadela, Punição, Mancha, Floresta, Destruição, Feia, Negligência, Sem Tributo, Esquecimento, Tolice, Pequeno Carvalho, Pequena Madeira de Carvalho (novamente), Menina Verde, Grito, Batalha, Terra Arável, Ações, Esporte, Quatro Bois, Conflito, Fúria de Batalha, Guerra, Escaldadora, Colisão, Ruído, Medo, Sem Cabeça, Ranzinza, Mal-Humorada.*

Ela invoca os mesmos poderes que estiveram envolvidos na concessão de sua realeza, portanto, também aqueles que detêm seus *geasa*. Conaire recebeu esses poderes de seus parentes pássaros do Outromundo e da Deusa da Soberania Étaíne; ambos sutilmente invocados aqui. O povo pássaro é mencionado na referência à citação "o que os pássaros carregam em suas garras". A Deusa da Soberania é sutilmente invocada através dos nomes associados às terras férteis: *Little Oakwood*, (Bosque Pequeno), *Green Girl*, (Garota Verde), *Arable Land* (Terra Arável), etc. Como Ralph O'Connor descreve:

> Quando Cailb aparece, o sorriso se transforma em um rosnado inconfundível. Essa mudança se reflete nos lampejos caóticos de imagens na lista de nomes cantados por Cailb: o clima ameno

284. O'Connor, *Da Derga's Hostel*, 135-138.

> torna-se tempestuoso (Sinand), a beleza torna-se feia (Díchoem), a doçura e a música tornam-se ásperas e barulhentas (Blosc), uma voz gentil e digna torna-se um clamor (Égem), a alegria torna-se melancolia (Mod), o amor ao próximo torna-se a fúria da batalha (Níth, Noenden, Némain) e a fertilidade da natureza murcha até virar um deserto (Seiscleand).[285]

Este ato de amaldiçoar um violador do juramento ilustra várias características que podemos adaptar à prática mágica:

- Invocar os poderes pelos quais o alvo da maldição detinha autoridade, a fim de retirar essa autoridade quando ela tiver sido abusada.
- Uso de posicionamento liminar (ficar na soleira) para acessar o poder do Outromundo.
- Postura ritual e ação de ficar em pé sobre um pé, com uma mão, vendo através de um olho, pronunciando a maldição de uma só vez.

Observe o tema da liminaridade ocorrendo novamente. Na próxima seção, estudaremos com mais profundidade a postura ritual descrita aqui.

Ferimento Afiado

Essa história também demonstra características de uma técnica de maldição ritualística que é instrutiva para esta prática. Badb entrega essa profecia em uma forma ritual que a capacita como uma maldição: "Ela cantou tudo isso para eles da porta da casa, apoiando-se em uma perna e de uma só vez." Primeiro, é significativo que ela cante toda a ladainha da maldição de uma só vez. Isso faz referência a uma crença tradicional de que o que poderia ser cantado de uma só vez se tornaria realidade. É um marcador de controle ritualístico da respiração e contribui para o poder da entrega.

Um elemento-chave aqui é a postura ritual que ela adota enquanto entoa a ladainha. Ela se apoia no batente da porta, nem para dentro nem para fora, apoiada em uma perna só, olhando através de um olho e cantando. Fazendo isso, ela invoca o poder da liminaridade de pelo menos três maneiras: ficando de pé com uma perna só, meio cega e parada no limiar. Postura ritual semelhante

285. O'Connor, *Da Derga's Hostel*, 150.

é usada novamente por Badb ao dar uma profecia de morte, em uma história semelhante chamada *Dá Choca's Hostel (Estalagem do Dá Choca)*: "E então, apoiada em um pé só e com um olho fechado, ela cantava para eles, dizendo: 'Eu lavo o arreio de um rei que perecerá'..."[286] Também feito por Lugh enquanto recita um poema de batalha em um ato de magia de guerra em *The Second Battle of Mag Tuired* (*A Segunda Batalha de Mag Tuired*).[287]

Essa técnica de maldição é identificada na literatura como *corrguinecht*, que significa "ferimento agudo/pontiagudo" ou "ferimento de garça".[288] Embora a maioria das descrições do seu uso venha de histórias mitológicas, como a mencionada, *corrguinecht* também aparece em textos jurídicos sobre as práticas utilizadas por poetas na sociedade irlandesa antiga, sugerindo que era uma prática cultural e não simplesmente um motivo mitológico. É definido em glossários como o de *O'Davoran*: "*corrguinecht*, ou seja, estar em um pé só e (usando) uma mão e um olho enquanto faz o *glám dícenn* (uma forma de sátira poética)".[289] O uso de ver através de um olho liga essa prática com lançar o mau-olhado, ou com ver no Outromundo, faculdades particularmente associadas na mitologia e no folclore com seres de um olho só. As expressões irlandesas para a prática são esclarecedoras: *leth-cois* ou "meio- pé", para andar com um pé só; *leth-laimh*, "meia-mão"; *lethsuil*, "meio-olho". Essa linguagem enfatiza o poder liminar na prática *corrguinecht*: você está metade no Outromundo e, portanto, canaliza seu poder através do corpo.

Na tradição de *corrguinecht*, ele é realizado tanto para amaldiçoar na guerra quanto por poetas que atuam na capacidade judicial contra alguém que cometeu uma injustiça. Nesse sistema social, os poetas mantinham uma posição social quase equivalente à dos reis, com uma autoridade espiritual na qual eram entendidos como porta-vozes e detentores do poder do Outromundo em sua magia verbal. Isso os capacitava a atuar como força contrária contra os abusos de poder, até mesmo por parte de um rei, uma vez que os poetas falavam pela fonte do Outromundo, de onde os Soberanos extraíam sua autoridade. Suas habilidades poéticas eram vistas tanto como sagradas quanto magicamente potentes e, embora esses poderes normalmente servissem para proteger o Soberano, eles

---

286. Stokes, "Da Choca's Hostel;" Revue Celtique 21 (1900), 157.
287. Gray, *Cath Maige Tuired*, 59
288. Mees, *Celtic Curses*, 5330; Royal Irish Academy, "EDIL 2019, s.v. *corr*, https://dil.ie/12514."
289. Stokes, *O'Davoren's Glossary*, 257.

poderiam igualmente ser utilizados como armas para causar ferimentos, manchas e destruição. A mancha poética foi uma fonte de impacto social real dentro de uma sociedade estruturada em torno da honra. No caso de um rei, tal ataque poderia deslegitimar sua autoridade, uma vez que, segundo a tradição, um rei manchado não poderia continuar a governar.[290] Nesse sentido, a importância de ser imaculado era que a pessoa tinha um histórico limpo de fazer justiça e não merecia ataque poético. Um ritual completo para destruir um rei injusto é descrito em um texto jurídico em irlandês médio sobre os papéis e ofícios dos poetas. Nesse ritual, um grupo de sete poetas subia ao topo de uma colina para entoar o *glám dícenn*, uma poderosa sátira.[291] *Glám dícenn* é frequentemente traduzido como "grito extremo", referindo-se à gravidade da injustiça que motivaria tal ritual, de *glám*, "sátira, clamor, grito", e *dícenn*, "fim, extremo, culminação".[292] *Dícenn*, entretanto, também significa "sem cabeça" e, em sentido figurado, "sem líder"; ou seja, *glám dícenn* era um rito para "decapitar" o corpo político pela remoção do rei ou chefe.[293] Nesse ritual, os sete poetas entoam em cada uma das sete métrica poéticas, enquanto usam a postura ritual de maldição *corrguinecht*. Cada poeta segura um espinho de um arbusto de espinheiro-branco, e estes são usados para perfurar e ferir uma efígie de argila da vítima da sátira.

Podemos identificar várias camadas de práticas de feitiçaria nesse ritual de justiça contra alguém que abusou do seu poder oficial:

- O uso de postura ritual para entrar em um estado liminar e invocar os poderes do Outromundo.
- O pleno poder de ferimento da poesia satírica exercido pelos sete poetas, abrangendo todas as sete métrica poéticas.
- O poder emotivo da voz ao realizar a sátira como um "clamor".
- O uso de Magia Simpática no perfuramento da figura de argila.
- O uso de espinheiro-branco, associado a perigosos poderes do Outromundo.

Esta combinação de magia verbal e métrica com ritual simpático envolvendo perfuramento de uma figura vem até nós do contexto irlandês, mas tem sido

290. Kelly, *Early Irish Law*, 19.
291. O' Curry, *Manners and Customs*, Vol. II, 216-217.
292. Royal Irish Academy, "EDIL 2019, s.v. 1 *glám*, https://dil.ie/25963," and "s.v. 1 *dícenn*, https://dil.ie/16069."
293. Royal Irish Academy, "EDIL 2019, s.v. dícennacht, https://dil.ie/16072."

comparada com práticas em torno do uso continental e britânico de tábuas de maldição, que são abordadas mais detalhadamente em uma seção posterior deste capítulo.

Kit de Ferramentas do Bruxo

Figura mágica

A Magia de Figuras, também chamada às vezes de "Magia de Bonecos, Bonecas ou Efígies", é uma forma comum de Magia Simpática encontrada em muitas culturas populares e com uma história bem documentada que se estende desde os tempos antigos. Os acadêmicos às vezes questionam se os rituais pagãos retratados na literatura medieval, como o *glám dícenn*, representam práticas reais, mas no caso da Magia de Figuras, há evidências abundantes de seu uso por toda a Europa, bem como no Mediterrâneo e além. Argila e cera são talvez os materiais mais comuns, embora haja exemplos de figuras antigas feitas em outros materiais, como o chumbo.[294] Esta prática continua com uma linha clara até os bonecos pré-modernos descritos na literatura sobre julgamentos de Bruxas, bem como nas coleções folclóricas da Europa Ocidental dos séculos 18 e 19, como o *corp creadha*, "corpo de barro", na Escócia, e práticas semelhantes em outras partes das ilhas.[295]

A essência da Magia de Figuras reside na criação de uma pequena figura na forma de um corpo humano e na identificação dessa figura com o alvo da magia, de modo que o que é feito à figura se manifeste no corpo do alvo. Essa magia é de natureza simpática e animista. Geralmente, a figura animada e identificada com o indivíduo-alvo ao ser investida com algo que possa vinculá-la à força vital desse indivíduo. Isso pode ser feito pelo uso de "testemunhos pessoais", como cortes de cabelo ou unhas do alvo, fluidos corporais, pedaços de roupa, caligrafia ou itens tocados pela pessoa. Ou a figura pode ser espiritualmente vinculada ao indivíduo simplesmente nomeando-a com seu nome, que também pode ser inscrito na figura.

Aqui, ofereço um modelo básico para a Magia de Figuras que poderá desenvolver em sua própria prática.

294. Borsje, *Celtic Spells and Counterspells*, 29-30; Mees, *Celtic Curses*, 1601; *McKie, S. The Social Significance of Curse Tablets in the North-Western Provinces of the Roman Empire*, 69-70.
295. Campbell, *Witchcraft & Second Sight*, 46–47; Mees, *Celtic Curses*, 5797.

Ritual de Maldição com Boneco

Para este ritual, você vai precisar de:

- Algo para inscrever no boneco
- Ferramentas de purificação, como água abençoada, fumaça sagrada e leite
- Instrumentos afiados, podendo ser pregos
- Material para fazer seu boneco, como argila, por exemplo.
- Oferendas para os seus espíritos protetores e para quaisquer outras Divindades que você possa pedir ajuda
- Testemunhos pessoais de seu alvo, se tiver

Comece purificando a si mesmo, os materiais e o espaço, aspergindo água abençoada e/ou queimando fumaça sagrada.

Faça uma oração de proteção *lorica* ou *caim* para garantir sua segurança.

Invoque seus espíritos protetores e quaisquer outras Divindades em que confie para ajudar em seu trabalho. Apresente oferendas e peça proteção a eles durante o ritual; especialmente para afastar qualquer dano que possa vir em sua direção a partir de algum tipo de proteção que o alvo possa ter.

Faça o boneco. Pegue a argila e comece a moldá-la na forma de uma pessoa (ou, se estiver fazendo em cera, comece a esculpir, etc.). Ao moldar o boneco, concentre-se em seu alvo, vendo-o de modo que sua identidade seja investida na figura. Não é necessário que se pareça com a pessoa – uma forma humana aproximada é suficiente, pois você a identificará por meios mágicos. Caso tenha testemunhos pessoais ou itens relacionados ao seu alvo, pressione-os ou insira-os no corpo de argila.

Nomeie e anime o boneco. Inscreva o nome do alvo no boneco. Fale o nome dele em voz alta e invista o boneco com a identidade escolhida. Por exemplo: "Eu nomeio você [nome]. Você é [nome]. Você vive e respira como [nome]. Seus membros são os membros de [nome], seu corpo é o corpo de [nome], seus sentidos são os sentidos de [nome], etc. O que machuca você machuca [nome], o que fere você fere [nome], o que prende você prende [nome], etc." Você também pode enumerar os erros que seu alvo cometeu e que são a razão da maldição.

Amaldiçoe o boneco. Pegue-o em uma mão e o prego na outra. Fale em voz alta a forma de justiça que está invocando para o alvo, como, por exemplo: "Que você murche e enfraqueça, e que sua força vital diminua e se esgote, de modo que nunca mais possa ferir ninguém. Que você saiba a dor que causou aos outros, para que nunca mais tente causar danos novamente." Para aumentar a potência, tente ficar em uma perna só, fechar um olho e dizer a maldição de um só fôlego. Ao terminar de recitar a maldição, perfure o boneco com os pregos, concentrando-se na área do corpo que mais se aproxima do efeito que está invocando. Deixe os pregos na figura.

Posicione a figura em um local apropriado. Tente posicioná-la perto da casa ou do local de trabalho do alvo, se puder fazer isso sem ser detectado. Alternativamente, leve a figura para um local liminar, como uma encruzilhada, um cemitério ou um local com água. Enterrar no solo ou depositar na água também traz a Magia Simpática da dissolução; à medida que a figura se dissolve ou se decompõe, o bem-estar do alvo declina.

Limpe cuidadosamente a si mesmo e seu espaço de trabalho. Várias formas de limpeza podem ser utilizadas para garantir que esteja livre de quaisquer efeitos remanescentes do trabalho de maldição. Eu prefiro uma sequência de três limpezas, como água abençoada, fumaça sagrada e bênção do leite.

Embora a Magia de Figuras seja mais conhecida por seu uso em maldições, ela pode e tem sido usada para magias benéficas, como cura, proteção, fertilidade ou praticamente qualquer outra coisa. Na verdade, as efígies frequentemente depositadas em fontes sagradas para buscar a cura também são uma forma de Magia de Figuras. Eu construí esse modelo como se fosse para uma maldição, em que o alvo seria perfurado; no entanto, você pode adaptá-lo para outras abordagens. Por exemplo, se estiver tentando amarrar ou restringir seu alvo em vez de feri-lo, você pode amarrar cordas ao redor da figura ou selá-la em um recipiente. Para curar, você pode aplicar remédios, inscrever bênçãos ou depositar a figura em um local de cura. As possibilidades para essa prática mágica animista simpática são amplas.

Tábuas de Maldição e Orações Judiciais

Tábuas de maldição celtas encontradas na Grã-Bretanha e no Continente reúnem muitos dos mesmos elementos presentes nos rituais de maldição da justiça irlandesa: encantamento poético, uma orientação judicial para o ato, linguagem vinculativa ou de fixação do destino e ações de perfuração e ferimento.

A tábua de maldição, geralmente chamada pela nomenclatura latina de *defixio* (plural *defixiones*), é uma prática mágica originária da Grécia e do Egito antigos, adotada em todo o mundo mediterrâneo da Idade do Ferro e importada para a Gália e a Grã-Bretanha por influência romana.[296] Em sua forma mais básica, consiste em um encantamento mágico e petição inscrita em um objeto, depositado em um local espiritualmente potente para a ação dos espíritos associados. Os materiais típicos eram pequenos pedaços de folhas de chumbo finamente marteladas, em parte porque a maciez do chumbo facilita a inscrição com uma ferramenta manual e, em parte, devido às associações deste elemento com poderes ctônicos, do Submundo e com os mortos.

Embora as maldições em tábuas sejam claramente de origem mediterrânea, onde a prática foi importada para as regiões celtas, elas parecem ter sido adotadas com entusiasmo quando localizadas. Muitos exemplos vívidos de tábuas de maldição foram desenterrados de locais da era romana na Gália e na Grã-Bretanha, alguns de locais que produziram uma abundância desse material, o que evidencia seu uso ativo em centros de culto na região. Essas tábuas, quando traduzidas, mostram que a prática não foi simplesmente absorvida de forma passiva. Ao contrário, foi ativamente reinterpretada dentro do contexto do costume local nessas culturas de língua celta.[297] As evidências mostram conceitos nativos e contextos rituais sendo incorporados à prática, com inscrições em idiomas celtas locais e usando formas de encantamento poético reconhecíveis em materiais escritos insulares posteriores.[298]

Uma característica frequente dessas tábuas de maldições é o uso de uma estrutura ou fórmula de oração recorrente nas inscrições. Os estudiosos da prática geralmente se referem a isso como "oração judicial".[299]

Essa estrutura de oração judicial é encontrada em alguma variação na maior parte do corpus de tábuas de maldição que foram descobertas nas regiões celtas, especialmente nos exemplos britânicos. Ela procura abordar os espíritos e estabelecer a validade da petição por justiça mágica usando uma sequência regular de apelos. Tipicamente, a fórmula da oração judicial começa com uma invocação de Deuses ou poderes do Outromundo. Essa invocação inicial é geralmente seguida por uma petição de reparação de injustiças na qual a identidade e a reivindicação do invocador são declaradas juntamente à natureza do erro, estabelecendo as bases espirituais para a justiça. O alvo também é nomeado, muitas vezes usando uma

296. McKie, *Significance of Curse Tablets*, 13-14.

297. Adams, The Social and Cultural Implications of Curse Tablets [Defixiones] in Britain and on the Continent, 10-13.

298. Mees establishes this throughout *Celtic Curses*; see for example, 5876.

299. Versnel, Beyond Cursing: The Appeal to Justice in Judicial Prayers, 117–118.

linguagem contratual que vincula seu destino e especifica as consequências da queixa. Por fim, a maioria das orações judiciais termina com uma invocação final, entregando o alvo aos poderes que foram invocados; às vezes, incluindo a menção de oferendas ou sacrifícios que foram feitos para selar a maldição.

A linguagem que aparece em algumas dessas petições é particularmente interessante em sua semelhança com o tipo de linguagem de vinculação ao destino vista em juramentos e amarrações nos contextos irlandês e galês. Um famoso exemplo, o *defixio de Chamalières* gaulês, inscrito em chumbo e depositado na fonte em um santuário, usa a frase *toncnaman toncsiiontio*, examinada anteriormente no capítulo sobre magias de amarração, e que é exatamente cognata com uma frase encontrada em muitos contextos culturais celtas, incluindo as literaturas irlandesa e galesa, significando "destinar um destino, vincular um vínculo ou jurar um juramento".

Vale a pena examinar o *defixio de Chamalières* em sua totalidade como um exemplo de oração judicial e um formato de maldição muito eficaz. Aqui está sua inscrição em gaulês, seguida da tradução em inglês:

ediíon uediíumí
diíiuion ri sunartiu
Mapon(on) Arueriíatin
lopites sníeic
sos brixtía anderon
C. Lucion Floron Nigrínon adgarion Aemilíon Paterin(on)
Claudíon Legitumon Caelion Pelign(on)
Claudío(n) Pelign(on) Marcion Victorin(on) Asiatícon Aedillí
etic Secoui toncnaman toncsiíontío
meíon ponc sesit
buetid ollon
reguc cambíon
exsops pissíumí
isoc cantí rissu
ison son bissíet
luge dessumíis
luge dessumíis
luge dessumíis luxe[300]

300. Mees, *Celtic Curses*, 414, 542, 653

Tradução:

diante dos poderes dos Deuses infernais,
eu invoco Maponos Arveriatis
acelere e gire
com a magia abaixo
[nomes do invocador e dos alvos]
e também os Secovi [espíritos infernais]
que destinarão um destino
o que é pouco, quando semeado,
que assim se torne grande,
eu endireito o que está torto
cego, verei isso acontecer por meio deste encanto
eu os preparo para o juramento, eu os preparo para o juramento,
eu os preparo para o juramento, para o juramento! [301]

Para deixar isso claro, há uma estrutura padronizada para a invocação:

- Uma petição a uma Divindade e aos espíritos associados (Maponos e poderes ctônicos associados) para acelerar a magia.
- A identidade de quem está invocando esses poderes e as identidades dos alvos.
- Linguagem de vinculação que lembra uma oração *geis* ("quem destinará um destino").
- Uma ladainha de termos que descrevem o resultado que está sendo contratado.
- Encantamento final e encanto de vinculação.

Além de seu conteúdo ritual e linguagem estruturada, os modos métricos e rítmicos de muitas dessas maldições mostram evidências de sua origem como poemas de maldição que eram cantados ou entoados. Bernard Mees analisa essas maldições escritas em línguas celtas e identifica características que se alinham com os padrões de encantamento poético observados na tradição irlandesa posterior, como o uso de métricas rítmicas de encantamento, aliteração e padrões enfáticos de linguagem. De fato, os nomes usados nos textos de maldição para fazer referência ao procedimento de lançamento muitas vezes indicam não apenas inscrição, mas canto ou entoação: essas maldições se referem a si

301. Translation compiled from the work of Koch and Carey, *The Celtic Heroic Age*, 2; Koch, "Further to Tongu Do Dia Toinges Mo Thuath, &c.," 255; Mees, *Celtic Curses*, ch 2.

mesmas em termos musicais, como *duscelinata*, "canção de morte malévola", e *ison canti*, "canção de maldição".[302] Esses feitiços podem ser vistos como expressões de uma tradição celta comum e muito antiga de poesia judicial armada, refratada de maneira diferente nas tradições de maldição gaulesas e britânicas influenciadas pelo Mediterrâneo, bem como nas tradições literárias irlandesas e galesas.

As condições em que essas tábuas de maldição foram encontradas também revelam algo sobre as práticas rituais que envolvem sua utilização. Algumas delas, juntamente à inscrição escrita, apresentam desenhos das Divindades invocadas para ajuda ou símbolos que as representam. Por exemplo, uma tábua de maldição de Bolonha inclui um desenho de Hécate com cabelos de cobra, que é invocada na maldição[303] Outras tábuas apresentam desenhos incisos do alvo do feitiço, às vezes enrolados em cordas de amarração para indicar o destino do alvo sendo emaranhado, amarrado e entregue aos poderes ctônicos.[304] As letras das inscrições às vezes são manipuladas para aprimorar a forma da maldição: linhas de texto podem circundar e serpentear ao redor da tábua, como o enrolamento de um cordão de amarração. Outras torcem ou se revertem, talvez imitando a torção do ataque.[305] Esse exemplo de Colônia declara o motivo de se usar texto invertido: "Você age de forma perversa, assim como esta escrita é perversa".[306]

As tábuas geralmente são manipuladas após serem inscritas; volta e meia encontradas dobradas várias vezes ou enroladas, e frequentemente perfuradas com pregos – um detalhe que lembra as ações de ferir e perfurar encontradas no ritual de maldição poética irlandês.[307] Algumas vezes, os pregos foram cuidadosamente posicionados de modo a perfurar diretamente o nome inscrito do alvo; outros foram perfurados repetidamente com força no que parece ter sido ações frenéticas ou catárticas no ritual de maldição.[308]

As tábuas eram então depositadas geralmente em um local ctônico do Outromundo, como um poço, uma fonte, um pântano, uma caverna ou uma tumba. A prática mediterrânea parece ter favorecido os locais de sepultamento,

302. Mees, *Celtic Curses*, 5497-5504.

303. Urbanová, Latin Curse Tablets of the Roman Empire, 232.

304. Adams, *Implicações das Tábuas de Maldição*, 3. Parte superior do formulário

305. McKie, *Significance of Curse Tablets*, 108.

306. McKie, *Significance of Curse Tablets*, 109.

307. Versnel, *Beyond Cursing*, 1991.

308. McKie, *Significance of Curse Tablets*, 109, 112.

enquanto os exemplos celtas dessas maldições são mais comumente encontrados em locais úmidos, destacando o hábito cultural celta de fazer pactos votivos depositando objetos na água. Há também alguns exemplos em que a evidência de oferendas ou sacrifícios foi preservada com a maldição.[309] Tábuas com sementes, moedas ou ossos indicando oferendas foram encontradas; ou, em alguns exemplos, as oferendas são descritas na inscrição da maldição como parte da magia. Em alguns casos, efígies ou estatuetas perfuradas com pregos como parte do ritual também foram encontradas com as tábuas de maldição.[310]

Em conjunto, essas evidências retratam um quadro completo da prática ritual. O feitiço é composto em verso para ser cantado, e isso é inscrito na tábua, juntamente aos detalhes identificadores que permitirão que ele encontre seu alvo. A própria tábua parece então ser consagrada aos poderes invocados por meio de oferendas ou sacrifícios, e o encantamento em si provavelmente seria entoado em voz alta para invocar a atenção desses poderes. O feitiço é selado por meio do fechamento da tábua, dobrando-a ou enrolando-a, e o invocador pode carregá-la para o ataque perfurando-a com um prego ou outro instrumento afiado. Por fim, a tábua é colocada em um local espiritualmente potente nas mãos dos poderes do Outromundo.

Kit de Ferramentas do Bruxo

Tábuas de Maldição

Mas o que exatamente é uma tábua de chumbo – o que esses relatórios arqueológicos estão descrevendo? Simplesmente, trata-se de uma pequena chapa plana de chumbo. Na antiguidade, essas tábuas eram geralmente produzidas martelando-se um pedaço macio de chumbo até que se achatasse na forma aproximada de uma folha. Em alguns dos artefatos, ainda é possível ver as marcas de martelo e as bordas de forma irregular resultantes da martelada. Outras são mais refinadas em sua fabricação e se parecem com uma folha cortada. Tradicionalmente, os *defixiones* costumam ser bem pequenos – apenas alguns centímetros –, já que a

309. Mees, Celtic Curses, 2020

310. McKie, *Significance of Curse Tablets*, 70.

intenção era que fossem facilmente escondidos. Hoje em dia, geralmente é fácil obter chapas de chumbo manufaturadas, que são usadas comercialmente para blindagem contra radiação e vários outros usos. Você pode obtê-las de fornecedores de chapas metálicas, embora possa receber olhares estranhos e perguntas quando pedir uma quantidade tão pequena.

Há algumas questões de segurança a serem consideradas com a maldição por tábuas. Primeiro, o chumbo é tóxico, portanto, é importante pensar em controlar sua exposição. Esse é o mesmo motivo pelo qual você vê avisos sobre a tinta com chumbo usada nas casas. A exposição prolongada ou repetida ao chumbo pode causar todos os tipos de problemas de saúde. Essa exposição pode ocorrer por absorção através da pele, da respiração da poeira que se desprende da superfície do chumbo ou, se houver resíduos nas mãos, pelo contato com o chumbo logo a seguir com a boca, os olhos ou outras áreas absorventes. É improvável que você seja exposto o suficiente para perceber qualquer efeito nocivo ao usar uma tábua de chumbo uma única vez, mas é aconselhável tomar precauções. Recomendo que você manuseie o chumbo com luvas e lave as mãos em seguida (o último é aconselhável para a higiene espiritual de qualquer forma).

Muitas vezes me perguntam sobre o impacto ambiental do uso do chumbo em maldições; se ele é tóxico para nós, não seria também tóxico para a vida selvagem e o meio ambiente? É verdade que o depósito de chumbo em ambientes naturais contribui com um pouco de toxicidade. Entretanto, esse efeito seria muito pequeno. O chumbo causa problemas significativos quando flui continuamente para um curso d'água por meio de tubulações, levando a uma contribuição constante de resíduos de chumbo; ou quando é colocado no meio ambiente em forma pequena o suficiente para ser ingerido por animais selvagens e se acumular em seus corpos, como é o caso do chumbo usado por caçadores. Portanto, embora seja verdade que a quantidade de chumbo em uma chapa depositada na natureza ainda contribuiria com micro quantidades de toxina no solo ou na água, o impacto seria muito pequeno na escala das coisas.

É possível fazer magia com tábuas sem usar chumbo. Existem algumas alternativas; qualquer material que forneça uma superfície macia o suficiente para ser gravada pode realmente funcionar. O cobre é um pouco mais difícil de inscrever do que o chumbo, mas é viável. O couro pode ser gravado com uma pequena lâmina afiada e é facilmente biodegradável. As tábuas de argila são usadas desde a antiguidade; a argila secada ao ar sem ser queimada adquire uma consistência semelhante ao couro, muito fácil de inscrever. Com a ferramenta certa, osso e madeira também podem ser inscritos. Uma superfície de escrita tradicional popular nos tempos antigos era a madeira com uma camada plana de cera que podia ser facilmente gravada. Sua criatividade e engenhosidade podem ser seus guias aqui.

Preparação

É aconselhável redigir a parte escrita de seu feitiço com antecedência. Isso permitirá que você defina cuidadosamente como os termos serão formulados, além de verificar o tamanho da tábua que precisa.

Aqui está um modelo que você pode usar como base para desenvolver o texto da maldição:

> *Pelo poder de* [Divindades e espíritos], *a vinculação deste feitiço é decretada.*
>
> *É* [seu nome] *quem invoca.*
>
> *Contra* [nome do transgressor e a natureza de sua transgressão],
>
> *É o destino que eu lhe condeno: eu amaldiçoo sua vontade, amaldiçoo suas palavras, amaldiçoo suas ações. Amaldiçoo seus olhos, sua boca, suas mãos. Amaldiçoo seu coração, sua saúde, seu corpo. Que qualquer transgressão, seja em pensamento, palavra ou ato, prenda-o mais fortemente a essa maldição.*

Se desejar, pode acrescentar uma cláusula que ofereça a libertação da maldição caso eles façam as pazes ou corrijam o erro.

Você também pode praticar com antecedência o encantamento que usará para lançar a maldição. Aqui estão alguns exemplos de encantamentos que você pode experimentar:

- Para uma maldição de amarração: *luge dessumíis luge dessumíis luge dessumíis luge dessumíis luge dessumíis* ("Eu os comprometo com o juramento").[311]
- Para uma maldição de expulsão: *celete celete, coudate coudate* ("saia saia, desapareça desapareça").[312]
- Para qualquer tipo de maldição de justiça: *fercurib fristongarar* ("suas violações são renunciadas").[313]

---

311. Mees, *Celtic Curses*, 653
312. From an unpublished incantation by Gallic reconstructionist Bellouesos Isarnos.
313. Carmody, *Thesis, Antithesis, Synthesis: An Examination of Three Rosc Passages from Cath Maige Tuired.*

Use uma tesoura de corte de metal para cortar a folha de chumbo no tamanho adequado para o feitiço. Ela deve ser tão pequena quanto possível e, ao mesmo tempo, permitir que a inscrição caiba, mas não tão pequena que seja muito difícil de dobrar ou enrolar.

Ritual da Tábua de Maldição

Para este ritual, você vai precisar de:

- Ferramenta afiada, como um prego Pano para embrulhar o feitiço
- Ferramentas para purificação, como água abençoada, fumaça sagrada e leite
- Folha de chumbo, pré-cortada no tamanho certo
- Luvas
- Oferendas para as Divindades que auxiliarão em seu trabalho, como vinho ou bebidas alcoólicas, alimentos e incenso
- Velas

Comece purificando a si mesmo, seus materiais e o espaço usando água abençoada ou fumaça sagrada.

Acenda velas e invoque seus espíritos protetores e quaisquer outras Divindades cuja ajuda esteja buscando. Apresente as oferendas, pedindo-lhes que o guiem e o protejam e, principalmente, que afastem quaisquer forças malévolas que possam reagir à maldição.

Inscreva a tábua. Vista as luvas. Coloque a folha de chumbo em uma superfície de trabalho firme e grave o texto da sua maldição na tábua com a ponta do prego. Enquanto estiver gravando, fale os termos da maldição em voz alta. Concentre-se e visualize seu alvo ao fazer isso, vendo os impactos da maldição sendo realizados. Quando a inscrição estiver completa, despeje algumas das oferendas líquidas sobre ela, com uma oração renovada pedindo às Divindades que a tornem realidade. Dobre ou enrole o chumbo para selar a tábua.

Para ativar o feitiço, inicie o cântico de maldição. Para isso, coloque-se na postura de maldição, em um pé só, olhando através de um olho. Não tenha pressa, reúna seu poder com a tensão da postura, de modo que você se assemelhe a uma serpente enrolada ou a um guindaste pronto para atacar. Quando se sentir pronto, libere-se e enfie o prego na tábua. Trabalhe-o de modo a perfurá-la completamente.

Para encerrar, envolva a tábua em um pano para que não seja contaminado ao manuseá-la. Agradeça aos seus espíritos e Divindades com uma oferenda final e apague as velas. Deposite a tábua em um local liminar, como um lugar com água, uma encruzilhada, um cemitério ou o mais próximo possível do seu alvo sem ser detectado. Faça uma limpeza espiritual completa. Recomenda-se, após um trabalho desse tipo, empregar vários tipos de limpeza, como uma bênção de água seguida de fumaça sagrada e uma bênção de leite.

História

Um Ritual de Maldição com a Tábua

A última luz do pôr do sol se dissipou e o crepúsculo está se aprofundando sobre o vale arborizado onde estamos acampados, enquanto reunimos os implementos do ritual e nos organizamos. Estamos nos preparando para amaldiçoar um homem que agrediu um amigo e estamos vibrando com uma prontidão sombria. Nós nos purificamos e limpamos todos os instrumentos. Pegamos nossas coisas e caminhamos em silêncio até a escuridão.

Na beira de uma encruzilhada liminar, onde o caminho passa por um riacho, encontramos nosso local de trabalho, uma área plana ao longo da margem arenosa. Colocamos velas ao redor do nosso espaço de trabalho, envoltas em vidro para proteger suas chamas da brisa. Com sua luz fraca e tremulante, começamos nossas orações de invocação aos guardiões espirituais a quem pedimos proteção enquanto fazemos o pretendido e aos espíritos aliados sob cujo poder buscamos realizar esse trabalho. Lobas para proteção, Badb e a Legião para justiça, Mongach e as enguias para poder de amarração. Fazendo orações para cada um deles, recitamos seus nomes, escrevemos seus sigilos na areia e derramamos uma libação no sigilo.

Desembrulho a folha flexível de chumbo de sua capa e coloco-a sobre o pano desdobrado. Inspiro o poder dos espíritos que conjuramos no prego de ferro e começo a inscrever a maldição, riscando as letras em sua superfície macia de chumbo lentamente sob a luz fraca das velas da maldição. À medida que o prego é entalhado, ele corta a superfície oxidada cinza-escura e opaca do chumbo, produzindo letras que brilham e cintilam de maneira sinistra à luz das velas. Falando os termos da maldição à medida que os inscrevo, peço que esse homem que cometeu uma agressão contra a soberania do corpo de outra pessoa seja obrigado a se atar: "É o vínculo que eu prendo a você, e é o destino que eu condeno a você: eu amarro sua vontade, eu amarro sua agressão, eu amarro suas palavras, eu amarro suas ações, eu amarro seu corpo, eu amarro sua respiração, eu amarro sua vida."

Posso ouvir os sussurros do grupo que se juntou a mim, ecoando a amarração enquanto falo. As vozes se tornam mais ásperas com a ferocidade que sentimos contra esse transgressor: "E os vínculos que eu imponho a você se tornarão cada vez mais apertados, de modo que toda transgressão contra a soberania das mulheres, seja em pensamento, em palavra ou em ato, deve apertar esses vínculos ainda mais, como um laço que estrangula."

Arranho uma figura marcada com seu nome, desenhando cordas que se enrolam firmemente em torno dela enquanto peço aos espíritos das enguias que a amarrem e a estrangulem. Quando a inscrição é concluída, despejamos mais oferendas sobre ela e dobramos o chumbo, uma, duas, três vezes.

Agora me preparo para o último ataque. Começamos o cântico *Dessummiis luge, dessummiis luge, dessummiis luge*, enquanto eu me ergo sobre o altar da maldição. Com cuidado, equilibrando o peso em minha perna direita, segurando o prego com a mão direita, fecho o olho esquerdo, deixo a mão esquerda cair atrás de mim e levanto o pé esquerdo do chão. Meu lado esquerdo desliza para o Outromundo e eu me equilibro lá, deixando a tensão de manter essa postura se acumular em meu corpo até que eu me sinta como uma serpente enrolada ou uma mola tensionada – e então caio, com o punho primeiro, no altar da maldição, perfurando com o prego repetidas vezes na tábua dobrada. Na última vez, empurro o prego até atravessar a tábua e o deixo lá.

Envolvemos a tábua no pano sobre o qual ela foi colocada e depois em outra camada de pano limpo amarrado com um barbante. Mais tarde, ele será jogado em um pântano úmido da ponte de um cruzamento de estrada.

Por enquanto, é hora de cuidarmos da nossa higiene espiritual, então primeiro agradecemos a todos os nossos espíritos e depois juntamos todas as nossas coisas. Lavamos as mãos e o rosto na água fria do córrego e voltamos para o acampamento, onde nosso camarada nos recebe com uma segunda camada de limpeza, circundando cada um de nós com o fogo de uma lanterna de vela, e uma terceira, aspergindo-nos com leite abençoado.

Conhecendo Boudica e a Legião

Uma antepassada que honro como um espírito de resistência e de luta pela justiça é Boudica. Conhecida por muitos leitores como "a Rainha Celta Britânica" do século 1 EC, que liderou uma revolta militante contra a ocupação romana da Grã-Bretanha, queimando várias cidades romanas e também Londres e Colchester.

A raiz de seu nome, *boud-*, significa "vitória" em britônico, e seu nome pode ser lido como *Victorious One* (Aquela que é Vitoriosa).[314] Nome que a vincula a um grupo de inscrições de Deusas da vitória com nomes semelhantes encontrados no período, como Boudiga, Boudina e Boudena.[315] Boudica pode representar um exemplo de um padrão cultural em que uma líder espiritual feminina carrega o título de uma Deusa tutelar e pode ter servido para representar essa Deusa na guerra e na liderança política ou religiosa.[316] Isso se encaixaria no relacionamento de Boudica com a Deusa que ela invocou no campo de batalha, Andraste, cujo nome parece significar "a Invencível" ou "a Inconquistável".[317]

Em minha prática, honro Boudica em um grupo de espíritos conhecido como "Legião", um coletivo de espíritos cujas vidas e mortes foram impactadas por violência de gênero, especialmente as de mulheres, pessoas codificadas como femininas e indivíduos *queer*. Tomei conhecimento da Legião por volta de 2018, em decorrência de rituais de luto conduzidos por um pequeno grupo de politeístas, inclusive eu, para homenagear uma amiga que havia sido assassinada por um parceiro masculino. Como coletivo, a Legião não faz parte especificamente de nenhuma tradição celta, na verdade, ela inclui espíritos de todo o mundo e de toda a história. O que eles compartilham com Boudica é a experiência da violência de gênero e um espírito de resistência contra as fontes dessa violência. Portanto, para mim, Boudica ocupa um lugar como uma das ancestrais da resistência que está entre a Legião.

O relacionamento com o coletivo de espíritos da Legião pode trazer solidariedade e força para resistir à injustiça, para encontrar apoio na força dos camaradas e curar, com muita luta para corrigir erros. O desenho de seu sigilo é orientado em torno da solidariedade e tem a intenção de transmitir visualmente a tecelagem da força coletiva por meio do cuidado e da defesa mútuos. Seus

314. Delamarre, *Dictionnaire Gauloise*, 83.
315. Olmsted, *The Gods of the Celts and the Indo-Europeans*, 411.
316. Koch and Carey, *The Celtic Heroic Age*, 45.
317. Beck, *Goddesses in Celtic Religion*, 184.

componentes são compostos pelos sinais das letras celtas *Corios* (para a força do coletivo; na verdade, significando "tropa ou exército", o que é muito próximo de "legião"), *Touta* (para os laços da comunidade), *Nemetos* (para a sacralidade e provações transformadoras) e os sinais das letras Ogham *Fearn* (para a proteção do coração), *Nin* (para a comunicação e laços, especialmente entre as mulheres) e *Getal* (para a cura de feridas. Na ilustração, o sigilo está inscrito em um escudo, carregado por um dos dois guerreiros que se apoiam mutuamente, com seus braços de lança interligados.

Maldições Ósseas

Um tema que emerge nesse material é a relação da maldição com os poderes do Outromundo de caráter infernal ou ctônico. O Outromundo Ctônico pode ser entendido como os poderes e espaços do Outromundo associados especialmente aos mortos ou aos poderes divinos que habitam sob a terra e às cavernas, tumbas ou locais aquáticos. As tábuas de maldição gaulesas e britânicas depositadas em tumbas e fontes são um exemplo claro desse tipo de maldição ctônica.

Outra prática de maldição que ilustra vividamente essa relação com os poderes ctônicos é o fenômeno do "osso de maldição". Exemplos existentes dessa prática vêm da Escócia e da Inglaterra e datam dos séculos 19 e 20, representando práticas de Bruxaria folclórica que são modernas, mas parecem se basear em princípios cosmológicos e espirituais semelhantes aos encontrados nas tradições celtas anteriores.

O osso de maldição escocês é um Instrumento Mágico composto coletado em Glen Shira, Argyll, que consiste em uma seção de osso da coxa (identificada como de veado ou ovelha pelo Museu Nacional da Escócia), que foi fixada em um nó natural em um pedaço de carvalho de turfa em forma de diamante, de modo que a cavidade do osso transite pela cavidade da madeira. De acordo com a tradição oral coletada com esse item, seu uso era o seguinte: "Quando a 'Bruxa' queria 'fazer mal' a um de seus vizinhos, ela saía com seu osso entre o pôr do sol e o cantar do galo e se dirigia à fazenda do vizinho. No entanto, ela não ia para a casa, mas para o galinheiro, e pegava a galinha que ficava ao lado do galo (a favorita dele), arrancava-lhe o pescoço e derramava seu sangue pelo osso amaldiçoador, proferindo suas maldições o tempo todo."[318]

---

318. Society of Antiquaries of Scotland, "Donations to and Purchases for the Museum, 1943–44," 141.

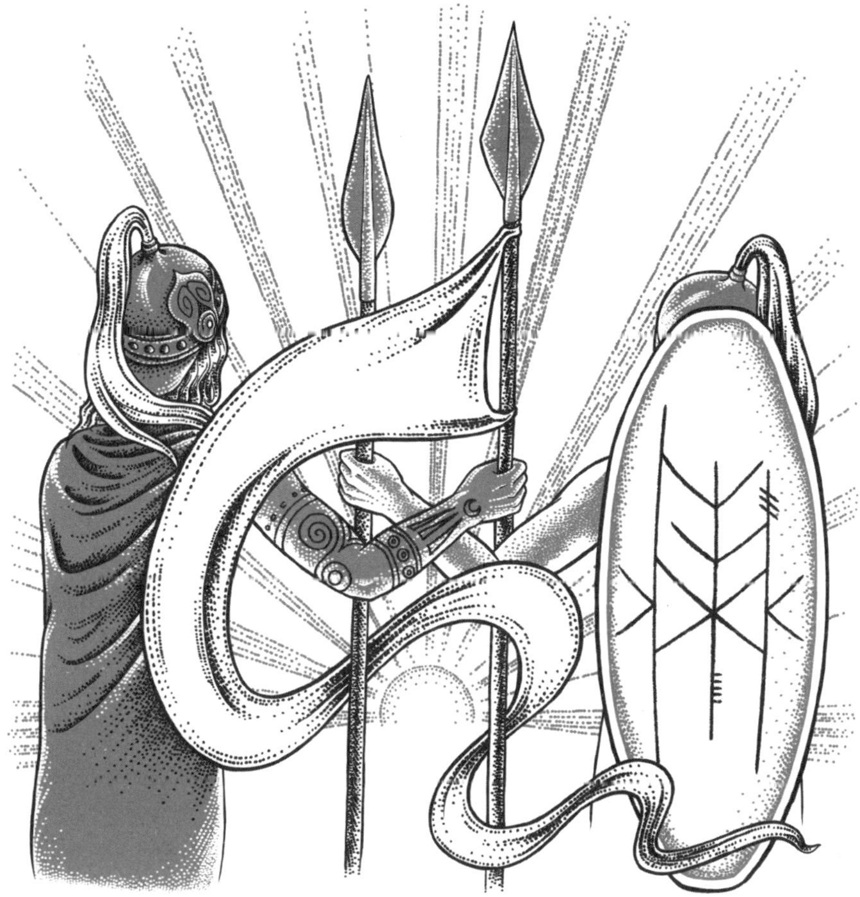

Ilustração do sigilo para Boudica e a Legião

Um item semelhante foi encontrado em West Dorset, Inglaterra, e está na coleção do Museu da Bruxaria e Magia de lá. Esse exemplar não tem o osso e consiste apenas em uma peça de madeira escurecida de formato semelhante, supostamente de teixo; os curadores supõem que possa ter sido originalmente parte de uma ferramenta composta construída da mesma maneira que o osso de maldição de Glen Shira. Detalhes da sua tradição oral indicam uma tradição familiar de que tenha sido usado para enfeitiçar o gado e possivelmente para amaldiçoar.[319]

319. Museum of Witchcraft and Magic, "3079 Cursing Stick: Ill-Wishing Stick."

O osso de maldição exibe maneiras inteligentes e muito poderosas de se envolver com poderes ctônicos do Outromundo para fins mágicos. Cada aspecto de seu design e uso revela camadas de potência. Primeiro, sua construção material é liminar e ctônica A madeira é carvalho de turfa – madeira antiga preservada sob a superfície em uma turfeira por milhares de anos, com manchas escuras por suas águas tânicas. As turfeiras são liminares em múltiplas dimensões: como lugares onde a terra e a água se interpenetram, são geográfica e ecologicamente liminares; e como lugares onde a decadência da morte é suspensa e os objetos do passado antigo são preservados, elas também são liminares em termos de tempo. Assim, o uso de madeira de turfa como material conecta a ferramenta à turfeira como um portal liminar para o Outromundo Ctônico, existindo em tempos profundos e habitado pelos mortos e por todos os outros mistérios mantidos em suas águas escuras, permitindo que seu usuário acesse e invoque todos esses poderes.

Em seguida, o osso, seja de um cervo selvagem ou de uma ovelha doméstica, forneceria conexão com os espíritos da terra e o mundo dos vivos, trazendo outro domínio de aliados espirituais para o trabalho. Esses dois materiais estão habilmente interligados de modo a invocar e abrir um espaço de liminaridade. Os dois reinos foram unidos, pois estão na margem entre a terra seca e as águas escuras. O osso que representa o mundo vivo passa por um orifício na madeira da turfa, representando o Outromundo Ctônico, de modo que toda a estrutura da ferramenta representa a abertura de um portal entre os mundos.

Esse portal é então ativado e instrumentalizado no ato de amaldiçoar. No exemplo de uso registrado com o objeto, o sacrifício da galinha parece ser uma forma de Magia Simpática. Nesse caso, a galinha é um animal favorito que, portanto, proporcionaria uma conexão próxima com o alvo da maldição, com sua força vital substituindo a dele. O sacrifício dessa galinha alveja simpaticamente o dono, apropriando-se e redirecionando sua força vital, enviando-a através do osso oco, que a canaliza para aquela porta aberta do Outromundo, onde ela pode ser amarrada e mantida pelos poderes ctônicos representados pela madeira de turfa.

Fomos informados de que a Bruxa recitava magia verbal enquanto esse osso de maldição era usado e, embora os versos ou encantos usados não estejam registrados aqui, pode-se imaginar que eles ajudariam a Bruxa a invocar os vários poderes e efeitos que enviam a vida do alvo para o Outromundo. Essa maldição e o instrumento criado para executá-la representam um excelente exemplo de como princípios míticos e cosmológicos podem estar em ação em um ato de magia.

capítulo 9

magia de guerra e conflito

A magia de guerra é o domínio das práticas mágicas utilizadas em batalhas e conflitos. Nesse tipo de magia, o foco é político e a ação é coletiva. De certa forma, muitas das técnicas já abordadas aqui podem ser usadas em conflitos e podem ter objetivos políticos, mas são projetadas para agir individualmente, como a amarração ou a remoção de um indivíduo prejudicial. Este capítulo se concentrará na magia de conflito em uma esfera mais ampla, as magias que podemos usar em lutas e conflitos coletivos, inspirando-se nas técnicas mágicas e rituais encontradas em campos de batalha em mitos e no folclore, bem como em fontes históricas.

Alguns leitores podem se perguntar como as práticas mágicas criadas para a guerra seriam relevantes para sua própria prática, caso você não faça parte de uma força militar. Sem entrar em um extenso desvio sobre a natureza das guerras, o que eu gostaria de salientar é que as magias de batalha podem ser adaptadas para apoiar qualquer tipo de luta no qual enfrentamos conflitos e riscos, quer essa luta seja física, quer não, ou mesmo que ocorra em uma arena com violência letal. Ativistas, antifascistas, revolucionários, organizadores de segurança comunitária e qualquer pessoa envolvida em uma luta contra forças, grupos ou organizações sociais hostis podem achar essas práticas úteis.

O estudo desse domínio da magia surgiu de minha experiência como dedicante da Morrígan. Como uma Deusa da Guerra com profundo interesse em justiça e mudança social, ela inspirou meu envolvimento no ativismo pela justiça e meu interesse em desenvolver práticas mágicas que pudessem ser úteis em lutas coletivas. Minha abordagem à magia de conflito surge do ativismo de rua em apoio às comunidades que lutam por justiça, onde muitas vezes tivemos que enfrentar a violência muito real vinda da polícia, das forças paramilitares e das gangues e milícias da supremacia branca. Em segundo lugar, minha relação com a Morrígan também inspirou um envolvimento no esporte de combate medieval com armadura de campo, onde existe uma violência coletiva consensual e gerenciada, e o risco de danos é principalmente devido a acidentes ou força excessiva. As narrativas pessoais que compartilharei neste capítulo serão baseadas em ambos os tipos de experiências de conflito.

Deve-se dizer que este não é um trabalho mágico para iniciantes. Qualquer força, grupo ou instituição adversária terá forças espirituais emergentes ao seu redor, mesmo sem levar em conta quaisquer magia ou proteções intencionais que eles possam ter. É essencial estar totalmente preparado ao realizar um trabalho desse tipo e abordá-lo com a mais forte coalizão de solidariedade que puder reunir. Lembre-se de que é altamente recomendável fazer uma avaliação ética e de risco antes de começar qualquer trabalho mágico adversário e reservar um tempo para garantir que todas as suas proteções e alianças espirituais estejam o mais fortes possíveis antes de entrar no campo de batalha. Batalhas não são vencidas por indivíduos agindo sozinhos.

O Sian de Batalha

Feitiços de consagração, bênção e proteção para o campo de batalha são encontrados em toda a tradição popular. Coleções folclóricas da Escócia contêm muitas menções a encantamentos de *sian* (também conhecidos como *seun*).

Como os encantamentos *sian* fazem parte de um amplo gênero de magias de proteção, eles estão relacionados ao material abordado no capítulo anterior sobre o tema. Muitos dos exemplos desses encantamentos são especificamente para proteção no campo de batalha e para proporcionar segurança em um ambiente de conflito em massa, e esse será o meu foco nesta seção.

O folclorista Alexander Carmichael descreve o *sian* da seguinte forma: "*Sian* ou *seun* é uma agência oculta, um poder sobrenatural usado para afastar ferimentos e proteger invisivelmente."[320]

320. Carmichael, *Carmina Gadelica*, Vol. II, 26.

Dizia-se com frequência que os encantamentos *sian* afastavam lâminas e balas ou impediam que elas perfurassem o portador da bênção. Este trecho exemplifica o gênero, descrevendo aqui um encantamento usado durante a batalha de Culloden:

> Uma mulher em Bearnasdale, em Skye, colocou tal encantamento em Macleod de Bearnaray, Harris, quando estava a caminho de se juntar ao Príncipe Charlie, em 1745. Em Culloden, as balas caíram sobre ele como granizo, mas não tiveram efeito. Quando tudo estava perdido, Macleod jogou fora o casaco para facilitar sua fuga. Seu fiel irmão de criação, Murdoch Macaskail, estava próximo e pegou o casaco. Ao examiná-lo, descobriu-se que estava cheio de buracos de bala. Mas nenhuma dessas balas havia ferido Macleod![321]

Essa característica em que o portador do encantamento é atingido por armas, mas as armas não conseguem perfurar e ferir, é típica do folclore sobre os encantamentos *sian*. Em um caso registrado pelo folclorista escocês John Gregorson Campbell, diz-se que o portador do encantamento ficou tão machucado que desejou ter sido perfurado pelas balas![322]

As coleções de folclore contêm muitos exemplos de encantamentos *sian* verbais. Em parte, seu texto frequentemente ecoa o estilo *lorica* de encantamento ou armadura poética, enumerando as partes do corpo a serem protegidas e os poderes divinos que as protegem, como este trecho de um exemplo registrado pelo estudioso gaélico Norman Macleod:

A espada de São Miguel ao seu lado;
O escudo de São Miguel em suas omoplatas.
Não há nada entre o Céu e a Terra
Que vencerá o Rei da graça.
Nenhuma lâmina o cortará,
O mar não o afogará.
O manto de Cristo sobre ele irá,
A sombra de Cristo sobreirá.
Do topo de sua cabeça até a sola de seu pé,
O seun da sorte está agora com fé...[323]

321. Carmichael, *Carmina Gadelica*, Vol. II, 26.
322. Campbell, *Witchcraft & Second Sight*, 76.
323. Macleod, (Caraid nan Gaidheal), *Cuairtear Nan Gleann*, 309-12.

Os encantamentos de batalha *sian* geralmente são específicos para proteção contra a violência e invocação de sucesso em batalha, como estas linhas desse mesmo encantamento:

Você ficará no meio do massacre;
Você correrá através de quinhentos,
E seu inimigo será pego em aflição.

Frequentemente, eles incluem uma recitação de tipos de ferimentos contra os quais o usuário está protegido:

Você é um encantamento contra a flecha,
Um encantamento contra a espada,
Um encantamento contra a bala vermelha...[324]

O folclore sobre os encantamentos de batalha *sian* também aponta para um componente de magia operativa que é empregado junto ao encantamento verbal. Campbell menciona o uso de itens físicos que podem ser pendurados no pescoço ou costurados na roupa da pessoa que recebe o encantamento; esses itens podem incluir fios coloridos ou até mesmo material vegetal.[325] O exemplo registrado da Batalha de Culloden sugere que o encantamento pode ter sido aplicado no casaco do soldado. Macleod é um pouco mais específico em sua descrição: "Uma espécie de verso colocado (ou fixado) em fragmentos de linho e, às vezes, (com) uma flecha de fada, costurada firmemente em um único pedaço de tecido. Isso era carregado sob a camisa, perto do coração".[326]

Esse encantamento verbal da coleção Macleod também faz alusão ao ritual de seu uso das linhas do encantamento: "Farei o encantamento na segunda-feira, em um espaço estreito, afiado e espinhoso."[327] A instrução para fazer o encantamento em um lugar estreito e espinhoso parece ser uma forma de Magia Simpática: como o encantamento destina-se a permitir que seu portador atravesse com segurança um ambiente em que será cercado por armas perfurantes por todos os lados, para invocar o caminho seguro através desses perigos, o encantamento é preparado em tal lugar. Imagino um membro da família amoroso indo a algum

324. Campbell, *Witchcraft & Second Sight*, 75.
325. Campbell, *Witchcraft & Second Sight*, 73.
326. University of Edinburgh, *Gaelic Battle Charms*.
327. University of Edinburgh, "Gaelic Battle Charms."

lugar estreito e espinhoso para costurar o amuleto na roupa com linha colorida, talvez juntando um pouco de planta sagrada ou outros itens de proteção também, enquanto entoa o feitiço.

Parece também que os encantamentos de batalha *sian* podem, às vezes, ser agressivos, em vez de simplesmente protetores. A coleção *Carmina Gadelica* conta uma história na qual uma mãe envia um encantamentos *sian* na forma de uma moeda torta de seis pences amaldiçoada, com a qual amaldiçoa o senhor que forçou seu filho a prestar serviço militar:

> "Aqui está, meu filho, uma moeda de seis pence sete vezes amaldiçoada. Use-a na batalha contra o Pequeno Allan e ganhe a bênção de sua mãe, ou abstenha-se e ganhe sua maldição". (...) Quando a luta estava mais acirrada e o confronto incerto, o filho da viúva de Staonabrig lembrou-se da ordem de sua mãe e de que era melhor lutar com a bênção dela do que cair com sua maldição, e então colocou a moeda torta em sua arma. Ele mirou, e Clanranald caiu.[328]

Sua maldição é carregada por essa moeda de seis pence torta, que o filho entrega, usando-a no lugar de uma bala.

História

um amuleto de batalha costurado

Algo não está certo. Meu parceiro e eu somos lutadores em uma sociedade de combate medieval, onde vestimos armaduras e lutamos contra nossos amigos com armas de *rattan*. Lesões são incomuns, mas estou percebendo que ele está se ferindo quase sempre que luta, e isso não é normal. Já verificamos todas as peças de sua armadura, mas não é um tipo consistente de ferimento e isso está acontecendo não importa com quem ele lute ou onde.

"Da última vez que você lutou e não se machucou, estava usando uma armadura diferente?", eu pergunto.

328. Carmichael, *Carmina Gadelica*, Vol. II, 26.

"Não", ele responde, depois continua: "Mas agora que mencionou, lembro de ter esquecido minha túnica naquele dia e tive que pegar uma emprestada".

"Sua túnica? Humm, de onde veio essa túnica, afinal?", pergunto.

"Ah, minha ex a fez para mim, na verdade", ele diz.

"Vocês estavam se dando bem na época?", pergunto.

"Não estávamos", diz ele, e continua: "ela estava bastante insatisfeita comigo e não queria que eu passasse tanto tempo com a sociedade medieval, mas disse que ia terminar a túnica de qualquer maneira, porque havia prometido."

"Então você está dizendo que essa túnica foi feita por alguém que estava com raiva de você enquanto a costurava, para uma atividade que ela não gostava que você fizesse? Nossa, não é de se admirar que esteja se machucando. Essa coisa está amaldiçoada!" eu digo.

Queimamos a túnica, refletindo sobre a facilidade com que os sentimentos de uma pessoa infeliz podem lançar uma maldição sem que ela tenha realmente a intenção de fazê-lo.

Então eu me sento para fazer uma nova túnica, e esta terá bênçãos em vez de maldições costuradas. Depois de cortar as peças de tecido, eu faço questão de aspergi-las com água benta em uma oração antes de costurar. Passo alguns momentos compondo um pequeno encantamento verbal que seja aliterativo e fácil de lembrar. *Nerton, ualon, segos, slanos*. "Força, poder, vitória, saúde."

À medida que começo a costurar, sussurro o pequeno encantamento em cada ponto. *Nerton*; a agulha encontra seu lugar para começar o ponto. *Ualon*; a agulha perfura e eu a puxo. *Segos*; viro a agulha e a perfuro novamente. *Slanos*; puxo a linha e termino o ponto. No início, sou lento e desajeitado e fico pensando se não fui um tolo ao pensar em realizar todo esse projeto com uma oração em cada ponto. Mas continuo. *Nerton, ualon, segos, slanos*. Começa a fluir um pouco mais facilmente e não preciso me esforçar tanto para ajustar o encantamento aos movimentos de minhas mãos Vez após vez, a agulha entra e sai, as orações sussurradas rolam e são costuradas. Eventualmente, estou recitando o encantamento silenciosamente e no ritmo da minha costura, sem nem mesmo pensar nisso, sem perder o ritmo e até mesmo com conversas girando ao meu redor.

Vou terminar a túnica com as palavras do encantamento também bordadas em escrita lepônica gaulesa ao longo da bainha e das mangas. Vai demorar um pouco até que eu pare de ouvir o encantamento se repetindo em minha cabeça enquanto adormeço. Mas ele fica bem em sua nova e ousada túnica de combate e, o mais importante, não está mais se machucando sempre que luta.

bênçãos e invocações de batalha

Um tema recorrente em muitas fontes é o uso de orações e invocações a divindades e espíritos para obter o apoio deles para o sucesso do solicitante em um conflito. Essas invocações podem ser consideradas como um tipo de magia religiosa ou teúrgica na qual a devoção é empregada especificamente para concentrar o apoio dos Deuses em direção a um resultado bem-sucedido no conflito. Elas podem assumir a forma de orações invocatórias aos Deuses protetores de um lugar ou tribo, para garantir a vitória; ou orações a divindades e espíritos que supervisionam o conflito, para atacar o adversário em seu nome. Há também muitos exemplos de pactos votivos e trocas em que oferendas ou sacrifícios são prometidos com o benefício do apoio das Divindades. Às vezes, presságios divinatórios são tomados como parte dessas invocações e podem ser usados para orientação estratégica na batalha.

Histórias clássicas fornecem vários exemplos de invocações em campos de batalha nos conflitos envolvendo os celtas. Historiadores escreveram sobre a Rainha Boudica fazendo uma oração invocatória a uma Deusa da Guerra chamada Andraste (a Inconquistada) no campo de batalha antes de seu confronto com os romanos. Relatos desse evento podem ter sido embelezados por seus autores, já que a história de Boudica foi fortemente propagandeada nos enredos clássicos. No entanto, alguns aspectos da descrição soam convincentemente como uma prática genuína de oração invocatória poderia parecer: "Ela subiu em uma plataforma elevada, que havia sido construída com grama à maneira romana... Erguendo a mão para o céu, Boudica disse: 'Eu te agradeço, Andrasta (a Deusa 'Inconquistada'), e clamo a você como uma mulher a outra... Eu imploro e rezo a você por vitória e para manter a vida e a liberdade contra homens arrogantes, injustos, insaciáveis e profanos'".[329]

Observe aqui a postura invocatória que ela adota, levantando as mãos para o céu para implorar a ajuda da Deusa. Essa postura invocatória é mencionada novamente no relato de Tácito sobre as invocações de batalha feitas pelos defensores britânicos durante a invasão romana de Mona (Anglesey): "Na margem, estava o exército adversário com sua densa formação de guerreiros armados, enquanto entre as fileiras corriam mulheres, em trajes negros como as Fúrias, com os cabelos desgrenhados, agitando tochas. Ao redor, os druidas, erguendo

329. Koch and Carey, *The Celtic Heroic Age*, 43.

as mãos para o céu e lançando terríveis imprecações, assustavam nossos soldados pela visão não familiar".[330]

Algumas práticas de invocação semelhantes são vividamente ilustradas na literatura irlandesa antiga. Em *The Siege of Knocklong* (*O Cerco de Knocklong*), druidas voltam-se para o céu enquanto clamam por auxílio de seus Deuses no conflito: "Colocando sua confiança em seus Deuses, ele direcionou um sopro druídico para o céu e o firmamento".[331] Em outra passagem, um druida busca auxílio para a vitória "reunindo toda a força de seus poderes mágicos e invocando seu Deus".[332]

A ideia de que uma divindade tutelar poderia ser invocada para auxiliar em batalha continua nas histórias medievais irlandesas. Os Anais da Irlanda relatam que as forças de Leinster "oraram fervorosamente a Santa Brigit para que pudessem matar seus inimigos"; Santa Brígida era especialmente a padroeira de Leinster.[333] Nessa batalha e em outras, ela foi vista pairando sobre o campo e aterrorizando os adversários de Leinster em resposta a essas orações. Isso se assemelha às descrições das fontes clássicas sobre Divindades tutelares invocadas para proteção e ajuda na batalha.

Em *The Second Battle of Mag Tuired* (*A Segunda Batalha de Mag Tuired*) uma sugestão intrigante para um ritual de bênção de batalha na tradição irlandesa é oferecida. A Morrígan se encontra e se une ao Dagda antes da batalha e relata informações proféticas relacionadas à estratégia de batalha. Ela promete matar Indech, o rei de seus adversários Fomoiri, e tomar "o sangue de seu coração e os rins de sua valentia". Em seguida, ela dá "seus dois punhados desse sangue para os anfitriões".[334] A meu ver, essa sequência tem a aparência de um ritual de bênção de batalha e não posso deixar de me perguntar se os autores da saga construíram essa cena mitológica em parte a partir de vestígios da memória popular de tal ritual. Isso parece plausível na medida em que o uso de rituais de batalha, como a invocação a Santa Brígida, parece ter continuado nos tempos medievais em uma forma cristianizada. Se essa passagem de texto reflete ou não um costume histórico, ela pode servir de inspiração para a construção de rituais de bênção para aqueles que enfrentam conflitos.

---

330. Tacitus, Complete Works of Tacitus, 14,30.
331. Ó Duinn, *The Siege of Knocklong*, 36.
332. Ó Duinn, *The Siege of Knocklong*, 46.
333. Mac Firbisigh, *Annals of Ireland: Three Fragments*, 191.
334. Gray, *Cath Maige Tuired: The Second Battle of Mag Tuired*, 46.

Ao reimaginar esse tipo de ritual, a Morrígan está sendo solicitada como Deusa da Guerra por meio de uma oração e de um vínculo simbólico com uma pessoa representando o grupo que se prepara para a batalha, o que serviria para alinhar os combatentes com seu poder e presença. Depois que esse vínculo é estabelecido, pede-se a ela uma bênção de vitória, e essa bênção é dada com as informações oraculares sobre os pontos estratégicos da batalha. O detalhe dos dois punhados de sangue sugere, a meu ver, um Sacerdote com as mãos mergulhadas em uma oferenda – talvez de sacrifícios feitos para garantir a vitória, ou uma substituição como o vinho – aspergindo sobre os guerreiros ou marcando os com o sangue como uma bênção de vitória. Talvez essas marcas de sangue possam representar a "marca do guerreiro" mencionada em algumas das tradições sobre os costumes dos guerreiros irlandeses.[335]

Kit de Ferramentas do Bruxo

Ritual de Bênção de Batalha

Aqui, gostaria de oferecer um modelo de ritual vagamente inspirado nas bênçãos de batalha discutidas na seção anterior. Trata-se de uma estrutura para invocar a ajuda divina antes do conflito, por meio de orações invocatórias, oferendas e uma bênção recebida na forma de uma marca na cabeça. Isso também pode ser estendido para abençoar a arena na qual o conflito ocorrerá, de modo a preparar o terreno, por assim dizer, para a vitória. Em meu grupo de combate medieval com armadura, geralmente realizamos um ritual como esse para buscar bênçãos e proteção contra ferimentos durante as lutas. O ritual também pode ser adaptado para a arena da luta social; por exemplo, antes de um protesto de rua ou de uma ação direta em que haja risco de violência. Os participantes da ação podem receber a bênção antes de saírem para a rua e, se o local da ação for conhecido antecipadamente, o campo de batalha pode ser secretamente abençoado com algumas das oferendas. Esse modelo de ritual foi escrito para uma invocação de Cathubodua, uma Deusa da Guerra gaulesa que está relacionada à irlandesa Badb Catha; no entanto, você pode facilmente

335. Macquarrie, *Insular Celtic Tattooing*, 159.

adaptar o modelo para solicitar ajuda a qualquer Deus em quem confie durante um conflito. Você pode recitar a versão gaulesa ou inglesa do encantamento ou criar a sua própria, conforme sua preferência.

Para este ritual, você vai precisar de:

- Ferramentas para purificação, como água abençoada ou fumaça sagrada.
- Oferendas líquidas, como vinho, bebidas alcoólicas ou outro líquido, de preferência vermelho.
- Opcionalmente, outras oferendas para seus Deuses e espíritos, como alimentos ou incenso.

Comece com a purificação, aspergindo a água abençoada a si mesmo e no espaço. Clame por seus espíritos protetores com louvor e peça a eles que o ajudem na magia de proteção e vitória.

Invoque Cathubodua (ou qualquer outro Deus em quem confia para ajudá-lo nisso). Levante os braços para os céus e, ao mesmo tempo, eleve seu coração ao orar em voz alta. Ofereça louvores, falando com reverência e destacando os poderes que você deseja invocar em seu favor. Eleve as oferendas e consagre-as a ela; despeje as oferendas líquidas em um cálice ou tigela, acenda o incenso e apresente quaisquer outras oferendas que tenha preparado.

Realize a bênção da vitória. Segurando o cálice com as oferendas líquidas, pronuncie esse encantamento sobre ele, visualizando e sentindo o poder da divindade fluindo para dentro da taça:

In anuani Cathubodua
Âwûmi umê
Brixtom uritt anxton
Brixtom uritt aglon
Brixtom uritt trougon
Boudion wer suos bieto
No anuani Deuin Cathon
Em anuani Rigana Cingeton
In anuani Rigana Toncnamnus
Em anuani Cathubodua

Tradução:

Em nome de Cathubodua
Eu faço para você
Um feitiço contra a dor
Um feitiço contra feridas
Um feitiço contra o sofrimento
Que a vitória esteja com você
Em nome da Deusa das Batalhas
Em nome da Rainha dos Guerreiros
Em nome da Rainha dos Destinos
Em nome de Cathubodua.[336]

Unja cada participante que deseja receber a bênção, mergulhando um dedo no líquido e ungindo-o na testa. Você também pode abençoar o equipamento que irá utilizar no campo da mesma forma.

Para encerrar, agradeça a Cathubodua e a quaisquer outros espíritos que tenham ajudado. Derrame as ofertas líquidas restantes na arena onde ocorrerá o conflito, na intenção de santificá-la e prepará-la para sua equipe. Lembre-se de se purificar novamente após terminar o ritual.

pactos votivos e a evocatio

Uma maneira popular de reforçar uma oração de batalha era incluir um pacto votivo, no qual eram prometidas ofertas especiais, presentes ou sacrifícios a serem cumpridos somente quando a petiçao fosse atendida com sucesso. O pacto votivo é uma forma de devoção transacional comum no mundo antigo, na qual um devoto prometeria fazer alguma oferta à divindade no caso de um resultado bem-sucedido ou da realização de um desejo.

Evidência desses pactos votivos persistem nos muitos artefatos "ex-voto" encontrados em escavações – objetos marcados com inscrições que registram o cumprimento do pacto devocional. O termo "ex-voto" vem da frase latina *ex voto suscepto*, que significa "do voto feito" e é mais comumente conhecido atualmente

336. Texto em gaulês e tradução em português, cortesia de Segomâros Widugeni, Comunicação pessoal por e-mail, 7 de abril de 2015.

pela prática católica, mas tem origem na Roma Antiga.[337] Inscrições votivas antigas também incluíam comumente a frase *votum solvit libens merito*, muitas vezes abreviada como VSLM, significando que o dedicante "cumpriu voluntária e merecidamente seu voto", ou seja, a bênção solicitada foi recebida, portanto a oferta é merecida e é dada gratuitamente.[338] Variações desse tipo de inscrição às vezes se concentram menos no voto e mais na oferta, como SACRUM FLM, para *sacrum fecit libens merito*, geralmente se referindo a um sacrifício e significando que o dedicante "fez essa oferta sagrada de boa vontade e merecidamente".[339] Essas fórmulas de dedicação são latinas e vêm da prática romana, aparecendo em contextos galo-romanos e romano-britânicos após a conquista. No entanto, a prática de pactos e dedicatórias votivas foi descrita como sendo praticada pelos celtas antes da conquista.

Era comum fazer votos de que partes ou todos os espólios capturados em uma batalha seriam prometidos aos Deuses em caso de vitória. Isso parece ter sido entendido como uma maneira de persuadir os Deuses a se juntarem à batalha ao lado de alguém. Essas oferendas podiam incluir tesouros capturados, armas e armaduras, cavalos de guerra e animais para alimentação e até mesmo o sacrifício de prisioneiros como oferendas religiosas. Tributos de guerra votivos às vezes poderiam ser queimados, depositados em lagos, rios ou pântanos ou nos recintos dos templos. Santuários gauleses e britânicos continham pilhas de tesouros depositados, tanto no interior quanto expostos em paliçadas e portões.[340]

Autores contemporâneos dos gauleses observam que esses tesouros eram considerados sagrados e exibidos sem medo de roubo, pois todos sabiam que a violação do santuário traria uma terrível maldição. César registrou a prática de pactos de batalha votivos entre os gauleses continentais em *The Gallic War*:

> Quando resolvem travar uma batalha decisiva, eles dedicam a Marte, via de regra, todos os despojos que possam tomar. Depois de uma vitória, eles sacrificam os seres vivos que capturaram e todos os outros efeitos são reunidos em um só lugar. Em muitos estados, montes de tais objetos podem ser vistos empilhados em locais sagrados, e não é raro que um homem, desafiando o escrúpulo religioso, tenha ousado

---

337. Derks, *The Ritual of the Vow in Gallo-Roman Religion*, 111-114.
338. Beck, *Goddesses in Celtic Religion*, 23.
339. Szabó, *The Reason and Background of the Vota and the Different Formulae*, 111–112
340. Brunaux, The Celtic Gauls, 25-33.

> esconder tais despojos em sua casa ou removê-los de seu lugar, e a mais severa punição, com tortura, é ordenada para tal ofensa.[341]

Aqui, "Marte" talvez seja uma referência a um Deus indígena associado à guerra, que foi sincretizado ou identificado com o Marte romano. Sopater, um filósofo grego escritor do século 3 AEC, também menciona práticas semelhantes de dedicar tanto prisioneiros quanto tesouros saqueados como oferendas aos Deuses em troca de vitória.[342] Registros arqueológicos na Gália revelam locais de templos onde tesouros foram armazenados, muitos mostrando evidências de terem sido capturados em batalha, exatamente como César afirma.

Aos olhos politeístas modernos, esse tipo de prática votiva pode parecer estranhamente transacional ou até mesmo mercantilista. No entanto, era uma forma extremamente comum de magia devocional no mundo antigo. De fato, era tão comum que alguém poderia arruinar a sorte de um inimigo fazendo com que seus sacrifícios fracassassem, como visto em uma tábua de maldição galo-romana de Rom, no que hoje é a França, que amaldiçoava seu alvo para que: "Ele não possa ser capaz de sacrificar".[343] Ou seja, suas oferendas votivas não lhe trariam sucesso.

Outra maneira de pensar sobre o pacto votivo é em termos de mitigação de riscos, um jeito de tentar garantir o apoio dos Deuses em um momento de necessidade e, ao mesmo tempo, agir como uma expressão focada da fé e do compromisso do dedicante com seu relacionamento com o Deus. Poucas coisas fortalecem a confiança em um relacionamento como o cumprimento mútuo de uma promessa; dessa forma, um pacto votivo concluído pode fortalecer muito o vínculo devocional. Esse tipo de magia devocional era muito enfatizado nas guerras, como um empreendimento de alto risco do qual grandes consequências dependiam e precisavam do apoio seguro dos Deuses. Também vale a pena lembrar que, em muitos casos, era de se esperar que os adversários estivessem fazendo devoções aos mesmos Deuses, de modo a considerar necessário fazer uma grande oferenda para persuadi-los a favorecerem o adversário.

Essa abordagem à magia de guerra por meio da persuasão votiva dos Deuses encontra algumas formas interessantes no mundo antigo. Os romanos praticavam uma variação do ritual votivo no qual pediam aos Deuses tutelares

341. Caesar, *The Gallic War*, 43.

342. Koch and Carey, *The Celtic Heroic Age*, 7.

343. Adams, *Implications of Curse Tablets*, 4.

ou tribais de um adversário, prometendo devoção e oferendas especiais caso o Deus abandonasse a defesa do local ou do grupo e, em vez disso, apoiasse os romanos na batalha. Esse tipo de oração votiva era chamada de *evocatio*, significando "chamamento".[344] A literatura romana inclui vários exemplos notáveis desse ritual sendo empregado com sucesso. Em alguns aspectos, ele se apresenta como um meio de minar ritualmente a Soberania de um povo, removendo o apoio de Deuses cujos poderes sustentavam essa Soberania – igual quando a Deusa tutelar etrusca Uni (com um papel na Soberania da cidade) foi evocada longe de Veios, em 396 EAC.[345] Alguns estudiosos indicam que essa prática não teve origem com os romanos, mas na verdade foi adotada por eles a partir da religião etrusca, ou pode ser parte de uma herança religiosa indo-europeia mais comum.[346]

Não está claro que a *evocatio* tenha sido empregada pelos povos celtas como tal, mas sua frequência de uso pelos mesmos romanos com os quais interagiam com frequência no Continente e na Grã-Bretanha sugere que eles a conheciam. Alguns estudiosos sugerem que os povos antigos da região se preocupavam em manter em segredo os nomes verdadeiros de suas divindades tribais e tutelares, como uma forma de proteção contra a *evocatio* realizada contra eles por adversários.[347] É interessante considerar isso à luz do hábito cultural de alguns povos de usar epítetos indiretos para se referir a seus Deuses, o que pode equivaler a uma proibição de falar seus nomes diretamente. Estudiosos apontaram exemplos de nomes de divindades que podem, na verdade, ser eufemismos, como Toutatis, que significa aproximadamente "o Deus do nosso povo", e Lugus, que pode ser interpretado como "o Deus do juramento".[348] Da mesma forma, a frase irlandesa "Juro pelos Deuses a quais meu povo jura" pode ser evidência de uma proibição semelhante de nomear diretamente os Deuses de sua tribo. Pode haver muitos motivos para esse sigilo ritual, mas a proteção contra a prática comum de guerra de evocação pelos inimigos é certamente uma das possibilidades.

O historiador romano Lívio registra uma história interessante na qual, do ponto de vista romano, uma divindade de batalha celta parece mudar de lado

344. Kennedy, "Celts and Romans: The Transformation from Natural to Civic Religion," 23–24.

345. Bruun, *Evocatio Deorum: Some Notes on the Romanization of Etruria*, 24.

346. Bruun, *Evocatio Deorum*, 109

347. Bruun, *Evocatio Deorum*, 115.

348. Delamarre, Dictionnaire Gauloise, 295; Koch, "Further to Tongu Do Dia," 254.

para favorecer os romanos. Um guerreiro gaulês esplendidamente armado se aproxima de um acampamento romano para desafiar qualquer soldado em um único combate, um desafio que é aceito por um tribuno chamado Marcus Valerius:

> Justamente quando eles estavam se enfrentando, um corvo pousou de repente no capacete do romano com a cabeça voltada para o seu adversário. O tribuno aceitou alegremente isso como um presságio divino e orou para que fosse um Deus ou Deusa quem tivesse enviado a ave auspiciosa, e que essa divindade fosse gentil com ele e o ajudasse. Maravilhoso de se contar que o pássaro não apenas manteve sua posição no elmo, mas toda vez que eles se encontravam, ele se erguia em suas asas e atacava o rosto e os olhos do gaulês com bico e garras, até que, aterrorizado com a visão de um presságio tão terrível e desnorteado tanto nos olhos quanto na mente, ele foi morto por Valério. Então, voando para o leste, o corvo desapareceu de vista.[349]

Claro, tais relatos, escritos sob a perspectiva dos romanos conquistadores podem ser considerados um tipo de propaganda; o que quer que tenha acontecido lá pode ter sido descrito de maneira muito diferente a partir das perspectivas dos celtas. Dada a persistente importância dos presságios para os povos celtas, é claro que eles estavam preocupados com a possibilidade de mudar o favor dos Deuses.

História

Um Ritual de Bênção ao Escudo

Esta é mais uma ação nas ruas contra a brutalidade policial. Há alguns anos, tenho saído com uma equipe médica de socorristas voluntários, apoiando as manifestações públicas da comunidade com kits de primeiros socorros, água e equipamentos de proteção. Ondas de atividades de protesto vêm e vão, aumentando sempre que um novo nome é adicionado à lista de pessoas assassinadas pela polícia sem o devido processo legal – geralmente pessoas negras, pardas ou indígenas.

349. Livius, The History of Rome: English Translation, book 7, s 26

Estamos em 2020, e mesmo em meio à revolta provocada pelo assassinato de George Floyd, a polícia aqui em Oakland continua atirando em pessoas. As ruas estão cheias de tristeza e raiva. Ataques aos manifestantes com armas militares como gás lacrimogêneo, munição de borracha, granadas de concussão e canhões de som aumentaram. Estamos nas ruas quase diariamente, apenas tentando apoiar e ajudar a manter as pessoas seguras. Alguns ativistas começaram a usar escudos nas ruas para tentar se defender das armas da polícia. Fizemos um conjunto de escudos de madeira leve com uma alça que um colega socorrista pode usar para protegê-lo enquanto tenta cuidar das pessoas. Estou pintando-os e os preparando para a rua – brancos com uma cruz vermelha em negrito e a inscrição "MEDIC". Depois de pintados, colocamos os escudos no pátio para secar e preparamos oferendas para abençoá-los.

Invocamos os espíritos Morrígan, Badb e Badba, despejando as oferendas em uma fogueira:

> *Pedimos que estejam ao lado do povo enquanto nos levantamos em protesto, Grande Rainha; proteja todos os que andam por essas ruas em busca de justiça, conceda sua proteção e sua armadura ao povo, deixe-os a salvo da violência policial, ilumine-os com a Luz do Herói. Que as munições da polícia falhem, que suas armas enfraqueçam, que sua determinação vacile, que eles se dispersem.*

De um encontro anterior com os policiais, recolhi uma munição gasta, um projétil duro coberto de espuma que foi disparado contra uma multidão. Eu a seguro agora e faço outra oferenda. Falo agora com os ancestrais e os espíritos associados daqueles que trabalham na força policial. Falo sobre a violência, a injustiça e o assassinato cometidos pelas mãos de seus descendentes; a desonra e a mancha em seu legado. Desafio e convido esses ancestrais a agirem ao lado da justiça, ficando ao lado do povo. É uma espécie de *evocação*: Estou chamando os espíritos aliados das forças policiais para que retirem seu apoio e coloquem-se do lado dos manifestantes.

Quando termino de falar com os espíritos, coloco o projétil em uma pilha de papéis e os borrifo com gotas das oferendas para selar a magia. Os papéis são cópias de uma carta endereçada à polícia, que pede que eles vejam o erro violento do qual estão participando, tomem o partido da justiça e abandonem seus empregos. "Como chegou ao ponto de, em vez de manter as pessoas seguras, vocês serem usados como instrumento de violência estatal contra seu próprio povo? Isso é o que vocês queriam ou o que seus antepassados queriam para você?"

Sabemos que a maioria dos oficiais que virem isso a descartarão sem pensar, mas é um meio de transmitir a magia da *evocatio* e, talvez, para alguns, ela possa plantar uma semente de dúvida que pode crescer com o tempo.

Sabemos que os escudos são frequentemente confiscados durante os confrontos nas ruas, cada escudo recebe uma cópia da carta colada na parte de trás, assim, a magia ancestral também é selada no escudo, o que nos protegerá e a entregará nas mãos deles. O projétil gasto será dissolvido lentamente com ácidos e depois deixado ao ar livre, com uma oração para que o moral e o poder da polícia se dissolvam com ele.

Conhecendo os badba

Quero apresentar aqui um grupo de espíritos chamado *badba*, associado a conflitos, campos de batalha, caos e profecias. *Badba* é a forma plural de *badb*, uma palavra do irlandês antigo que pode significar uma variedade de coisas. Pode significar "corvo", mas também "Bruxa" ou uma pessoa ou espírito geralmente perigoso e malévolo; é também o nome da Deusa da Guerra Badb.[350]

Os *badba* são mencionados frequentemente em contos irlandeses sobre ambientes de campos de batalha, nos quais muitas vezes não fica claro se está sendo descrito um bando de corvos ou um grupo de espíritos ou seres sobrenaturais semelhantes às Bruxas. Passagens descritivas assim são comuns: "Os corvos e os espíritos e as coisas selvagens do vale levantaram gritos horrendos, medonhos..."[351] ou "aquele grupo que costumava acompanhar Cú Chulainn, ou seja, Deusas da guerra e espíritos e carniças vorazes, de garras vermelhas..."[352] Ambas passagens são de um conto chamado *The Pursuit of Gruaidh* (*A Perseguição de Gruaidh*), mas há muitos outros exemplos coloridos no corpus de contos.

Entendo os *badba* como um coletivo de espíritos associados a locais de conflito; com Deusas da Guerra, como Badb, Cathubodua e Morrígan e com bandos de corvos de carniça e outros seres que são atraídos para os campos de batalha. Eles também estão associados a fenômenos como o ardor da batalha, a Luz do Herói, o trauma e a loucura e os mortos inquietos. *Badba* têm o poder da profecia e suas vozes, que soam como o grasnar dos corvos ou gritos assustadores

350. Royal Irish Academy, "EDIL 2019, s.v. *badb*, dil.ie/5114."
351. O'Rahilly, Tóruigheacht Gruaidhe Griansholus: The Pursuit of Gruaidh Ghriansholus, 47.
352. O'Rahilly, *The Pursuit of Gruaidh*, 125.

do Outromundo, podem prever o resultado de batalhas e conflitos. Eles fazem parte de um coletivo diversificado de espíritos de batalha do Outromundo que compõem o séquito espiritual de Badb e das outras Deusas da Guerra.

Ilustração do sigilo para o Badba

Os *badba* são aliados poderosos na magia de guerra e em situações de conflito. Eles podem criar caos e barulho, aterrorizar e perturbar os inimigos. Parte do meu trabalho pessoal com eles está relacionado às minhas próprias experiências como sobrevivente com TEPT-C (Transtorno de Estresse Pós-Traumático Complexo). Esses espíritos respondem a sons, como o barulho de armas se chocando, o rufar de touros e o toque de chifres de guerra. O sigilo dos *badba* foi criado a partir das letras celtas *Corios* (para batalha e os seres do campo de batalha); *Pritios* (para loucura e a Luz do Herói) e o Ogham *fid*, *hÚath* (para terror e espíritos de batalha). Sua forma sugere três seres semelhantes a corvos girando ou voando pelo ar. A ilustração visualiza os *badba* como são descritos nos textos, suspensos no ar, desprendidos da terra e da gravidade, dançando e saltando sobre pontas de lanças no campo de batalha.

O clamor da guerra

O poder do som na guerra foi reconhecido e explorado por muitas culturas. Nas tradições das culturas celtas, há muitas ilustrações de como isso tem sido usado, tanto para impacto psicológico quanto como parte de práticas espirituais e mágicas no campo de batalha.

Textos medievais irlandeses medievais descrevem a música e os cantos de guerra dos Fianna – uma música chamada *dord fianna*. *Dord* significa zumbido, murmúrio, ronco ou entonação.[353] Em alguns casos em que essa música é mencionada, parece descrever o canto:

Na agradável assembleia de Crúachan,
Cantávamos o cântico quando íamos para a casa.
Eram doces as vozes dos fenianos;
Todos estavam felizes em ouvir.[354]

Existem referências também a algo chamado *crann-dord*, "som de árvore/madeira", que pode se referir ao estrondo baixo produzido pela batida dos cabos de lanças de madeira: "Chegamos à corte e executamos a *Dord-Fiansa* com as árvores (ou cabos) de nossas belas lanças com soquetes de ouro".[355] Essa canção

353. Royal Irish Academy, "EDIL 2019, s.v. 1 *dord*, dil.ie/18319."
354. Pennington, *The Little Colloquy*, 103.
355. O' Curry, *On the Manners and Customs of the Ancient Irish*, Vol. III, 409.

de madeira parece ter sido executada como um acompanhamento ou ritmo para a música vocal feita por guerreiros: "Nós cantamos com as árvores de nossas lanças/A Dord-Fiansa, com a voz de nossos homens..."[356] Em outros casos, parece estar mais ligado aos sons de instrumentos, zumbindo ou semelhante a cornetas, e, de fato a palavra *dord* ainda é usada em irlandês para uma grande corneta com um som grave e *zumbido*, ou para instrumentos em geral que produzem sons na faixa dos graves.

É uma música executada por companhias de guerreiros, tanto em assembleias públicas quanto em campos de batalha, que pode incluir cantos que misturam muitas vozes, pontuados pelo choque de hastes de lanças e vários chifres e trombetas. Práticas semelhantes são registradas em muitas outras culturas guerreiras antigas durante toda a Idade do Ferro e até tempos históricos. O historiador grego Políbio descreveu um enorme e aterrorizante barulho similar a um rugido criado por tribos celtas continentais que se reuniam para a batalha: "Pois havia entre eles inúmeros chifres e trombetas que estavam sendo tocados simultaneamente de todas as partes do exército O som era tão alto e penetrante que o clamor não parecia vir de trombetas e vozes humanas, mas de todo o campo ao mesmo tempo".[357] Da mesma forma, Tácito relatou a música de batalha usada pelas tribos germânicas: "O cântico de guerra dos homens e os gritos agudos das mulheres ecoavam por toda a linha..."[358]

Essas músicas e paisagens sonoras eram usadas para elevar o moral das tropas e, ao mesmo tempo, tentar assustar os adversários. Além desse efeito psicológico, eu argumentaria que os instrumentos, as canções e o ruído também empregavam um componente espiritual que equivale a uma forma de magia de batalha. Esses povos eram altamente animistas e teriam entendido grande parte de seu equipamento de guerra como inspirados. Muitos dos chifres usados nessas paisagens sonoras foram fabricados com cabeças de animais, como os *carnyces* com cabeças de serpente e javali de Tintignac, na França, e o *carnyx* com cabeça de javali de Deskford, na Escócia; instrumentos semelhantes com cabeças de javali também estão representados no Caldeirão de Gundestrup.[359] Assim como as espadas antropomórficas e outros ornamentos com rostos, é provável que

356. O' Curry, On the *Manners and Customs of the Ancient Irish*, Vol. III, 380.
357. Koch and Carey, *The Celtic Heroic Age*, 9.
358. Beck, *Goddesses in Celtic Religion*, 289.
359. Aldhouse-Green, *Caesar's Druids*, 62-63.

essas formas animadas tivessem a intenção de consagrar e representar os espíritos residentes nos objetos.

É interessante notar nas fontes irlandesas medievais um reconhecimento dessa qualidade animada dos equipamentos de guerra. Diz-se que as armas produzem *armgrith*, "clamor das armas", mas esse fenômeno não é simplesmente um som.[360] *Grith* significa tremor, estremecimento, vibração, agitação ou frenesi; especificamente de um tipo que inspira terror.[361] Esse efeito pode ser produzido por guerreiros sacudindo e batendo suas armas, mas também se diz que as armas saltam por conta própria, indicando que há um fenômeno espiritual acontecendo aqui. O estremecimento e o salto dessas armas geralmente ocorrem em associação com o aparecimento de espíritos de batalha e divindades da guerra, como se a presença deles fizesse com que as armas e armaduras tremessem e se chocassem, ou como se o som do clamor das armas despertasse esses espíritos. Parece-me que essas histórias refletem um senso contínuo de que os espíritos de batalha animavam essas armas e os trajes de guerra e podiam ser instigados à agitação através da criação de som, para acrescentar suas vozes e poderes às forças que estavam sendo trazidas para o campo de batalha. Os rituais para consagrar espíritos nessas armas já foram apresentados no capítulo 3, e é provável que feitiços semelhantes também fossem aplicados aos instrumentos musicais usados em campo.

Quando tocados, o *carnyx* e outros instrumentos semelhantes podem criar sons que vão de um zumbido baixo a um rugido estrondoso, até um grito agudo ou a um toque claro de trombeta, e são moldados de forma que se sobressaiam acima das tropas e suas vozes se propaguem pelo campo. Imagino que, ao elevar esses instrumentos para que soassem, eles entendiam que estavam também elevando os espíritos de batalha que os auxiliariam em campo. Dificilmente alguém pode estar na presença de um *carnyx* cantante sem sentir a presença vibrante de tais espíritos. Da mesma forma, o choque ou o bater das armas teria o efeito de despertar os espíritos nelas alojados. Não é de se admirar que essa paisagem sonora fosse aterrorizante para aqueles que a vivenciaram – teria sido sentida como o rugido de uma hoste de espíritos acompanhando o exército que você enfrentava do outro lado do campo. Eu senti algo semelhante com isso no clamor e no barulho dos protestos de rua, sentindo no rugido de milhares de vozes e ruídos a presença de uma miríade de espíritos apoiando a luta.

360. Borsje, "Omens, Ordeals and Oracles," 239-240.

361. Royal Irish Academy, "EDIL 2019, s.v. 1 grith, dil.ie/26682."

Atos de Intimidação

Literaturas do início da Idade Média da Irlanda e do País de Gales fornecem uma riqueza de descrições de feitiçarias em campos de batalha. Claro, essas histórias são mitológicas e muitos estudiosos as considerariam como narrativas coloridas em vez de reflexos de práticas históricas reais. Ainda assim, elas fornecem uma rica fonte de inspiração para práticas de feitiçaria. Essas narrativas frequentemente se referem à presença poderosa e intimidadora de druidas ou outros trabalhadores da magia em batalhas. Neste ponto, há relatos tanto históricos quanto mitológicos. Por exemplo, o historiador grego Diodorus Siculus escreveu sobre a habilidade deles de acalmar exércitos com a autoridade espiritual de sua presença: "Não apenas em tempos de paz, mas também na guerra, os gauleses obedecem com grande cuidado a esses druidas e poetas cantores, tanto amigos quanto inimigos. Muitas vezes, quando dois exércitos se encontravam com espadas desembainhadas, esses homens se interpunham entre as linhas de batalha e interrompiam o conflito, como se tivessem enfeitiçado animais selvagens."[362]

Outras narrativas falam de performances mágicas vocais aterrorizantes, como o relato de Tácito sobre os gritos e cantos dos druidas durante a invasão de Mona, descrita anteriormente. Contos mitológicos irlandeses parecem se basear em uma memória cultural semelhante, descrevendo druidas, videntes e outros operadores mágicos em ação nos campos de batalha, como em Mag Tuired, onde "videntes e sábios se posicionavam em pilares e pontos estratégicos, praticando sua magia".[363]

Relatos de costumes de batalhas entre os celtas também mencionam com frequência exibições de desempenho marcial, uma característica compartilhada tanto pelas descrições clássicas dos gauleses e bretões da Idade do Ferro quanto pelos relatos medievais iniciais da antiga guerra irlandesa. Essas narrativas descrevem manobras de carruagem vistosas, geralmente seguidas por feitos espetaculares de atletismo marcial envolvendo corrida, salto e equilíbrio no jugo ou no mastro da carruagem, bem como exibições envolvendo armas. Sobre esses costumes, o estudioso medieval William Sayers observa:

> No campo de batalha, assim como no salão, o elemento de ostentação que aumenta a honra é essencial tanto na aparência quanto

362. Koch and Carey, *The Celtic Heroic Age*, 14.
363. Fraser, *The First Battle of Moytura*, 43.

> no comportamento. A execução das proezas também pode ter tido uma dimensão ritualística, portanto, mágica. As façanhas complementariam as bravatas, provocações e os desafios, intencionados como autorrealizáveis. Todas essas evidências se alinham bem com os relatos de autores clássicos sobre a ênfase dos celtas na aparência pessoal e nas táticas vistosas antes das batalhas.[364]

A tradição irlandesa se refere a essas proezas marciais especializadas como *clessa* (singular *cles*), uma palavra que também "tinha conotações de magia, metamorfose, artifício, estratagemas, engano e trapaça".[365] Essas exibições marciais também estão associadas a fenômenos espirituais, como a Luz do Herói e transformações relacionadas.

Assim, embora alguém possa estar inclinado a desconsiderar essas performances marciais como não mágicas, em uma análise mais detalhada, podemos reconhecê-las como uma forma de exibição ritualizada que, dentro de uma cultura animista, estaria associada ao desempenho da magia de batalha e à conjuração de aliados espirituais. Seria, ao mesmo tempo, uma forma de intimidação psicológica e guerra espiritual, invocando poder e presença, elevando espíritos e exibindo poder marcial. Para imaginar como seria essa prática, considere o *haka* de guerra maori, uma forma especializada de dança cerimonial *haka* tradicionalmente executada antes do combate e que se tornou familiar para o público global por meio de apresentações antes de partidas de futebol por times da Nova Zelândia. De fato, alguns dos *clessa* irlandeses individuais parecem descrever vocalizações de gritos ou rugidos, bem como manobras físicas que soam semelhantes a esse costume indígena.

Espectros, Fogo e Tempestades

Um tema recorrente na magia de guerra é a conjuração de efeitos atmosféricos aterrorizantes. Por exemplo, em *The First Battle of Mag Tuired* (*A Primeira Batalha de Mag Tuired*), as Deusas da Guerra Badb, Macha e Morrígan atacam os Fir Bolg com "chuvas mágicas de feitiçaria e nuvens densas de névoa e uma furiosa chuva de fogo, com um dilúvio de sangue vermelho do ar sobre as cabeças dos

364. Sayers, *Martial Feats in the Old Irish Ulster Cycle*, 68.
365. Sayers, *Martial Feats in the Old Irish Ulster Cycle*, 46.

guerreiros", que continua por três dias e três noites.[366] Fenômenos semelhantes são conjurados pelo lendário druida Mug Roith em *The Siege of Knocklong* (*O Cerco de Knocklong*): ataques de fogo druídico, nuvens enevoadas e chuvas de sangue. O relato de Mug Roith é interessante, pois descreve os detalhes de um ritual. Nesse ritual, um fogo druídico é feito contra o adversário, reunindo madeira de lugares especiais na paisagem, que é usada para construir um fogo mágico. A esse fogo são adicionadas aparas da madeira de suas hastes de lança e, em seguida, Mug Roith entoa um feitiço sobre ele:

Eu preciso de um fogo, poderoso, forte;
que vai arrasar a madeira, vai secar a grama;
uma chama furiosa, grande em sua velocidade
vai disparar para cima, até os céus;
vai destruir florestas, as florestas da Terra,
vai subjugar em batalha o povo de Conn.[367]

A fumaça e a chama desse fogo druídico são enviadas para o céu para virar os presságios contra seus adversários. E é auxiliado pelo sopro mágico do Mug Roith sobre ele, o que faz com que a fumaça do fogo mágico suba e forme uma nuvem escura, da qual desce uma chuva de sangue que os queima e aterroriza. Os efeitos conjurados nesses rituais parecem combinar ataques mágicos e psicológicos, com o objetivo de enfraquecer o adversário magicamente e de aterrorizá-lo e quebrar o moral. Esse tema continua no gênero de magias de batalha do exército fantasma.

O exército fantasma é uma hoste de criaturas espectrais enviadas contra os inimigos para confundi-los e aterrorizá-los. Algumas instâncias sugerem ilusões que são conjuradas simplesmente para confundir uma força inimiga a ponto de fazê-la voltar-se contra si mesma, ou para minar o moral através do medo. Outros sugerem que foram conjurados espíritos que podem atacar ativamente. Do ponto de vista animista, a distinção é um tanto discutível, pois qualquer coisa que possa ser conjurada é animada por um espírito de algum tipo; a diferença é de efeito e não de agência. Existem muitos exemplos desse tipo de ataque na literatura. Durante a conquista normanda do século 12, Gerald de Gales registrou um ataque de um exército fantasma que teve um efeito semelhante de aterrorizar, quebrar o moral e abalar a coesão do exército:

366. Fraser, The First Battle of Moytura, 27.
367. Ó Duinn, *The Siege of Knocklong*, 97-99

> Em uma ocasião, o exército estava passando a noite acampado dentro e ao redor de uma antiga fortificação em Osraige, dois homens dormiam um ao lado do outro, como era costume. De repente, parecia que milhares de tropas incontáveis estavam avançando sobre eles de todos os lados e engolindo tudo à sua frente com a ferocidade de seu ataque. Isso foi acompanhado por um grande estrondo de armas e machados se chocando, além de uma gritaria assustadora que encheu os céus. Aparições desse tipo costumavam ocorrer com frequência na Irlanda em torno de expedições militares. Diante desse espetáculo aterrorizante, a maior parte do exército fugiu e se escondeu, alguns nos bosques, outros nos pântanos.[368]

É interessante que, aqui, a maneira de invocar esse ataque não é descrita, mas ele parece reconhecê-la como um exemplo de uma tática conhecida e repetida. A maior parte do trabalho de Gerald é destinada à propaganda anti-irlandesa, e aqui ele está se valendo de uma tradição folclórica reconhecida para enquadrar a Irlanda como um lugar de eventos sobrenaturais aterrorizantes. A tradição em si, no entanto, parece ser bastante profunda.

Isso é vividamente ilustrado por um exército fantasma conjurado pelas filhas de Calatín em uma versão tardia do conto sobre a morte de Cú Chulainn: "As filhas de Calatín, portanto, reunindo cardos com pontas afiadas e encapuzadas, os leves sopros de esporos e as folhas murchas e flutuantes da floresta, fizeram deles numerosos guerreiros vestidos com armaduras e homens de combate portando armas de batalha, de modo que ao redor do vale não havia colina, nem morro, nem distrito inteiro que não estivesse preenchido com batalhões, companhias de cem pessoas e bandos organizados".[369] Isso aterroriza todos ao redor e é bem-sucedido em sua intenção de manipular Cú Chulainn para que ele saia correndo para a batalha despreparado. De maneira similar, em *The Second Battle of Mag Tuired* (*A Segunda Batalha de Mag Tuired*), duas feiticeiras dos Tuatha Dé, Bé Chuille e Díanann, conjuram um exército fantasma das "árvores, das pedras e dos torrões de terra" para criar terror e dispersar o adversário Fomoire.[370] Novamente, no Lebor Gabála Érenn, as Deusas da Soberania Ériu, Fodla e Banba conjuram hostes fantasmagóricas a partir de grãos de turfa da montanha contra os Filhos

---

368. Mullally, *The Phantom Army*, 89.
369. O'Grady, *The Great Defeat on the Plain of Muirthemne Before Cuchullin's Death*, 240.
370. Gray, *Cath Maige Tuired*, 55.

de Míl.[371] Um relato possivelmente relacionado no poema medieval galês *Kat Godeu* descreve o encantador Gwydion conjurando um exército de árvores para marchar e atacar um adversário.[372]

Um tema recorrente em muitos desses exemplos é o de um praticante que, usando encantamento, anima elementos do mundo natural, como torrões de terra, pedras, folhas, cardos ou árvores, para se tornarem uma força que se move com a presença, o som e a intimidação de um exército. De uma perspectiva animista, esses elementos naturais já estão vivos, portanto, o que a magia faz aqui é aumentar o arbítrio e a fisicalidade dos espíritos que habitam esses materiais naturais. Há também um tema de criação de ruídos, caos e experiências sensoriais avassaladoras em que a intimidação psicológica e o terror estão alinhados com a conjuração espiritual e o ataque mágico.

Kit de Ferramentas do Bruxo

Conjuração da Tempestade de Guerra

Nesta seção, apresentarei um modelo de ritual que combina algumas das magias das seções anteriores. Vamos utilizar técnicas para levantar tempestades e enviá-las alimentadas por espíritos de batalha no intuito de espalhar confusão e caos ao adversário.

Em seguida, vamos direcionar esse caos para semear a divisão entre os membros de um grupo adversário, de forma que eles ataquem uns aos outros. Esse tipo de trabalho pode ajudar a igualar as condições ao enfrentar adversários com maior acesso aos mecanismos de poder. Por exemplo, os antifascistas costumam falar da "luta em três vias", na qual os defensores da libertação precisam enfrentar dois adversários ao mesmo tempo: as forças da violência reacionária, como milícias, grupos paramilitares e gangues fascistas e as forças da opressão estatal, como a polícia. Esse tipo de magia pode ajudar a direcionar essas forças adversárias uma contra a outra, enfraquecendo ou dispersando o poder de ambas. Ela também pode ser usada para fazer com que um grupo

371. Macalister, *Lebor Gabála Érenn*, Part V, 79.
372. Skene, *The Four Ancient Books of Wales*, Volume I, 276-284.

adversário se volte contra si mesmo, desperdiçando suas energias e recursos ao se desintegrar e, assim, trazendo alívio para aqueles que, de outra forma, seriam seus alvos.

Os elementos desse ritual consistem em invocar as divindades e os espíritos da batalha; criar um fogo encantado cuja fumaça forma a base para uma tempestade encantada que é enviada contra o adversário e criar um vaso de guerra no qual os adversários são aprisionados com fantasmas e levados a atacar uns aos outros em confusão. Também é possível empregar essas diferentes técnicas separadamente. Este modelo de ritual foi escrito para trabalhar com os *badba*, espíritos de batalha e a Deusa da Guerra irlandesa Badb Catha; no entanto, você pode adaptar uma versão desse rito que funcione com outras divindades em que confia. Como acontece com todos os rituais deste livro, a intenção é que este seja um modelo para você trabalhar no desenvolvimento de sua própria prática e eu o convido a personalizá-lo conforme sua vontade.

Preparativos

Local: você vai precisar de acesso a um espaço onde possa fazer fogo. É preferível que seja ao ar livre, para que a fumaça e o caos espiritual conjurados pelo fogo encantado não sejam trazidos para o interior de sua casa. Você também vai precisar de um local onde possa fazer barulho com segurança, pois usará o clamor sonoro na invocação dos espíritos de batalha.

Fogo encantado: o material de origem irlandesa descreve um fogo feito com madeira coletada em locais sagrados e raspas de cabos de lanças. Esse material deverá ser preparado antes do ritual. Em minha experiência, a madeira pode ser de qualquer lugar com o qual você tenha estabelecido uma conexão espiritual; não precisa ser de um local sagrado antigo ou especificamente celta. O importante é ter um relacionamento com os espíritos do lugar, de modo que a madeira carregue a força dos espíritos da terra. Também acredito que as raspas não precisam ser literalmente de lanças – o objetivo aqui é fazer um fogo de guerra, portanto, o que você precisa é de material retirado de uma arma que tenha sido usada em um conflito. Pode ser lascas de uma haste de lança ou uma espada de prática de artes marciais, um escudo de protesto, um bastão usado contra fascistas, etc. Prepare-se antes do ritual colocando a lenha em uma estrutura que esteja pronta para ser acesa, reservando as lascas da arma para serem adicionadas durante o ritual.

Recipiente de guerra: prepare um jarro ou outro recipiente com uma tampa que possa ser fechada. Você também vai precisar de algo para representar seus adversários dentro do recipiente. Se tiver um objeto que tenha um vínculo pessoal com os membros do grupo ou que tenha vínculos organizacionais, como um logotipo ou uma insígnia, isso é ideal. Alternativamente, você pode simplesmente fazer uma pequena efígie para representá-los coletivamente, semelhante ao que usaria para um boneco de maldição. Vai precisar também de itens naturais que serão usados para criar fantasmas que causam confusão. Podem ser pedras, gravetos, cardos – objetos naturais com alguma semelhança com uma figura são ideais. Eles também devem vir de um lugar onde você tenha uma conexão espiritual e um relacionamento com a terra. Use objetos pontiagudos, perfurantes e irritantes, como pregos, espinhos, vidros quebrados e similares, exatamente como os que você usaria em uma Garrafa de Bruxa para atormentar os espíritos que você aprisiona.

Ritual Tempestade de Guerra

Para este ritual, você vai precisar de:

- Ferramentas para limpeza, como água abençoada, fumaça sagrada e leite
- Instrumentos de ruído, como um berrante, armas para bater uma na outra ou outros instrumentos sonoros
- Isqueiro ou fósforos
- Lascas de armas
- Lenha para o fogo
- Manteiga para alimentar o fogo
- Materiais pontiagudos, perfurantes e irritantes
- Objetos para representar seus adversários
- Oferendas aos seus espíritos protetores, bem como para os espíritos de batalha e às divindades que serão invocadas
- Suas figuras fantasmagóricas.
- Uísque (opcional) ou outras bebidas alcoólicas para o fogo
- Um pote ou recipiente com tampa para seu vaso de guerra

Comece purificando a si mesmo, suas ferramentas e o espaço de trabalho. Faça um encantamento de proteção sobre si mesmo, como uma oração de *lorica* ou *caim*.

Em seguida, faça invocações. Invoque seus espíritos protetores com oferendas e orações para que se aproximem e ativem suas proteções sobre você. Invoque Badb Catha, a Deusa da Guerra, erguendo as mãos para o céu com orações de louvor, falando dos poderes de batalha que deseja invocar e apresente suas oferendas. Invoque Badba e a hoste de espíritos de batalha, falando de seus poderes de criar medo, caos e confusão e levante um clamor de ruído para conjurá-los. Apresente oferendas também a eles.

A próxima etapa é encantar o fogo. Em pé diante da fogueira, onde a lenha está pronta para ser acesa, dirija-se aos espíritos e conjure-os para o fogo. Você pode usar um encantamento como estas linhas do Mug Roith (ou escrever o seu próprio):

Eu amasso um fogo, poderoso, forte;
uma chama furiosa, grande em sua velocidade
ele se elevará até os céus;
ele subjugará em batalha o povo de [seus adversários].

Acenda o fogo e continue conjurando sobre ele à medida que as chamas pegam na madeira e crescem. Segurando as lascas das armas, conjure os espíritos de batalha nelas, convidando-os a enviar seus poderes para o fogo enquanto você as espalha nas chamas que se fortalecem. Alimente o espírito do fogo com oferendas de alguns pedaços de manteiga colocados no fogo. Continue até que o fogo esteja forte e tenha uma boa coluna de fumaça.

Envie a tempestade contra seus inimigos. Diga o nome deles e, se você souber, o local onde os espíritos os encontrarão. Deixe-se levar pela paixão, levante a voz, grite contra eles e diga por que devem ser destruídos. Sopre sua raiva para o fogo com sua respiração (tomando cuidado para se afastar dele quando precisar inspirar, para não sofrer um ataque de inalação de fumaça). Visualize a fumaça do fogo se transformando em uma tempestade que atravessa o céu para fazer chover o caos contra o seu adversário. Opcionalmente, você pode beber um pouco de uísque ou outra bebida alcoólica e soprá-la no fogo, o que causará uma grande explosão no fogo enquanto você envia a tempestade.

Em seguida, é hora de fazer o vaso de guerra. Pegue o recipiente e coloque a efígie ou os objetos que representam seus adversários dentro dele. Nomeie-os e instrua-os, da mesma forma que faria ao carregar um boneco de maldição. Você poderia dizer: "Eu o nomeio [nome do grupo], vocês são todos membros do [nome do grupo], estão sob o poder dos espíritos do campo de batalha" ou palavras semelhantes.

Pegue as figuras fantasmagóricas e passe-as pela fumaça do fogo encantado. Ofereça-as aos espíritos de batalha e convide-os a tomarem posse delas e a inspirá-las: "Que se tornem fantasmas para atacar o povo de [nome do grupo], para que sejam cercados por espectros aterrorizantes e tomados pelo pavor e pela confusão, não distinguindo amigo de inimigo e voltando-se uns contra os outros."

Adicione todas as coisas afiadas e agravantes reunidas, como pregos, espinhos, vidros quebrados e qualquer outra coisa irritante: "Que o povo do [nome do grupo] seja atacado por todos os lados, ferido, perfurado, aterrorizado, machucado, confuso e, em sua confusão, que eles se machuquem e se firam uns aos outros para que caiam juntos e fracassem."

Você também pode pegar galhos resfriados ou cinzas do fogo e adicioná-los ao recipiente, de modo a incluir o caos da tempestade encantada. Apenas certifique-se de que eles estejam totalmente resfriados para que o conteúdo do recipiente não entre em combustão. Quando sentir que a magia está pronta e puder sentir seus inimigos cercados e aprisionados pelo caos da tempestade e dos fantasmas, feche o recipiente e coloque-o em um local seguro.

Para encerrar, agradeça a todos os espíritos e divindades a quem pediu ajuda. Peça aos espíritos do campo de batalha para irem em paz e amizade, para que eles não fiquem ao seu redor convidando o caos para a sua própria vida. Limpe-se completamente e limpe todas as suas ferramentas. Depois de rituais como esse, o ideal é fazer uma limpeza em três etapas, como a bênção da água, seguida da fumaça sagrada e a bênção do leite.

Após concluir esse processo, você pode esconder ou enterrar o vaso de guerra em um lugar onde seus adversários cheguem perto dele ou depositá-lo em um local liminar, como uma encruzilhada, um cemitério ou na água. Por outro lado, se a intenção é fazer um trabalho contínuo contra esses adversários, pode manter o vaso de guerra e agitá-lo periodicamente adicionando mais materiais irritantes ou pode até mesmo adicionar outros inimigos a ele. Se estiver guardando o vaso para esse fim, seria bom embrulhá-lo em um pano ou colocá-lo dentro de outro recipiente, para que não traga contaminação espiritual para o seu espaço.

encerramento

Agradeço ao leitor por me acompanhar nesta jornada por algumas das magias que mais me fascinam e que formaram a espinha dorsal de minha prática de feitiçaria. Espero que cada leitor, experiente ou novato nessas práticas, possa ter encontrado algo de valor nestas páginas para dar vida à sua própria prática.

Na abertura deste livro, eu disse que as magias celtas são como um poço sem fundo, que nunca seca e no qual sempre há outra dimensão mais profunda a ser explorada. Parte do que torna isso verdadeiro é o fato de essas práticas parecerem diferentes nas mãos e no coração de cada feiticeiro. Ao compartilhar algumas das histórias pessoais incluídas neste livro, tentei oferecer vislumbres do que é possível e espero inspirá-lo a pensar criativamente sobre como essas práticas podem parecer para você.

Mais do que qualquer uma das técnicas específicas que compartilhei aqui, o que eu mais quis transmitir é esse senso de curiosidade – a abordagem criativa e experimental que adotei para criar práticas mágicas com base nas tradições celtas. Para ajudá-lo a ter a confiança necessária para tornar esse material de sua propriedade, gostaria de enfatizar aqui alguns princípios fundamentais de trabalho que podem ajudá-lo em seu caminho:

Dominar o básico: é dominando as práticas e as proteções básicas que se torna possível fazer experimentos no mundo imprevisível dos espíritos e da magia. Portanto, o primeiro princípio é construir uma base de prática forte o suficiente para que possa se dar ao luxo de correr riscos ao tentar coisas novas. Essas práticas centrais são aquelas com as quais comecei nos capítulos iniciais deste livro – higiene espiritual e limites, magia de proteção e trabalho espiritual básico. O tempo que você dedica desenvolvendo seus hábitos em torno dessas práticas é um investimento em sua própria força central e na força de seus relacionamentos com o mundo espiritual, o que abrirá os horizontes do que é possível para você.

A fonte do saber: para criar uma prática enraizada nas tradições celtas, você precisa beber profundamente dos reservatórios dessas tradições. Faço isso não com o objetivo de reconstruir qualquer prática histórica, mas para imergir na visão de mundo e no léxico cultural, de modo que o que crio seja moldado por essa imersão e carregue sua marca. Portanto, o princípio aqui é estudar e beber profundamente das fontes do conhecimento de textos antigos, registros arqueológicos e históricos e folclore vivo. Ao fazer isso, procure o que o ilumina – o que lhe desperta um momento de revelação ou riqueza imaginativa, ou o que parece um vislumbre repentino de um ritual vivo de uma maneira que tenha significado para você. Encontre esses fios dourados brilhantes e siga-os, buscando maneiras de tecê-los em sua prática.

Uma magia de relacionamento: as magias animistas e politeístas são magias de relacionamento. Falei sobre isso no capítulo sobre trabalho espiritual e alianças espirituais, mas quero enfatizar aqui novamente. É no desenvolvimento de suas habilidades de comunicação com os espíritos e no cultivo de uma forte comunidade de relacionamentos espirituais que se torna possível aprender magia diretamente com os espíritos e ser orientado por eles intimamente. Isso é importante de duas maneiras. Relacionamentos espirituais sólidos nos dão maior proteção para que possamos correr riscos e também podem nos dar visibilidade em lugares que, de outra forma, não conseguiríamos ver. E como um grande volume de conhecimento e cultura do mundo celta pagão se perdeu na história, muitas coisas só podem ser aprendidas com os espíritos, que se lembram de tudo.

Retribuição: é uma dádiva poder aprender e se inspirar com a herança das culturas celtas. É importante respeitar essas dádivas, retribuindo às culturas e aos povos vivos que herdaram essas tradições, especialmente se você estiver na diáspora e se aproximar dessas tradições como alguém de fora (como eu). Isso é particularmente importante quando se trata das tradições das ilhas ocidentais, Irlanda, Escócia e País de Gales, todas elas culturas celtas vivas que foram afetadas pelo imperialismo e pelo colonialismo. Acredito que é importante praticar a reciprocidade e o respeito, buscando e apoiando materialmente os autores e praticantes dessas tradições em suas terras natais, para que suas vozes sejam apoiadas e nunca sejam abafadas por aqueles que vêm de fora.

Por fim, o leitor deve ter notado que há muitos domínios da magia que não abordei neste livro: cura, fertilidade e a magia do cultivo de coisas, magias de nascimento e de família, magias do lar, magias de riqueza – a lista poderia continuar. Nunca foi minha intenção sugerir que essas áreas de prática não importam ou são menos importantes. O material que compõe este livro foi construído a partir de minhas próprias afinidades e áreas de foco como praticante. Ninguém é especialista em tudo, e minhas áreas de especialização certamente são moldadas pelo fato de eu ser ativista e dedicante de uma Deusa da Guerra por toda a vida. Estou ansioso para ler o trabalho de muitos outros praticantes habilidosos da Magia Celta que podem oferecer o que eu não posso. Talvez seja você, leitor, e espero que um dia eu tenha a oportunidade de aprender com você.

Glossário de termos em outros idiomas

Apotropaios: do grego, "afastar"; ter o poder de proteção ou pertencer à magia de proteção.

Armgrith: irlandês, "clamor de armas"; um som produzido por guerreiros batendo e chocando armas e escudos para intimidar; também um fenômeno em que se acreditava que as armas e outros equipamentos de guerra investiam por conta própria quando eram tomados por espíritos.

Aspergillum: latim, "aspersório"; um implemento para espalhar água benta.

Atchíu: irlandês, "eu vejo"; uma frase que aparece na poesia mântica e muitas vezes indica o início de uma profecia.

Awenyddion: galês, "pessoas inspiradas"; referindo-se às pessoas que realizam profecias enquanto em estado de transe ou possessão.

Badb (pl. *badba*): irlandês, pode se referir a um corvo, uma Bruxa ou Feiticeira, ou qualquer pessoa ou espírito geralmente maligno. Quando em letra maiúscula, Badb, uma Deusa da Guerra. No plural como *badba*, geralmente se refere a grupos de espíritos associados ao campo de batalha.

Bna: gaulês, "mulher"; prefixado em frases para indicar um papel ou qualidade feminina, como *bnanom brictom*, "a magia das mulheres".

Ban (também *bean*): irlandês, "mulher"; prefixado em frases para indicar um papel ou qualidade feminina, como *banfaíth*, "profetisa"; *banfili*, "poetisa".

Bean chaointe: irlandês, "mulher lamentadora"; uma choradeira profissional que lamentava e cantava em funerais.

Beansidhe (ou *ban síd*): irlandês, "mulher fada"; pode se referir a um espírito feminino que lamenta para avisar uma morte iminente; também pode se referir amplamente a qualquer espírito feminino do Outromundo.

Bó: irlandês, "vaca".

Bodhbh chaointe: proveniente do irlandês, "corvo lamentador"; um corvo espectral ou do Outromundo cuja aparição está ligada a presságios de morte; relacionado ao *beansidhe*.

Bricht: irlandês, "magia, feitiço, encantamento"; também aparece em frases como *brichtu ban*, "a magia das mulheres."

Brictom: gaulês, "magia, encantamento, encanto"; também aparece em frases como *bnanom brictom*, "a magia das mulheres"; *andernados brictom*, "a magia do Outromundo."

Brídeog: irlandês, uma figura tecida feita de talos de grãos, cascas ou caniços e usada como uma efígie devocional ou talismã mágico. Frequentemente feita na figura de uma mulher ou menina, o nome pode se referir à Deusa Bríd/Brigid, ou a Santa Brígida.

Búad (pl. *búada*): irlandês, "dádiva"; no sentido de um talento especial, habilidade ou poder espiritual.

Búadris: irlandês, "conto de vitória"; refere-se a um tipo de poesia inspirada realizada após emergir do transe.

Bullaun: irlandês; pedras geralmente do tamanho de paralelepípedo, que tradicionalmente se encontram em cavidades de pedras maiores em locais sagrados, e estão associadas a costumes de magia popular.

Caim: gaélico escocês, "laço, círculo"; um tipo de oração de proteção realizada ao cercar o corpo com a mão enquanto reza pela proteção.

Cáintecht: irlandês, "sátira"; um modo de ataque mágico através da poesia armada que acreditava-se ser capaz de ferir, manchar ou prejudicar.

Caoineadh: irlandês, "lamento"; lamentação ou canto realizado para os mortos em um contexto funerário, acreditava-se auxiliar na passagem do espírito para o Outromundo.

Carnyx (pl. *carnyces*): gaulesa, "trombeta"; um tipo de trombeta de guerra longa usada em cerimônias e no campo de batalha, frequentemente feita de trabalho em metal altamente decorado ou com uma cabeça em forma de animal.

Clairín búirthe: irlandês, "pequeno bastão rugidor"; um zumbidor.

Cles (pl. ***clessa*****):** irlandês, "façanha, realização de façanhas"; geralmente descreve uma exibição de habilidades marciais através de façanhas espetaculares de habilidade atlética ou habilidade com armas.

Coelbren: galês, "bastão de presságio"; bastões de madeira usados para adivinhação.

Cóir: irlandês, "correção, ordem, justiça"; usado na prática contemporânea para se referir a uma visão de mundo espiritual que vê a existência de uma ordem correta orientada em torno da justiça, na qual as ações a serviço da justiça têm o apoio dos poderes espirituais que animam o cosmos.

Corrguinecht: irlandês, "ferimento agudo" ou "ferimento de guindaste"; uma técnica poética e prática ritual de maldição, na qual sátiras poéticas são realizadas enquanto se está em pé, apoiado em um só pé, usando uma mão e olhando através de um olho.

Crandchur: irlandês, "lançamento em madeira"; adivinhação por meio de sorteios, geralmente usando varinhas de madeira inscritas.

Defixio (pl. ***defixiones*****):** latim, uma tabuinha de maldição; de um verbo que significa "amarrar, fixar". Refere-se à tradição de realizar maldições vinculativas inscrevendo-as em pequenas tabuinhas, geralmente de metal macio como chumbo.

Deiseal: irlandês, "direção do sol, em sentido horário"; movimento em uma direção de viragem à direita ou no sentido horário, alinhado com a direção do movimento do sol no céu; associado à trazida de sorte e às bênçãos de poderes numinosos.

Dord: irlandês, "zumbido, entoação, som grave"; usado para descrever cantos, música zumbindo feita por chifres baixos, ou os instrumentos usados para fazer tais sons. Como em *dord fianna*, os cantos de guerra ou música zumbindo feita pelas bandas de guerreiros.

Erinyes (Erínias): grego, "fúrias"; espíritos vingativos envolvidos com o castigo de quebradores de juramentos ou perjuros.

Evocatio: latim, "chamamento"; um ritual desenvolvido por Roma usando oração votiva no qual oferendas especiais ou compromissos devocionais eram feitos aos Deuses de um adversário na guerra, a fim de persuadir esses Deuses a remover o apoio divino para o adversário e, em vez disso, dar a vitória aos que realizam o ritual.

Fiachairecht: irlandês, "sabedoria dos corvos"; uma forma de adivinhação por augúrio através da observação e interpretação do comportamento dos corvos.

Fid (pl. *feda***):** irlandês, "madeira, estaca, letra de um alfabeto"; refere-se às letras individuais do alfabeto ogâmico, que são frequentemente inscritas em estacas de madeira.

Fídlanna: irlandês, "adivinhação com madeira"; uma prática de adivinhação usando estacas de madeira inscritas.

Fili (pl. *filid***):** irlandês, "poeta, vidente"; um especialista em poesia, também se refere ao papel oficial de poeta-vidente que servia chefes e reis.

Fír flathemon: irlandês, "verdade de um soberano, justiça de um governante"; uma frase que descreve tanto a obrigação de um governante de entregar justiça, quanto a crença de que a justiça do governante seria refletida na condição da terra. Um rei injusto resultaria em fome e perda de prosperidade, mostrando a "verdade" de seu governo na própria terra.

Galdrastafir: islandês, "estaca encantada"; um estilo de sigilos mágicos medievais encontrados em grimórios islandeses e incorporando influências rúnicas e possivelmente ogâmicas.

Geis (pl. *geasa***):** irlandês, "proibição, mandamento"; uma proibição ou mandamento ritualizado que vincula uma pessoa de certas ações ou os obriga a outras ações; associado a juramentos e orações vinculativas e, quando quebrado, poderia levar à destruição de uma pessoa.

Glám dícenn: irlandês, "clamor da extrema necessidade"; refere-se a uma forma de sátira poética severa que poderia causar manchas, danos ou destruição.

Id: irlandês, "corrente, corda, argola"; uma corrente que poderia ser feita de couro, corrente ou vime e usada para amarrar os pés do gado; também pode ser usado como uma ligação simbólica em apreensões legais e em feitiços de ligação.

Imbas forosnai: irlandês, "conhecimento que ilumina"; refere-se ao ápice da maestria poética em que o praticante poderia entrar em um estado inspirado e realizar poesia espontânea em métrica perfeita; associado à habilidade profética.

Lorica: latim, "couraça"; na magia popular, refere-se a um tipo de oração de proteção na qual a proteção espiritual é invocada sobre as partes do corpo como armadura.

Nemed: irlandês, "sagrado, santo"; designa lugares sagrados, bem como a classe social privilegiada e funções religiosas associadas a eles.

Óenach: irlandês, "jogos fúnebres"; festivais anuais ou periódicos geralmente realizados em locais reais ou outros centros rituais importantes desde os tempos antigos até o período medieval.

Ogham: irlandês; um alfabeto usado na Irlanda e na Grã-Bretanha desde o final da Idade do Ferro até o período medieval, consistindo em traços horizontais e diagonais cruzando uma linha de base; nos tempos modernos, também um sistema de adivinhação usando essas letras.

Prinnos (pl. *prinni***):** gaulesa, "árvore, madeira, estaca"; também usada para as sortes lançadas na adivinhação por sortilégio. Neste livro, também se refere às letras individuais do sistema de adivinhação *Viduveletia*.

Rath: irlandês, "muralha de terra"; uma barreira de proteção, geralmente circular, composta por uma vala e um banco.

Rosc: irlandês, "poema, canto," também "olho"; geralmente se refere a uma forma poética métrica caracterizada por linhas curtas de poesia aliterativa, sem rima, considerada uma forma poética muito antiga e associada tanto à profecia quanto à autoridade legal.

Sian: gaélico escocês; um encanto, geralmente protetor, que pode envolver uma bênção falada, bem como objetos talismânicos usados no corpo.

Tarb feis: irlandês, "festim do touro"; um ritual de adivinhação envolvendo o sacrifício de um touro e o consumo de sua carne em preparação para a incubação de sonhos proféticos.

Vates: gaulesa, um cargo ritual associado aos druidas e relacionado com a divinação e a realização de sacrifícios.

Viduveletia: gaulesa, um sistema moderno de adivinhação que usa estacas inscritas com letras gaulesas lepônticas para adivinhação por sortilégio.

bibliografia

Adams, Geoff W. "The Social and Cultural Implications of Curse Tablets [Defixiones] in Britain and on the Continent." *Studia Humaniora Tartuensia* 7, no. A.5 (2006): 1–15.

Aldhouse-Green, Miranda. *Caesar's Druids: Story of an Ancient Priesthood.* New Haven: Yale University Press, 2010.

Armao, Frédéric. "Cathair Crobh Dearg: From Ancient Beliefs to the Rounds 2017." *Estudios Irlandeses* 12, no. 2 Special Issue (2017): 8–31.

Armit, Ian. *Headhunting and the Body in Iron Age Europe.* Cambridge: Cambridge University Press, 2012.

___. "Porticos, Pillars and Severed Heads: The Display and Curation of Human Remains in the Southern French Iron Age." In *Body Parts and Bodies Whole: Changing Relations and Meanings,* edited by Katharina Rebay-Salisbury, Marie Louise Stig Sørensen, and Jessica Hughes, 88–99. Oxford: Oxbow Books, 2010.

Beck, Noémie. "Goddesses in Celtic Religion—Cult and Mythology: A Comparative Study of Ancient Ireland, Britain and Gaul." PhD thesis, Université Lumière Lyon, 2009.

Bernhardt-House, Phillip A. "Imbolc: A New Interpretation." *Cosmos* 18 (2002): 57–76.

Best, R. I. "Prognostications from the Raven and the Wren." *Ériu* 8 (1916): 120–26.

Black, George Fraser. *Scottish Charms and Amulets. Proceedings of the Society of Antiquaries of Scotland.* Edinburgh: Neill and Company, 1894.

Black, Ronald, ed. *The Gaelic Otherworld.* Edinburgh: Birlinn, 2005.

___. "A Scottish Gaelic Charm in the North Carolina State Archives." *The North Carolina Historical Review* 84, no. 1 (2007): 37–58.

Borsje, Jacqueline. "Celtic Spells and Counterspells." In *Understanding Celtic Religion: Revisiting the Pagan Past,* edited by Katja Ritari and Alexandra Bergholm, 9–50. Cardiff: University of Wales Press, 2015.

___. "'The Evil Eye' in Early Irish Literature and Law." *Celtica* 24 (2003): 1–39.

___. "Omens, Ordeals and Oracles: On Demons and Weapons in Early Irish Texts." *Peritia: Journal of the Medieval Academy of Ireland* 13 (1999): 224–48.

___. "Supernatural Threats to Kings: Exploration of a Motif in the Ulster Cycle and in Other Medieval Irish Tales." *Ulidia* 2 (2009): 173–94.

Boyle, Elizabeth. "On the Wonders of Ireland: Translation and Adaptation." In *Authorities and Adaptations: The Reworking and Transmission of Textual Sources in Medieval Ireland*, 233–61. Dublin: Dublin Institute for Advanced Studies, 2014.

Brunaux, Jean-Louis. *The Celtic Gauls: Gods, Rites and Sanctuaries*. Translated by Daphne Nash. London: Seaby, 1988.

Bruun, Patrick. "Evocatio Deorum: Some Notes on the Romanization of Etruria." *Scripta Instituti Donneriani Aboensis* 6 (1972): 109–120.

Budd, Elsie G., and Leslie F. Newman. "Knuckle-Bones: An Old Game of Skill." *Folklore* 52, no. 1 (1941): 8–17.

Butler, Jenny. "Water Monsters in Irish Folklore." *Journal of the Cork Folklore Project*, no. 19 (2015): 8–9.

Caesar, Julius. *The Gallic War*. Edited by H. J. Edwards. Cambridge: Harvard University Press, 1958.

Campbell, John Gregorson. *Superstitions of the Highlands & Islands of Scotland*. Glasgow: James MacLehose and Sons, 1900.

___. *Witchcraft & Second Sight in the Highlands & Islands of Scotland*. Glasgow: James MacLehose and Sons, 1902.

Carey, John. "Charms in Medieval Irish Tales: Tradition, Adaptation, Invention." In *Charms, Charmers and Charming in Ireland: From the Medieval to the Modern*, edited by Ilona Tuomi, John Carey, Barbara Hillers, and Ciarán Ó Gealbháin, 17–37. Cardiff: University of Wales Press, 2019.

___. "The Encounter at the Ford: Warriors, Water and Women." *Eigse: A Journal of Irish Studies* 34 (2004): 10–24.

___. "Ogmios and the Eternal Word." *Cosmos* 30 (2014): 1–36.

___. "The Testimony of the Dead." *Eigse: A Journal of Irish Studies* 26 (1992): 1–12.

___. "The Three Things Required of a Poet." *Ériu* 48 (1997): 41–58.

Carmichael, Alexander. *Carmina Gadelica, Vol. II*. Edinburgh: T. & A. Constable, 1900.

___. *Carmina Gadelica, Vol. III*. Edinburgh: Oliver and Boyd, 1940.

Carmody, Isolde. "Poems of the Morrigan." Story Archaeology Podcast, 2013.

___. "Thesis, Antithesis, Synthesis: An Examination of Three Rosc Passages from Cath Maige Tuired." M. Phil. thesis, Trinity College Dublin, 2004.

Carmody, Isolde, and Chris Thompson, "Some questions answered by the Story Archaeologists," November 25, 2018, on *Story Archaeology Podcast*, https://storyarchaeology.com/some-questions--answered-by-the-story-archaeologists/.http://storyarchaeology.com/poems-of-the-morrigan/.

Chadbourne, Kathryn. "Giant Women and Flying Machines." *Proceedings of the Harvard Celtic Colloquium* 14 (1994): 106–14.

Chadwick, Nora K. "Imbas Forosnai." *Scottish Gaelic Studies* 4, no. 2 (1935): 97–135.

Charles-Edwards, T. M. "Geis, Prophecy, Omen, and Oath." *Celtica* 23 (1999): 38–59.

Corthals, Johan. "Early Irish Retoirics and Their Late Antique Background." *Cambrian Medieval Celtic Studies* 31 (1996): 17–36.

Coyne, Frank. *Islands in the Clouds: An Upland Archaeological Study on Mount Brandon and the Paps, County Kerry*. Kerry County Council, 2006.

Delamarre, Xavier. *Dictionnaire de La Langue Gauloise*. Paris: Éditions Errance, 2003.

Derks, Ton. "The Ritual of the Vow in Gallo-Roman Religion." In *Integration in the Early Roman West: The Role of Culture and Ideology*, edited by Jeannot Metzler, 111–27. Luxembourg: Musée national d'histoire et d'art, 1997.

Discovery Programme—Centre for Archaeology and Innovation Ireland. "Ogham in 3D," 2021. Accessed December 12, 2021. https://ogham.celt.dias.ie/.

Dobbs, M E. "The Battle of Findchorad." *Zeitschrift Für Celtische Philologie* 14 (1923): 395–420.

Dolan, Brian. "Mysterious Waifs of Time: Some Thoughts on the Functions of Irish Bullaun Stones." *The Journal of the Royal Society of Antiquaries of Ireland* 142/143 (2012): 42–58.

Dowd, Marion. *The Archaeology of Caves in Ireland*. Oxford: Oxbow Books, 2015.

Duff, J. D. *Silius Italicus: Punica*. London: William Heinemann Ltd., 1961.

Enright, Michael J. *Lady with a Mead Cup: Ritual, Prophecy and Lordship in the European Warband from La Tène to the Viking Age*. Dublin: Four Courts Press, 2013.

Forsyth, Katherine. "The Ogham-Inscribed Spindle-Whorl from Buckquoy: Evidence for the Irish Language in Pre-Viking Orkney?" *Proceedings of the Society of Antiquaries of Scotland* 125 (1995): 677–96.

Fraser, J. "The First Battle of Moytura." *Ériu* 8 (1916): 1–63.

Ghezal, Salma, Elsa Ciesielski, Benjamin Girard, Aurélien Creuzieux, Peter Gosnell, Carole Mathe, Cathy Vieillescazes, and Réjane Roure. "Embalmed Heads of the Celtic Iron Age in the South of France." *Journal of Archaeological Science* 101 (January 1, 2019): 181–88.

Gilchrist, Roberta. "Magic for the Dead? The Archaeology of Magic in Later Medieval Burials." *Medieval Archaeology* 52 (2008): 119–59.

Grant, Kenneth. "Austin Osman Spare: An Introduction to His Psycho-Magical Philosophy." *Pastelegram* 8 (2014).

Gray, Elizabeth A. "Cath Maige Tuired: The Second Battle of Mag Tuired." *CELT: Corpus of Electronic Texts*, 2003. http://www.ucc.ie/celt/published/T300010.html.

Gwynn, Edward. "The Metrical Dindshenchas Volume 3." *CELT: Corpus of Electronic Texts*, 2008. http://www.ucc.ie/celt/published/T106500C/index.html.

___. "The Metrical Dindshenchas Volume 4." *CELT: Corpus of Electronic Texts*, 2008.Accessed April 16, 2014. https://celt.ucc.ie/published/T106500D/index.html.

Haeussler, Ralph. "From Tomb to Temple: On the Role of Hero Cults in Local Religions in Gaul and Britain in the Iron Age and the Roman Period." In *Celtic Religion across Space and Time*, edited by J. Alberto Arenas-Esteban, 201–26. Toledo: Junta de Comunidades de Castilla-La Mancha, 2010.

Henry, P. L. "The Goblin Group." *Études Celtiques* 8 (1959): 404–16.

___. "Verba Scathaige." *Celtica* 21 (1990): 191–207.

Hernández, Diego González. "The Apotropaic Function of Celtic Knotwork in the Book of Kells." Universidad de Valladolid, 2015.

Hickey, Kieran. *Wolves in Ireland: A Natural and Cultural History*. Dublin: Open Air, 2013.

Hillers, Barbara. "Towards a Typology of European Narrative Charms in Irish Oral Tradition." In *Charms, Charmers and Charming in Ireland: From the Medieval to the Modern*, edited by Ilona Tuomi, John Carey, Barbara Hillers, and Ciarán Ó Gealbháin, 79–102. Cardiff: University of Wales Press, 2019.

Hoggard, Brian. *Magical House Protection: The Archaeology of Counter-Witchcraft*. Berghahn Books, 2019.

Institute of Archaeology—University College London. "Celtic Inscribed Stones Project." Celtic Inscribed Stones: Language, Location and Environment, 1999. https://www.ucl.ac.uk/archaeology/cisp/database/.

Katla UNESCO Global Geopark. "Paradísarhellir." Katla Geopark, 2021. https://www.katlageopark.com/geosites/paradisarhellir/.

Kelly, Eamonn P. "An Archaeological Interpretation of Irish Iron Age Bog Bodies." In *The Archaeology of Violence: Interdisciplinary Approaches*, edited by Sarah Ralph, 232–40. Albany: State University of New York, 2012.

Kelly, Fergus. *A Guide to Early Irish Law*. Dublin: Dublin Institute for Advanced Studies, 2003.

Kennedy, Matthew Taylor. "Celts and Romans: The Transformation from Natural to Civic Religion." James Madison University, 2012.

Kinsella, Thomas. *The Táin: Translated from the Irish Epic Táin Bó Cúailnge*. Oxford: Oxford University Press, 1969.

Koch, John T. "Further to Tongu Do Dia Toinges Mo Thuath, &c." *Études Celtiques* 29 (1992): 249–261.

Koch, John T., and John Carey. *The Celtic Heroic Age: Literary Sources for Ancient Celtic Europe and Early Ireland & Wales*. Aberystwyth: Celtic Studies Publications, 2003.

Lambert, Pierre-Yves. "Celtic Loricae and Ancient Magical Charms." In *Magical Practice in the Latin West*, 629–47. Leiden: Brill, 2010.

Leahy, A. H. *Heroic Romances of Ireland, Vol I*. Edinburgh & London: Ballantyne, Hanson & Co., 1905.

___. *Heroic Romances of Ireland, Vol II*. Edinburgh & London: Ballantyne, Hanson & Co., 1906.

Lennon, John. "Fairs and Assemblies in Ireland." *Before I Forget: Poyntzpass and District Local History Society* 2 (1988): 55–62.

Lincoln, Bruce. "The Druids and Human Sacrifice." In *Languages and Cultures: Studies in Honor of Edgar C. Polome*, edited by Mohammad Ali Jazayery and Werner Winter, 381–96. Berlin: Mouton de Gruyter, 1988.

Livesay, Nora, and John D. Nichols. "The Ojibwe People's Dictionary," 2012.Accessed August 12, 2021. https://ojibwe.lib.umn.edu/.

Livius, Titus (Livy). *The History of Rome: English Translation*. Edited by Canon Roberts. New York: E. P. Dutton and Co, 1912.

Lysaght, Patricia. "Aspects of the Earth-Goddess in the Traditions of the Banshee in Ireland." In *The Concept of the Goddess*, edited by Sandra Billington and Miranda Green, 152–65. London: Routledge, 1996.

Mac Coitir, Niall. *Ireland's Wild Plants*. Cork: The Collins Press, 2015.

Mac Firbisigh, Dubhaltach. *Annals of Ireland: Three Fragments*. Dublin: Irish Archaeological and Celtic Society, 1860.

Macalister, R. A. S. *Lebor Gabála Érenn: The Book of the Taking of Ireland, Part V*. Dublin: Irish Texts Society, 1956.

___. "Temair Breg: A Study of the Remains and Traditions of Tara." *Proceedings of the Royal Irish Academy* 34 (1919): 231–404.

Macleod, Norman (Caraid nan Gaidheal). *Cuairtear Nan Gleann*. Glasgow: J. & P. Campbell, 1842.

Macquarrie, Charles. "Insular Celtic Tattooing: History, Myth and Metaphor." *Etudes Celtiques* 33 (1997): 159–89.

Mallory, J.P. *In Search of the Irish Dreamtime*. London: Thames & Hudson, 2016.

McCoy, Narelle. "Madwoman, Banshee, Shaman: Gender, Changing Performance Contexts and the Irish Wake Ritual." In *Musical Islands: Exploring Connections Between Music, Place and Research*, edited by Elizabeth Mackinlay, Brydie-Leigh Bartleet, and Katelyn Barney, 207–20. Newcastle: Cambridge Scholars, 2009.

McKie, S. "The Social Significance of Curse Tablets in the North-Western Provinces of the Roman Empire." PhD thesis, The Open University, 2017.

McNeill, F. Marian. *Silver Bough Volume 1*. eBook Partnership, 2013.

Mees, Bernard. *Celtic Curses*. Kindle. Woodbridge: The Boydell Press, 2009.

Merriam-Webster. "Merriam-Webster.Com Dictionary." Accessed December 16, 2021. https://www.merriam-webster.com.

Meyer, Kuno. "The Adventures of Nera." *Revue Celtique* 10 (1889): 212–28.

___. *Cath Finntraga*. Oxford: Clarendon Press, 1885.

___. *Fianaigecht*. Dublin: Hodges, Figgis & Co. Ltd., 1910.

___. *Hibernica Minora*. Oxford: Clarendon Press, 1894.

___. "The Instructions of King Cormac Mac Airt: Tecosca Cormaic." *CELT: Corpus of Electronic Texts*, 2017. https://celt.ucc.ie/published/T503001/.

___. "An Old Irish Prayer for Long Life." In *A Miscellany Presented to John Macdonald Mackay, LL.D., July, 1914*, edited by Oliver Elton, 226–232. Liverpool: University Press, 1914.

___. *The Triads of Ireland*. Dublin: Hodges, Figgis, & Co., Ltd., 1906.

___. "The Wooing of Emer." *Archaeological Review* 1 (1888): 68–75; 150–155; 231–235; 298–307.

Moriarty, Colm. "An Unusual Ogham and Runic Inscription from Killaloe, Co. Clare." Irish Archaeology, 2019. http://irisharchaeology.ie/2019/02/an-unusual-ogham-and-runic-inscription-from-killaloe-co-clare/.

Mullally, Evelyn. "The Phantom Army of 1169: An Anglo-Norman View." *Eigse: A Journal of Irish Studies* 31 (1999): 89–101.

Museum of Cultural History—University of Oslo. "The Origin and Development of Runes." Kiss me – the world of runes, 2021. https://www.khm.uio.no/english/visit-us/historical-museum/exhibitions-archive/kiss-me-the-world-of-runes/the-origin-and-development-of-runes/.

Museum of Icelandic Sorcery and Witchcraft. "Magical Staves." Galdrasyning.is, 2021. https://galdrasyning.is/en/galdrastafir/.

Museum of Witchcraft and Magic. "3079 Cursing Stick: Ill-Wishing Stick." Museum of Witchcraft and Magic, 2021. https://museumofwitchcraftandmagic.co.uk/object/cursing-stick-ill-wishing-stick/.

National Folklore Collection UCD. "The Schools' Collection." Dúchas, 2021. Accessed Aug 12, 2021. https://www.duchas.ie/en.

National Museum of Ireland. "A New Theory of Sacrifice." Kingship & Sacrifice, 2020. Accessed August 12, 2021. https://www.museum.ie/en-IE/Collections-Research/Irish-Antiquities-Division-Collections/Collections-List-(1)/Iron-Age/Kingship-Sacrifice-A-New-Theory-of-Sacrifice.

Nelson, Max. *The Barbarian's Beverage: A History of Beer in Ancient Europe*. London: Routledge, 2005.

Ó Duinn, Sean. "The Siege of Knocklong." *CELT: Corpus of Electronic Texts*, 2014. http://www.ucc.ie/celt/published/T301044/.

Ó hÓgáin, Dáithí. *The Celts: A History*. Cork: The Collins Press, 2002.

___. *The Sacred Isle: Belief and Religion in Pre-Christian Ireland*. Woodbridge: The Boydell Press, 1999.

O'Connor, Ralph. *The Destruction of Da Derga's Hostel: Kingship and Narrative Artistry in a Mediaeval Irish Saga*. Oxford: Oxford University Press, 2013.

O'Curry, Eugene. *On the Manners and Customs of the Ancient Irish, Vol. II*. Dublin: Williams and Norgate, 1873.

___. *On the Manners and Customs of the Ancient Irish, Vol. III*. Dublin: Williams and Norgate, 1873.

___. "The Sick-Bed of Cuchulainn and the Only Jealousy of Emer." *Atlantis* 1–2 (1858): 362–369, 98–124.

O'Grady, Standish Hayes. "The Great Defeat on the Plain of Muirthemne Before Cuchullin's Death." In *The Cuchullin Saga in Irish Literature*, edited by Eleanor Hull, 237–49. London: David Nutt, 1898.

___. *Silva Gadelica (I–XXXI): A Collection of Tales in Irish, Vol. 2: Translation and Notes*. London: Williams and Norgate, 1892.

Olmsted, Garrett. *The Gods of the Celts and the Indo-Europeans*. Budapest: Innsbruck, 1994.

O'Rahilly, Cecile. "Táin Bó Cúalnge from the Book of Leinster." *CELT: Corpus of Electronic Texts*, 2010. https://celt.ucc.ie/published/T301035/.

___. "Táin Bó Cúalnge Recension 1." *CELT: Corpus of Electronic Texts*, 2011. Accessed December 3, 2014. http://www.ucc.ie/celt/published/T301012/index.html.

___. *Tóruigheacht Gruaidhe Griansholus: The Pursuit of Gruaidh Ghriansholus*. London: Irish Texts Society, 1924.

O'Sullivan, Aidan. "Magic in Early Medieval Ireland." *Ulster Journal of Archaeology* 74 (2017): 107–17.

Pennington, Walter. "The Little Colloquy." *Philological Quarterly* IX, no. 2 (1930): 97–110.

Pliny the Elder. "Book XXXIV: The Natural History of Metals." In *The Natural History*, edited by John Bostock. London: Taylor and Francis, 1855.

Polson, Alexander. *Scottish Witchcraft Lore*. W. Alexander & Son, 1932.

Powell, Eric A. "Wolf Rites of Winter." *Archaeology*, September 2013.

Richardson-Read, Scott. "Skyrie Stanes." The Cailleach's Herbarium, 2018.

Ronan, Laurel. "Daily Purification." Unfettered Wood, Jauary 7, 2019. https://unfetteredwood.blogspot.com/2019/01/daily-purification-and-some.html.

Ross, Anne. *Pagan Celtic Britain: Studies in Iconography and Tradition*. Chicago: Academy Chicago Publishers, 1996.

Royal Irish Academy. "EDIL 2019: An Electronic Dictionary of the Irish Language, Based on the Contributions to a Dictionary of the Irish Language." 2019. www.dil.ie.

Royal Irish Academy. "The Book of Ballymote." *Irish Script on Screen*, 2003. https://www.isos.dias.ie/libraries/RIA/RIA_MS_23_P_12/english/catalogue.html.

___. "Tírechán's Text in English (Transl. L. Bieler)." Saint Patrick's Confessio, accessed 3 11, 20212011. https://www.confessio.ie/more/tirechan_english#.

Sayers, William. "Extraordinary Weapons, Heroic Ethics, and Royal Justice in Early Irish Literature." *Preternature: Critical and Historical Studies on the Preternatural* 2, no. 1 (2013): 1–18.

___. "Martial Feats in the Old Irish Ulster Cycle." *Canadian Journal of Irish Studies* 9, no. 1 (1983): 45–80.

Serjeantson, D., and J. Morris. "Ravens and Crows in Iron Age and Roman Britain." *Oxford Journal of Archaeology* 30, no. 1 (2011): 85–107.

Sherwood, Amy. "An Bó Bheannaithe: Cattle Symbolism in Traditional Irish Folklore, Myth, and Archaeology." *PSU McNair Scholars Online Journal* 3, no. 1 (2009): 189–225.

Skene, William F. *The Four Ancient Books of Wales, Volume I*. Edinburgh: Edmonston and Douglas, 1868.

Smithsonian Institution. "Native American Relationships to Animals: Not Your 'Spirit Animal.'" Native Knowledge 360°, 2021. Accessed August 12, 2021. https://americanindian.si.edu/nk360/informational/native-american-spirit-animal.

Society of Antiquaries of Scotland. "Donations to and Purchases for the Museum, 1943-44." *Proceedings of the Society of Antiquaries of Scotland* 78, no. 9 (1943): 139–44.

Stacey, Robin Chapman. *Dark Speech: The Performance of Law in Early Ireland*. Philadelphia: University of Pennsylvania Press, 2007.

Stifter, David. "Ancient Celtic Epigraphy and Its Interface with Classical Epigraphy." In *Sprachen – Schriftkulturen – Identitäten Der Antike. Beiträge Des XV Internationalen Kongresses Für Griechische Und Lateinische Epigraphik*, edited by Petra Amann, Thomas Corsten, Fritz Mitthof, and Hans Taeuber, Nr. 10:97–123. Wien: Holzhausen, 2019.

___. *Sendgoídelc: Old Irish for Beginners*. Syracuse, New York: Syracuse University Press, 2006.

Stokes, Whitley. *Acallamh Na Senórach*. Edited by W.H. Stokes and E. Windisch. Leipzig: Verlag Von S. Hirzel, 1900.

___. "The Battle of Allen." *Revue Celtique* 24 (1903): 41–67.

___. "Cóir Anmann (Fitness of Names)." In *Irische Text Mit Wörterbuch*, 288–411. Leipzig: Verlag Von S. Hirzel, 1897.

___. "Da Choca's Hostel." *Revue Celtique* 21 (1900): 149–75, 312–28, 388–404.

___. "The Destruction of Da Derga's Hostel." *CELT: Corpus of Electronic Texts*, Feb 19 2014 accessed 2009. http://www.ucc.ie/celt/published/T301017A/index.html.

___. "The Destruction of Dind Rig." *Zeitschrift Für Celtische Philologie* 3 (1901): 1–14.

___. "The Edinburgh Dinnshenchas." *Thesaurus Linguae Hibernicae*, 2007. Accessed Aug 12, 2021. https://www.ucd.ie/tlh/trans/ws.fl.4.001.t.text.html.

___. "In Cath Catharda: The Civil War of the Romans." *CELT: Corpus of Electronic* Texts, 2010. http://www.ucc.ie/celt/published/T305001/index.html.

___. "The Irish Ordeals, Cormac's Adventure in the Land of Promise, and the Decision as to Cormac's Sword." *CELT: Corpus of Electronic Texts*, 2015. https://celt.ucc.ie/published/T302000/.

___. "O'Davoren's Glossary." *Archiv Fur Celtische Lexikographie* II (1901): 197–504.

___. "The Prose Tales in the Rennes Dindshenchas." *Thesaurus Linguae Hibernicae*, 2008. Accessed Jan, 8, 2013.https://www.ucd.ie/tlh/trans/ws.rc.16.001.t.text.html.

___. *Three Irish Glossaries*. London: Williams and Norgate, 1862.

Swift, Catherine. "The Gods of Newgrange in Irish Literature & Romano-Celtic Tradition." In *Stones and Bones: Formal Disposal of the Dead in Atlantic Europe during the Mesolithic-Neolithic Interface 6000-3000 BC*, edited by Goran Burenhult and Susanne Westergaard. Sligo, Ireland: Archaeopress, 2002.

Szabó, Ádám. "The Reason and Background of the Vota and the Different Formulae." *Carnuntum Jahrbuch*, 2017, 109–14.

Tacitus. *Complete Works of Tacitus*. Edited by Alfred John Church, William Jackson Brodribb, and Sara Bryant. New York: Random House, 1942.

Toner, Gregory. "Macha and the Invention of Myth." *Ériu* 60 (2010): 81–109.

Towrie, Sigurd. "Orcadian Childbirth Traditions." *Orkneyjar: The Heritage of the Orkney Islands*, 2013. Accessed Aug, 12, 2021. http://www.orkneyjar.com/tradition/childbirth.htm.

Tuomi, Ilona. "Parchment, Praxis and Performance of Charms in Early Medieval Ireland." *Incantatio: An International Journal on Charms, Charmers and Charming* 3 (2013): 60–85. https://doi.org/10.7592/Incantatio2013.

Tymoczko, Maria. *Two Death Tales from the Ulster Cycle: The Death of Cu Roi & The Death of Cu Chulainn*. Dublin: The Dolmen Press, 1981.

University of Edinburgh Centre for Research Collections. "Gaelic Battle Charms—1." *The Carmichael Watson Project*, 2012. http://carmichaelwatson.blogspot.com/2012/02/gaelic-battle--charms-1.html.

Urbanová, Daniela. *Latin Curse Tablets of the Roman Empire*. Innsbruck: Innsbrucker Beiträge zur Kulturwissenschaft, 2018.

Versnel, Henk. "Beyond Cursing: The Appeal to Justice in Judicial Prayers." In *Magika Hiera: Ancient Greek Magic and Religion*, edited by C.A. Faraone and D. Obbink, 117–33. New York: Oxford University Press, 1991.

Volmering, Nicole. "The Second Vision of Adomnán." In *The End and Beyond: Medieval Irish Eschatology*, edited by John Carey, Emma Nic Cárthaigh, and Caitríona Ó Dochartaigh, II:647–81. Aberystwyth: Celtic Studies Publications, 2014.

Waddell, John. *Archaeology and Celtic Myth*. Dublin: Four Courts Press, 2014.

___. "Celts, Celticisation and the Irish Bronze Age." In *Ireland in the Bronze Age: Proceedings of the Dublin Conference, April 1995*, edited by John Waddell and Elizabeth Shee Twohig, 158–69. Dublin: The Stationery Office, 1995.

___. "Rathcroghan—A Royal Site in Connacht." *Journal of Irish Archaeology* 1 (1983): 21–46.

Webster, Jane. "A Dirty Window on the Iron Age? Recent Developments in the Archaeology of Pre-Roman Celtic Religion." In *Understanding Celtic Religion: Revisiting the Pagan Past*, edited by Katja Ritari and Alexandra Bergholm, 121–54. Cardiff: University of Wales Press, 2015.

Wilde, Lady. *Ancient Legends Mystic Charms & Superstitions of Ireland*. London: Chatto & Windus, 1919.

Williams, Mark. *Ireland's Immortals: A History of the Gods of Irish Myth*. Princeton, New Jersey: Princeton University Press, 2016.

Wood-Martin, W.G. *Traces of the Elder Faiths of Ireland, Vol. I*. London: Longmans, Green, and Co., 1902.

___. *Traces of the Elder Faiths of Ireland, Vol. II*. London: Longmans, Green, and Co., 1902.

Wright, Thomas, Richard Colt Hoare, and Thomas Forester. *The Historical Works of Giraldus Cambrensis*. London: George Bell & Sons, 1863.

Zeidler, Jürgen. "Cults of the 'Celts': A New Approach to the Interpretation of the Religion of Iron Age Cultures." In *Interpretierte Eisenzeiten: Fallstudien, Methoden, Theorie*, edited by Raimund Karl and Jutta Leskovar, 171–79. Linz, 2005.